全民阅读视域的高校阅读推广研究

董娜　编著

天津出版传媒集团

天津科学技术出版社

图书在版编目（CIP）数据

全民阅读视域的高校阅读推广研究 / 董娜编著.
天津 ：天津科学技术出版社，2024. 7. -- ISBN 978-7
-5742-2343-1

Ⅰ. G252.17

中国国家版本馆CIP数据核字第2024SR0058号

全民阅读视域的高校阅读推广研究
QUANMIN YUEDU SHIYU DE GAOXIAO YUEDU TUIGUANG YANJIU
责任编辑：冀云燕　韦　奥

责任印制：兰　毅

出　　版： 天津出版传媒集团
　　　　　 天津科学技术出版社

地　　址：天津市西康路 35 号

邮　　编：300051

电　　话：（022）23332399

网　　址：www.tjkjcbs.com.cn

发　　行：新华书店经销

印　　刷：天津印艺通制版印刷股份有限公司

开本 710×1000　1/16　印张17.125　字数 253 000
2024年7月第1版第1次印刷
定价：88.00元

    阅读不仅涉及个人的素质提升和国家的精神文明建设，而且对于增强国家文化软实力和促进社会进步具有根本性的作用。在全面提高公民素养的战略目标中，全民阅读的推广已然成为党和政府的一项重要策略举措。这一综合性的伟大工程，要求社会各界协力同心，不懈努力，精心组织多种形式、内容丰富且有效的阅读推广活动。特别是高等院校，拥有明显的人才、资源和设施优势，在满足思维活跃、阅读能力强、需求个性化的师生读者方面负有特殊责任。它们应当利用自身优势，积极开展阅读推广活动，以满足师生的阅读需求，发挥文献信息中心的作用，营造一个浓厚的阅读氛围，打造一个书香四溢的校园环境。随着我国社会步入新时代，人民对美好生活的向往与发展的不平衡、不充分之间的矛盾成为社会的主要矛盾。因此，高校图书馆作为社会文化、知识与信息的交流中心，应当担负起与校内外各部门和机构合作的责任，整合各种资源，面向社会公众开展阅读推广活动，以提高公众的文化与信息素养，满足人们对知识的渴望，引导社会阅读风尚，促进书香社会的建设。本书深入探讨了在全民阅读背景下，高等院校的阅读推广工作在理论与实践两个方面的问题。

    本书共九章。第一章为全民阅读的理论释义与现象探察，论述了全民阅读的内涵、特征、价值，并对全民阅读现象进行了分析；第二章为阅读推广的科学解读，内容包括阅读、推广和阅读推广的理论蕴意；第三章为阅读推广的理论与方法，主要内容为阅读共同体的形成、特征、内涵、建构，以及高校图书馆阅读推广策略和实用方法；第四章为全民阅读视域下高校阅读疗法，介绍了阅读疗法基础理论、阅读疗法宣传推广、阅读疗法在大学生团体辅导中的应用和实践案例；第五章为全民阅读视域下的高校阅读推广人，详细阐述了高校阅读推广人的基本构成和能力素养、高校阅读推广人的角色变迁与实践启示；第六章是高校图书馆阅读推广活动的基本构成，系统阐明了阅读推广主体发挥作用的基础和保障、阅读推广活动获得成功的前提条件，以及阅读推广内容、政策、策划，并通过引述上海外国语大学图书馆小而美的阅读推广案例阐释了阅读推广活动的实施过程；第七章为全民阅读视域下高校阅读推广实践，主要内容为基于阅读共同体的高校阅读模式构建、实践初探、"五位一体"大学生阅读体系建设以及特色案例；第八章为全民阅读视域下高校阅读推广效果评估，内容包括高校阅读推广评估方法概述、阅读推广用户满意度分析和阅读推广活动评价；第九章为高校阅读推广理论与实践发展新趋势，论述内容为高校图书馆阅读推广活动主体个体化、高校图书馆阅读推广活动品牌化、高校图书馆社会化阅读推广和高校图书馆新媒体阅读推广。

在撰写本书的过程中，作者得到了许多专家学者的帮助和指导，参考了大量的学术文献，在此表示真诚的感谢。由于作者水平有限，书中难免会有疏漏之处，希望广大同行及时指正。

目 录

第一章　全民阅读的理论释义与现象探察

第二章　阅读推广的科学解读

第四章　全民阅读视域下高校阅读疗法

第五章 全民阅读视域下的高校阅读推广人

第六章 高校图书馆阅读推广活动的基本构成

第七章　全民阅读视域下高校阅读推广实践

第一章
全民阅读的理论释义与现象探察

现阶段，政府对于提升国民的阅读兴趣展现出了前所未有的关注，十分重视利用丰富的文化资源来倡导全民参与阅读。这一举措旨在建立一个鼓励广泛阅读、选择优质读物，以及培养阅读习惯的社会文化环境，以此促进阅读在社会中的引导作用。本章主要内容为全民阅读理念解析，分别论述了全民阅读的内涵、特征和价值，以及全民阅读现象。

第一节　全民阅读的理论蕴意

阅读是一种从书面语言和其他书面符号获得意义的社会行为、实践活动和心理过程。全民阅读，作为一种增进国民文化素养和阅读能力的社会运动，发轫于公共图书馆事业的兴起和文盲率降低的历史背景。其本质在于通过广泛的阅读活动，提升个体和社会的综合文化素养[1]。全民阅读一词是在20世纪末由联合国教科文组织提出的。随着印刷技术的发展和教育普及，书籍逐渐成为大众可接触的文化产品。特别是公共图书馆制度的建立，为广大民众提供了学习和自我提升的平台，奠定了全民阅读的物质和制度基础。目前，全民阅读不仅局限于传统的纸质书阅读，还拓展到了电子书籍、网络文章等多种形式。各国政府及非政府组织通过制定政策、举办活动等方式，积极推广全民阅读，以适应数字化时代的阅读习惯变化。在国际视野中，全民阅读被定义为一项面向全体国民的阅读推广活动，目的是通过阅读提升个人的知识水平、文化理解和生活质量。然而在中国，全民阅读更被视为一项国家战略，旨在通过阅读推广活动促进社会主义文化繁荣兴盛和国民素质全面提升。在中国，全民阅读的推广得到了国家层面的高度重视。近年来，通过立法、设立全民阅读日、建设数字阅读平台等措施，全民阅读活动日益活跃。公共图书馆、学校及各类社会组织成为全民阅读推广的重要力量。尤其是数字阅读的兴起，使得阅读资源更加丰富、阅读方式更加多样化，极大地促进了全民阅读文化的普及和深入[2]。全民阅读作为提升国民素质和文化软实力的重要途径，在全球范围内得到了广泛推广。特别是在中国，全民阅读已成为推动文化繁荣、建设书香社会的重要战略，其发展态势良好、前景广阔。全民阅读理念的推广是一场前所未有的"阅读革命"，有着不同于过去的理念、目的和价值。

一、全民阅读的内涵和特征

（一）全民阅读的含义

全民阅读是指通过各种方式和渠道鼓励和促进社会各阶层、各年龄群体参与阅读活动，以提高国民整体的文化素质和阅读能力的社会文化现象与公共文化供给。该概念强调阅读的普及性和包容性，旨在实现阅读资源的公平获取和知识的平等分享。

（二）全民阅读的特征

全民阅读不限于特定年龄、职业或教育背景的人群，而是面向社会全体成员，包括儿童、青少年、成人及老年人。全民阅读的普及性与包容性是其核心理念的两大支柱，旨在通过阅读活动的广泛推广，实现文化知识的全民共享和个体能力的普遍提升[3]。这一理念强调无论个人的年龄、性别、职业、地域或社会经济状态如何，都应享有平等的阅读机会和资源，以促进社会整体的文化素养和认知能力的提高。

1. 全民阅读的普及性

全民阅读的普及性体现在其覆盖的广泛性上，目标是触及社会的每一个角落，让阅读成为普遍的、日常的活动。政府和社会组织通过建立公共图书馆、设置移动图书车、提供电子阅读资源等措施，确保每个人都能够在生活中轻松地接触到书籍和其他阅读材料。此外，全民阅读活动通过学校、社区、线上平台等多种渠道展开，以适应不同人群的阅读习惯和偏好，进一步扩大阅读的普及范围。

2. 全民阅读的包容性

全民阅读的包容性则强调在阅读活动的设计和实施中，顾及不同群体的特殊需求和兴趣，确保每个人都能在阅读中找到归属感和满足感。这不仅包括为视障人士提供盲文书籍和有声读物，还涵盖了为少数民族提供母语书籍、为儿童设计图画书和启蒙读物及为老年人提供适合的阅读材料等。包容性的另一个重要方面是尊重和鼓励多元文化的表达，通过引入不同文化背景下的书籍和材料，促进文化的理解和交流。

3. 全民阅读的政府主导性

推动全民阅读是一个宏大而复杂的项目。首先，它需要面向各族群、不同年龄层以及多种文化背景的人群；其次，鉴于每位读者的阅读偏好和习惯各异，普遍满足他们的需求变得尤为困难。在这种背景下，要求政府在推广全民阅读方面承担更多责任。观察国际上的实践，我们发现全民阅读的推广不单是向公民提出阅读建议，更重要的是通过政府的主导作用来推动阅读活动的开展[4]。这就需要政府各相关部门不仅提升服务意识，而且要增强服务效能，同时还需有效协调社会各界力量，包括出版机构、图书馆、媒体等，共同参与全民阅读的推广活动。

4. 全民阅读以提高阅读水平为宗旨

个人的阅读能力直接影响其综合素质和对社会的贡献；而一个国家公民的整体阅读能力，反映了该国的文化软实力水平。在当下社会，随着电子媒介和其他休闲活动的兴盛，传统书籍阅读面临推广难题。忽略纸质书籍已逐渐成为社会的普遍问题，并且呈现加剧趋势。因此，激发全民阅读热情，营造健康的社会阅读环境变得尤为迫切。为了鼓励全民阅读，政府需完善政策和法规，加强对公共阅读设施建设和阅读推广体系的监管，从而引导公民培养良好的阅读习惯。

5. 全民阅读的全民普惠性

全民阅读以普惠全民为目标，着重关注青少年和特殊需求群体。阅读作为获取知识和改善人生境遇的关键路径之一，其推广的核心在于构建支持公民实现终身教育的基本架构，确保每位国民均能受益，尤其是青少年和特定的特殊需求群体。国际范围内的实践，无论是联合国还是各文化先进国家，均在全民阅读策略中特别强调对这些群体的关照。吸收国际上的成功做法，我们应当为儿童青少年、残障人士、老年人以及改造人员等提供特别的阅读保障，通过制定针对性的阅读服务措施和组织专项活动，确保他们享有平等的阅读机会。

6. 全民阅读的包容性

采纳包容精神，提高阅读内容的质量及促进数字阅读的健康发展。在推进全民阅读的过程中，我们既要大力宣扬国内的优秀传统文化和创新文学作品，也要开放引入国际上的文化精粹，实现文化的多元共融，"百花齐放，百家争鸣"。这一过程的基础是挑选出符合大众尤其是青少年喜好的健康向上的杰出作品，排斥那些低俗内容对人类思想可能造成的负面影响。

随着技术的进步，数字阅读逐渐融入人们的日常生活，成为主流的阅读形态。这一现象背后是数字阅读天然的优势所致。首先，以智能手机等电子设备为载体的数字阅读更为便捷；其次，数字阅读以其易于查找、形式多样的特点受到广泛欢迎，尤其是年青一代。然而，数字阅读也带来了阅读碎片化和表层化的问题。因此，我们应持辩证视角看待数字阅读，既不应全盘否定，也不能无限接受，重点是要引导，特别是帮助青少年正确平衡传统阅读与数字阅读之间的关系[5]。

（三）全民阅读的多样化阅读形式

全民阅读覆盖传统纸质书籍、电子书、有声书等多种阅读形式，适应不同阅读习惯和需求。全民阅读的多样化阅读形式是适应当代社会信息消费习惯与技术发展的必然产物，它强调通过多种渠道和形式提供阅读内容，以满足不同人群的需求和偏好。这种多样化不仅体现在阅读材料的类型上，还体现在阅读方式和技术手段上，极大地丰富了阅读的内涵，增强了全民阅读活动的普及性和包容性。

1. 传统与现代阅读形式的融合

全民阅读既包括传统的纸质书籍阅读，也涵盖电子书籍、有声读物、在线文章、电子杂志等现代数字阅读形式。这种融合不仅扩大了阅读资源的获取渠道，还为不同年龄层、不同阅读习惯的人群提供了更加个性化的选择。

2. 纸质书籍

尽管数字阅读日益普及，但纸质书籍因其独有的触感和视觉体验，仍然是许多读者首选的阅读形式。图书馆、书店和阅读角等传统阅读空间继续在全民阅读中发挥着重要作用。

3. 电子阅读

电子书籍的便携性和易获取性使其成为现代阅读的重要组成部分。通过电子阅读器、平板电脑、智能手机等设备，读者可以随时随地访问和阅读大量书籍，满足即时阅读需求。互联网的普及让在线文章和电子杂志成为日常生活中不可或缺的阅读形式。这些内容通常涵盖了从深度报道、学术研究到生活娱乐等广泛领域，能够迅速更新，满足读者对时效性和多样性的需求。

4. 有声读物

有声读物，包括有声书、播客和电台节目，为那些阅读传统文字材料存在困难或偏好听觉学习的人群提供了宝贵的资源。它们特别适合视力受限者、长途通勤者和希望通过多任务学习的人群。

5. 互动式和增强现实阅读

随着技术的发展，互动式阅读和增强现实（AR）阅读开始进入人们的视野。这些新型阅读形式通过增加互动元素和虚拟现实技术，提高了阅读的沉浸感和体验度，尤其受到年青一代的欢迎。

全民阅读的多样化阅读形式体现了对不同阅读需求和习惯的全面覆盖，旨在通过技术和内容的创新，鼓励更多人加入阅读的行列，享受阅读带来的乐趣和价值。这种多样化不仅增强了全民阅读活动的吸引力，而且促进了阅读文化的繁荣发展。

（四）全民阅读的功能和作用

通过阅读，促进不同文化、不同思想的交流与碰撞，增进社会成员之间的理解和尊重。全民阅读在促进文化交流方面扮演着至关重要的角色，其功能和作用体现在增进文化理解、促进文化多样性和激发跨文化对话等多个维度[6]。通过各种形式的阅读活动，全民阅读不仅拓宽了人们的文化视野，还加深了对不同文化的认识和尊重，从而促进了全球文化的交流与融合。

1. 增进文化理解

全民阅读使个体能够通过书籍、文章等阅读材料，接触和了解不同的文化背景、历史传统和生活方式，从而增强对多样文化的认识和理解。

2. 促进文化多样性

通过推广包含多元文化内容的阅读材料，全民阅读鼓励社会成员欣赏和尊重文化差异，促进了文化多样性的保护和发展。

3. 激发跨文化对话

全民阅读为不同文化背景的人群提供了共同的交流平台，通过阅读和讨论促进了跨文化的理解与对话，有助于消除文化隔阂和偏见。

4. 促进知识普及

全民阅读强调阅读作为一种获取知识、终身学习和自我提升的重要方式。全民阅读通过公共图书馆、在线平台等渠道，为不同年龄、性别、社会经济背景的人群提供了平等获取知识和信息的机会，有效降低了教育资源的获取门槛。全民阅读活动涵盖了从科学、技术到文学、艺术等广泛领域的阅读材料，满足了人们多样化的学习需求，促进了综合知识体系的构建[7]。相较于传统教育模式，全民阅读提供了更为灵活多变的学习方式，包括自主阅读、在线学习、阅读讨论会等，适应了现代人多元化的学习习惯。

5. 促进终身学习

全民阅读通过丰富多彩的阅读活动和内容，激发人们对新知识的好奇心和学习兴趣，为终身学习奠定了坚实的基础。通过阅读，个体可以自主探索知识，不断提升自我认知和能力，形成自我驱动的学习模式，有利于终身学习的持续发展。全民阅读促进了阅读社群的形成，通过分享和交流，增强了学习的互动性和社会性，为个体提供了持续学习的社会支持。

（五）全民阅读的表现形式

1. 多语种书籍的推广

在全民阅读活动中，通过引入和推广多语种书籍，让读者能够直接接触到其他文化的原声表达，促进了语言和文化的直接交流。

2. 国际阅读节和书展

举办国际阅读节和书展不仅为读者提供了丰富的跨文化阅读资源，而也成为促进国际文化交流的重要平台，吸引了来自世界各地的出版商、作家和读者参与。

3. 跨文化阅读圈和讨论组

在社区和网络平台上组织的跨文化阅读圈和讨论组，鼓励人们分享和讨论不同文化背景下的阅读体验，促进了不同文化之间的深入理解和交流。

4. 数字阅读平台的多元化内容

数字阅读平台通过提供多种语言和文化背景的电子书籍、有声书和在线文章，为全球读者提供了便捷的跨文化阅读途径。

全民阅读在促进文化交流方面发挥着不可替代的作用。它不仅通过多样化的阅读材料和活动形式增进了对不同文化的认识和理解，还激发了跨文化对话，促进了全球文化的交流与融合[8]。随着全球化进程的加深，全民阅读作为一种有效的文化交流手段，其重要性和影响力将进一步增强。全民阅读通过提供平等的学习机会、丰富和多元化的学习资源以及灵活多样的学习方式，显著促进了知识的普及和终身学习的实现。它不仅激发了个人的学习兴趣和自我驱动力，还通过构建学习社群，加强了学习的社会互动，为构建学习型社会提供了有力支持。在知识经济时代背景下，全民阅读更显重要，它为个人能力提升和社会整体进步提供了持续的动力和广阔的平台。

二、全民阅读的组织形式与支撑要素

(一) 全民阅读的社会参与主体

全民阅读的社会参与是其成功实施的关键组成部分，涉及政府、非政府组织（NGO）、企业、教育机构、图书馆以及广大公众的共同努力。这种广泛的社会参与不仅丰富了全民阅读的内容和形式，还极大地提升了阅读文化的普及率和公众的阅读兴趣。

1. 政府机构

政府机构通过制定相关政策、提供资金支持、建设公共阅读设施等方式，为全民阅读活动的开展提供了基础保障和支持。政府的参与确保了全民阅读活动的正规化、系统化，以及在全社会范围内的均衡发展。

2. 非政府组织（NGO）

非政府组织在推广全民阅读方面发挥了重要作用，它们通过组织阅读促进活动、提供图书捐赠、开展阅读教育项目等形式，补充政府的工作，尤其在资源有限或偏远地区的阅读推广中扮演着不可或缺的角色。

3. 企业和私营部门

企业和私营部门通过赞助阅读活动、捐赠图书和阅读设备，以及开发阅读相关的产品和服务，为全民阅读提供了物质和技术支持。此外，一些企业还通过企业社会责任（CSR）项目，参与或独立开展阅读推广项目。

4. 教育机构

学校和其他教育机构是全民阅读活动的重要参与者，通过将阅读融入课程、举办书籍交流会、设置阅读角等方式，培养学生的阅读兴趣和习惯，为学生提供了系统的阅读教育和丰富的阅读资源。

5. 图书馆

图书馆作为公共阅读空间和资源中心，在全民阅读中扮演着核心角色。它们不仅提供免费的图书借阅服务，还定期举办阅读推广活动、阅读讨论会、作家见面会等，吸引更多公众参与阅读。

6. 广大公众

公众的参与是全民阅读活动成功的关键。家庭、个人通过参加阅读活动、分享阅读体验、志愿参与阅读推广等方式，形成了积极的阅读文化氛围，推动了阅读习惯的形成和传承。

全民阅读的社会参与涵盖了政府、非政府组织、企业、教育机构、图书馆以及广大公众，这种多元化的参与模式为全民阅读的深入推广提供了坚实基础[9]。通过各方的共同努力，全民阅读活动不仅促进了阅读资源的丰富和公平获取，还构建了一个持续发展的阅读文化环境，为提升国民的文化素养和阅读能力做出了重要贡献。

（二）全民阅读的支持要素

全民阅读的政策支持是其成功实施的关键因素之一，体现了政府对于提升国民文化素质和阅读能力的重视。政策支持主要通过立法、资金投入、公共服务建设及推广活动等多个方面，为全民阅读活动的开展提供了坚实的基础和广阔的空间。

1. 立法支持

多数国家和地区通过立法确立了全民阅读的基本法律框架，明确了政府在推广阅读文化中的职责和角色，为全民阅读活动提供法律依据。相关阅读促进法律、政策和指导方针，明确了全民阅读的目标、任务、责任主体及实施措施，指导和规范全民阅读活动的开展。

2. 资金支持

政府通过财政预算对全民阅读活动进行专项财政拨款，确保有足够的资金用于图书采购、基础设施建设、活动组织等。通过设立全民阅读推广项目和基金，资助图书馆、非政府组织、出版社和其他机构开展阅读推广活动。

（三）全民阅读的公共服务建设和推广活动

建设和完善公共图书馆体系，包括国家图书馆、城市图书馆、社区图书角等，为公众提供便捷的阅读服务和丰富的书籍资源。开发和优化数字阅读平台，提供电子书籍、有声书等数字阅读资源，满足现代人多样化的阅读需求。政府和相关部门定期举办全民阅读月、阅读节、书展等大型阅读推广活动，提高公众的阅读兴趣和参与度。通过媒体宣传、公益广告、学校教育等途径，普及阅读的重要性，提升全社会的阅读意识。

全民阅读的政策支持通过立法确立框架、资金保障活动开展、建设公共阅读服务体系及广泛开展推广活动等方面，为全民阅读的普及和深入提供了坚实基础。这些政策措施不仅体现了政府对提升国民文化素养的重视，而且为实现全民终身学习和建设学习型社会奠定了重要基石。

三、全民阅读的技术驱动

全民阅读的技术驱动是近年来阅读推广领域发生显著变革的关键因素，主要体现在数字化技术的应用、互联网平台的发展，以及人工智能和大数据分析在阅读推广中的运用。这些技术的应用极大地丰富了阅读的形式和内容，提高了阅读的可接入性和个性化体验，从而有效促进了全民阅读活动的普及和深入。

（一）数字化技术的应用

数字化技术使得电子书籍、有声书和在线文章等数字阅读材料变得易于获取和传播。通过电子阅读器、智能手机、平板电脑等设备，读者可以随时随地享受阅读，突破了时间和空间的限制。此外，数字化还为阅读材料的存储和管理提供了便利，使图书馆和个人能够高效地组织和检索大量阅读资源。

（二）互联网平台的发展

互联网平台，包括在线图书馆、电子书店、阅读社区和社交媒体等，成为全民阅读推广的重要渠道。这些平台不仅提供了丰富多样的阅读材料，还促进了读者之间的互动交流，增强了阅读体验的社会性和互动性。通过用户评价、推荐系统和个性化阅读推荐，读者能够更容易地发现和接触到感兴趣的内容。

（三）人工智能和大数据分析

人工智能和大数据分析技术在全民阅读中的应用，主要体现在阅读行为分析、个性化推荐和智能语音阅读等方面。通过分析用户的阅读偏好和行为模式，阅读平台可以提供更为精准的个性化书籍推荐，增加用户的阅读兴趣和满意度[10]。同时，智能语音技术使得阅读更加便捷，特别是对于视障人士和驾驶者等特定群体，极大地提升了阅读的可及性。

数字技术的发展，特别是移动互联网和智能设备的普及，为全民阅读提供了新的平台和途径，不仅极大地丰富了阅读的形式和内容，提高了阅读的便捷性和互动性，还通过个性化服务和智能推荐，有效提升了阅读体验的质量。随着技术的持续发展和创新，预期全民阅读将展现出更加多样化和智能化的发展趋势，为促进全民阅读文化的普及和深入提供更为坚实的技术支撑。

四、全民阅读的文化引领

全民阅读在文化引领方面发挥着至关重要的作用，通过普及阅读活动，不仅促进了文化知识的传播，还形塑了社会价值观，丰富了公众的精神生活。在当前社会，全民阅读成为推动文化发展、引导社会思潮、塑造国民身份和促进文化自信的重要力量。全民阅读倡导积极向上的阅读文化，强调阅读的价值不仅仅在于知识获取，更在于品格塑造和精神滋养。

（一）引领社会价值观

全民阅读通过推广具有积极价值导向的阅读材料，如经典文学、历史书籍、哲学思考等，有助于培养和弘扬正面的社会价值观。这些阅读内容不仅涵盖了人类文明的智慧结晶，而且反映了社会的主流道德观和文化理念，对于引导公众特别是青少年形成正确的世界观、人生观和价值观具有重要意义。

（二）塑造国民身份

全民阅读通过强调国家历史、文化遗产和现代发展成就的阅读材料，加强了国民对本国文化的认同和自豪感。这种通过阅读促进的文化认同感，不仅增强了国民的凝聚力，而且为维护文化多样性和促进国际文化交流提供了坚实基础。

（三）促进文化自信

在全球化背景下，全民阅读成为促进文化自信和文化软实力的重要途径。通过广泛阅读，公众能够深入了解本国文化的深厚底蕴和独特价值，同时也能够开放地接触和学习世界各国的优秀文化成果。这种文化的自信与开放态度，有助于构建相互尊重、和谐共生的国际文化关系。

（四）丰富精神生活

全民阅读通过提供多样化的阅读选择和丰富的文化活动，极大地丰富了公众的精神生活。阅读不仅仅是获取知识、信息的途径，更是一种精神享受和文化体验。通过阅读，人们能够超越日常生活的局限，体验不同的生活方式和思维方式，拓宽视野，提升个人的文化素养和审美能力。

全民阅读在文化引领方面的作用不可小觑，它不仅仅是知识传播的渠道，更是文化传承和创新的载体。通过全民阅读，可以有效引导公众价值观，塑造国民身份，促进文化自信，丰富精神生活，从而推动社会文化的持续发展和繁荣。在未来，全民阅读将继续发挥其在文化引领方面的重要作用，为构建文化强国和促进世界文化交流贡献力量。全民阅读作为一项文化推广活动，不仅仅是提升国民文化素养的有效途径，更是构建和谐社会、促进文化繁荣和实现个人全面发展的重要手段。在数字化时代背景下，全民阅读的内涵和特征正不断丰富和发展，呈现出更加广泛的社会影响力和深远的文化价值。

五、全民阅读的价值

（一）通过阅读促进个人素质的全面提升

阅读不仅能够丰富我们的知识库存、磨炼个人的文化素养，还能够加强思维技能的锻炼。在现代社会，伴随着科技进步，信息已经变成了社会运转中不可或缺的一环。除了通过直接体验如观测、聆听、考查等手段来获得信息资源外，阅读无疑仍然是最迅速且高效的获取信息的手段之一，它构成了信息化社会的根基[11]。2000年发布的国际成人阅读技能调研结果显示，尽管教育程度对就业有一定影响，但在教育背景相似的情况下，具有较强阅读技能的人群更有可能获得高技能的白领职位，而且相较于教育程度，阅读能力更能有效预测个人的职业成长轨迹。这进一步印证了阅读对个人发展的重要性，个人的阅读习惯及能力直接影响其未来职业路径的走向。

知识的获取方式主要分为直接与间接两种。在信息较为闭塞的时代，人们主要依靠亲身经历来积累知识，此时直接知识占据主要地位。然而，在当下这个科技迅猛发展、信息快速流通的时代，知识更新的速度前所未有，间接知识无疑占据了主导地位。河南大学教授、央视《百家讲坛》的主讲人王立群曾指出："虽然亲身体验至关重要，阅读却是获取知识的关键途径。"书籍是汇聚人类智慧与知识的宝库。据专家预测，个人知识结构中直接经验的贡献不超过20%，而通过阅读获得的间接经验则超过80%。阅读在知识获取和扩展方面的独特作用，构成了其价值的本质。在现代社会中，阅读的重要性不容忽视，它为人们提供了终身学习的机会。

在人类精神文明的传承中，阅读扮演了至关重要的角色。通过阅读，一代又一代人将积累的知识和智慧传递下去，同时也通过吸收书本中的知识来充实自己的内心世界。这些知识和信息在新时代的基础上得以更新和发展，并以文本的形式记录下来，供后人研究和借鉴。

（二）阅读推进社会向前发展

阅读在促进社会前进方面扮演着关键角色。首先，社会进步的多个维度，包括文化继承、政治文明的进步以及社会和谐的提升，均依赖于理性思维的促进，而这种思维能力主要通过广泛的阅读和深入的思考来培养。其次，就科技发展而言，新兴科技的普及和科研成果的展示往往借助于文字的形式进行传播，因此，阅读和理解新信息是科学技术发展的基石。前国家新闻出版总署署长柳斌杰曾强调，只有在广泛阅读的基础上，结合前人的经验和掌握最新的科学技术资讯，人们才能创新并取得进步。站在巨人的肩膀上，人们能够探索出改革和创新的路径，掌握改革的能力或技术，以此推动生产力的发展。经济发展的核心在于提升生产力，而构成生产力的人则必须具备丰富的知识和能力。这表明，阅读直接关联到生产力的提升和个人素质的提高，因此，阅读是社会进步的重要推手。

社会和谐始于个人内心的平衡。人的内心满足感源自精神世界的充实，而一个空虚的精神世界易引发个人乃至社会层面的道德风险。满足人们精神层面的需求，特别是通过经典作品的阅读，其价值不容替代。在阅读过程中，伟大思想家的智慧净化我们的心灵，知识与智慧的指引使我们更容易辨别美丑、善恶，生命因此而不断前行。阅读让我们的心灵拓展，变得坚韧不拔，同时也为我们提供了一个温暖、宁静的内在世界，帮助我们抵御外界的喧嚣和浮躁。

政治文明涵盖政治意识、政治制度以及政治行为的文明，这三个方面构成了一个有机的整体，与阅读紧密相关。通过阅读《中华人民共和国宪法》和其他法律法规，公民不仅能够理解民主政治的本质，还能深入理解平等、人权、自由与民主的政治含义及其价值，同时更全面地了解我国政治文明的发展轨迹。通过阅读，我们也能借鉴外国的政治文明，促进我国政治文明的进步。阅读使人民深化对我国政治制度的认识，提升参与政治的能力。总的来说，公民接触到的政治信息越多，所获得的知识越丰富，其政治素质也随之提高。

（三）阅读是民族进步的基石

民族的整体文化素质是由无数个体通过个性化阅读、深思和智慧积累形成的。掌握阅读、思考和批判的能力，对于培养一个民族的文化自信与创新精神至关重要。一个民族的阅读能力直接关系到其未来的走向。有趣的是，犹太人自古以来就有一种传统，即在孩子开始懂事时，家长会在《圣经》的一页上滴几滴蜂蜜，让孩子尝一尝，寓意书籍的甜美。这样的习俗使犹太人成为世界公认的"书的民族"。在中国这样一个拥有庞大人口的国家，正处于向人口质量强国迈进的关键时期，全民阅读显得尤为重要。全社会若能形成良好的阅读习惯，便能迅速提高国民的整体素质和精神风貌，这对于中华民族实现伟大复兴具有不可替代的作用。研究显示，早期阅读的启蒙对孩子的长期发展极为有利。美国心理学家特曼（Lewis Terman）在其关于天才儿童的研究中发现，绝大多数早期展现出天赋的孩子是在5岁前开始阅读的。因此，阅读不仅是一种全面发展智力的活动，而且对于孩子们的思维灵活性和心智成长有着深远的影响。2001年，布什政府推出《不让一个孩子掉队》法案，强调了美国社会在阅读能力上的分裂。在当代，国家之间的竞争最终将归结于国民将阅读作为生活方式的普及程度。

自20世纪70年代末，我国便开始注重提升国民阅读能力，《读书》杂志首倡"读书无禁区"的口号，释放了公众长期受限的阅读需求。尽管当时读书热潮因经典文本短缺而受阻，但今天我们拥有了更多阅读渠道。然而，一部分国民因受现实主义价值观影响，对阅读失去了兴趣，误认为读书无益。当前倡导的"全民阅读"运动，旨在构建积极的阅读环境，改变这一社会态度。在精神污染变得不可逆转之前，我们必须重视并推动全民阅读的实践。

第二节　全民阅读的社会现象

一、纸本书籍阅读率持续走低

在全民阅读领域，纸质书籍的阅读率持续下降已成为一个不可忽视的现象。这一趋势的形成受到多方面因素的影响，包括科技进步、阅读习惯的改变、信息获取方式的多样化等。以下是对这一现象进行系统而全面分析的几个关键点。

（一）科技进步与数字阅读的兴起

随着互联网和移动通信技术的迅猛发展，电子书籍、在线文章、有声书等数字阅读形式变得越来越普及。相较于传统的纸质书籍，这些数字化的阅读材料具有携带方便、可随时随地阅读、检索快捷等优势，吸引了大量读者，尤其是年青一代的青睐。

（二）阅读习惯的改变

现代社会节奏加快，人们日常生活中的空闲时间有限，这导致阅读习惯向"快餐式"和碎片化方向发展。许多人更倾向于通过手机等移动设备阅读短篇文章或新闻，而非沉浸式地阅读一本完整的书籍。这种快速消费的阅读模式不利于纸质书籍的阅读。

（三）信息获取方式的多样化

互联网为人们提供了获取信息的新渠道，人们可以通过搜索引擎、社交媒体、在线论坛等途径迅速获得所需信息，减少了对传统纸质书籍的依赖。此外，视频、音频等多媒体形式的内容也在满足人们对信息的需求，进一步分散了纸质书籍的阅读群体。

（四）社会与教育因素

教育体系和社会文化的变迁也影响着纸质书籍的阅读率。在当前教育过程中，电子设备和网络资源的广泛应用，使得学生在学习过程中更多地接触数字阅读材料。同时，社会上对于快速获取信息和即时满足知识需求的倾向，也使得深度阅读和长时间专注于纸质书籍变得相对困难。

纸质书籍阅读率的持续下降是一个复杂的社会现象，它反映了科技进步、社会生活节奏加快以及人们阅读习惯改变等多重因素的综合作用。尽管如此，纸质书籍仍然具有不可替代的价值，包括其独特的感官体验和深度阅读带来的思考空间。因此，在全民阅读推广领域，如何在尊重阅读多样性的同时，维护和促进纸质书籍阅读的传统，是一个值得深入探讨的课题。

二、数字阅读的快速普及

信息技术的发展带来网络的普及，网络文学迅猛发展，人们的阅读方式发生了很大变化，这些变化的表现之一就是阅读载体的多元化。除去纸质阅读，人们可以选择的阅读方式越来越多，如手机端阅读、电脑端阅读等，开始逐渐替代传统的纸媒阅读。电子书籍和数字读物的阅读量快速增长是一个显著的趋势，这一现象主要由以下几个因素驱动。

（一）技术进步促进可访问性

随着互联网技术和移动设备的迅速发展，获取电子书籍和数字读物变得前所未有的容易。智能手机、平板电脑、电子阅读器等设备的普及，为消费者提供了随时随地阅读的便利。相比于传统的纸质书籍，电子书籍可以即刻下载，无须等待配送，满足了现代人追求即时满足的阅读需求。

（二）数字化与个性化推荐

数字平台如电子书店和在线阅读应用利用大数据分析，能够根据用户的阅读历史和偏好提供个性化的书籍推荐。这种个性化服务极大地增强了用户体验，提高了读者探索新书和主题兴趣的可能性，从而促进了电子书籍和数字读物阅读量的增长。

（三）成本效益和环境保护意识

电子书籍通常价格较低，有时甚至免费提供，对于预算有限的读者来说是一个吸引人的选择。此外，随着环境保护意识的增强，电子书籍作为一种无须使用纸张的阅读方式，被视为更加环保。这种成本效益和环保优势同样促进了电子书籍和数字读物的普及。

（四）多媒体和互动性

与传统纸质书籍相比，电子书籍和数字读物能够提供更丰富的阅读体验，包括嵌入式视频、音频、动画以及互动元素。这种多媒体和互动性的增加，尤其对于年青一代和技术爱好者来说，增加了阅读的吸引力。

（五）教育和学习的数字化转型

教育领域的数字化转型也促进了电子书籍和数字读物阅读量的增长。学校和教育机构越来越多地采用电子教材和在线资源，鼓励学生通过电子设备进行学习和阅读。这不仅扩大了电子书籍的使用场景，还培养了学生从小使用数字资源进行学习的习惯[12]。

电子书籍和数字读物阅读量的快速增长反映了技术进步、消费者偏好、成本效益以及教育需求等多方面因素的综合作用。尽管面临着版权保护等挑战，电子书籍和数字读物的发展仍然显示出强大的生命力和广阔的发展前景，预示着全民阅读领域将继续朝着数字化、个性化的方向发展。

三、功利性阅读和浅阅读的连年增长

为解决当下工作学习中的问题而带着某种目的去阅读，就是所谓功利性阅读。这种被动式的阅读，强迫性地提高了个体阅读的数量，但阅读的质量却不能一概而论。生活节奏加快的今天，这种短期内为达到某种目的而进行的阅读有一定的优势，它能在短期内给读者带来一定收获，提升个体某一方面的素养，效果确实优于非功利阅读[13]。在全民阅读领域，功利性阅读和浅阅读的现象逐年上升，这反映了当代社会阅读方式和阅读目的的转变。这一趋势的形成与多个因素相关，主要包括信息时代的特征、现代人的生活节奏以及阅读材料的丰富性和易获取性等。

（一）信息时代的影响

随着信息技术的飞速发展，人们每天都要处理大量的信息，这种信息过载现象促使人们在阅读时趋向于挑选那些直接相关、能够快速消化的内容。功利性阅读，即以获取具体知识、信息或解决特定问题为目的的阅读方式，因其能够迅速满足个人的实际需求而变得日益普遍。

（二）快节奏生活方式

现代社会的快节奏生活方式也是促进功利性阅读和浅阅读增长的重要原因。工作压力和生活节奏加快使得许多人难以找到足够的时间进行深度阅读或沉浸式阅读，从而倾向于进行碎片化的浅层次阅读，如快速浏览新闻摘要、社交媒体上的帖子等。

（三）阅读材料的易获取性

互联网和数字媒体的普及使得获取阅读材料变得前所未有的容易和便捷。人们可以通过几次点击就接触到大量的文章和信息，这种易获取性虽然拓宽了人们的知识渠道，但也使得人们在阅读时更加倾向于浏览和跳跃，而不是深入理解和反思。

（四）教育和文化因素

教育体系和文化背景对阅读习惯的形成也有重要影响。在实用主义和成绩导向的教育观念下，阅读往往被视为获取知识、提高考试成绩的手段，而非一种思考和审视世界的方式。这种教育观念促进了功利性阅读的普及，并减少了为了提升个人素养而进行的深度阅读。

功利性阅读和浅阅读的连年增长是现代社会阅读习惯变化的直接体现，它们适应了快节奏生活和信息过载的现实需求。然而，这种趋势也引发了对阅读质量和深度的担忧。因此，在推广全民阅读的过程中，需要平衡阅读的效率和深度，鼓励公众进行更多的深度阅读，以促进个人思维的发展和文化素养的提升。

第二章
阅读推广的科学解读

近年来，我国阅读推广发展迅猛，已发展成一股强劲的社会潮流、一项社会事业。本章的主要内容为阅读推广的科学解读，从3个方面进行了详细介绍，分别为阅读的基本概述、推广学理论解读和阅读推广理论解读。

第一节　核心概念界定与阐释

阅读不仅仅是字词的识别和语言的理解，更是一个主动的思维过程。它包括对文字材料的解码、对信息的理解和加工，以及对读到的内容进行批判性思考和内化。阅读的目的多样，可以是获取信息、进行学习、体验审美或进行娱乐。

一、阅读的意蕴解析

阅读是一种复杂的认知过程，涉及视觉识别、理解、评价和反思等多个层面。它不仅是个人获取信息、知识和享受文学美的重要途径，还是社会文化传承和个体心智发展的关键活动[14]。阅读的概念和其理论研究历来是教育学、心理学和文学等多个学科关注的焦点，形成了多种学说和流派。

（一）阅读的认知心理学流派

认知心理学角度的观点认为，阅读是一种信息处理过程，强调阅读者如何从文本中解码信息、如何在大脑中构建意义以及如何利用已有知识理解和记忆阅读材料。此视角下的著名理论包括Gough的"简单视阅模型"和Kintsch的"建构—整合模型"。

（二）阅读的社会文化理论流派

社会文化理论视角的文献强调阅读是一种社会文化活动，阅读过程和理解不仅受到个人认知能力的影响，还受到社会文化背景、阅读动机和情境的影响。其中，维果茨基的"近端发展区"概念对这一流派影响深远。

（三）阅读的批判性阅读理论流派

批判性阅读理论提倡阅读者应该超越文本表面的意义，进行深入分析和批判性思考，识别和质疑作者的意图、文本的意识形态倾向和潜在的权力关系。此理论强调激发阅读者的批判意识和自主思考能力。

（四）阅读的整合视阅模型理论流派

整合视阅模型的学者尝试整合认知心理学与社会文化理论，认为阅读既是个体的认知过程，也是受社会文化因素影响的活动。此模型强调文本理解是阅读者主动构建意义的过程，同时受到文本特征、阅读者特征和阅读情境的共同作用。

阅读作为一种多维度的认知和社会文化活动，其理论研究呈现出多样性和复杂性。不同的学说流派从各自的视角解析阅读的本质和过程，为我们理解阅读提供了丰富的理论资源。在全民阅读和阅读推广领域，深入理解这些阅读学说和流派，有助于更有效地设计阅读教育和推广活动，激发公众的阅读兴趣，提升阅读理解和批判性思维能力[15]。

二、阅读的内涵

内涵，是指一个概念所反映的事物的本质属性的总和，包括"作者、文本、读者、世界"这4个阅读要素。我们可以从阅读的客体、主体和过程3个方面来认识阅读的本质。

（一）阅读客体

阅读的客体，即阅读的对象，是指阅读活动中被接受和理解的内容。在全民阅读和阅读推广的背景下，阅读的客体涵盖了广泛的范围，从传统的纸质书籍到数字化的文本、从学术论文到流行杂志、从经典文学作品到实用信息手册，乃至网络文章和多媒体内容。以下是对阅读客体多样性的全面阐释。

1. 传统书籍

传统书籍长久以来一直是阅读的主要客体，包括但不限于小说、诗歌、剧本、历史、哲学、科技等领域的书籍。它们是知识传播和文化传承的重要媒介，能够提供深度的知识体系和丰富的文化经验。

2. 学术论文与专业文献

学术论文和专业文献为读者提供了特定领域的深入研究和最新发现。这类阅读客体主要面向学者、研究人员、专业人士和学生，是专业知识更新和学术交流的基础。

3. 数字和在线内容

随着互联网和数字技术的发展，电子书籍、在线文章、博客、电子杂志等成为重要的阅读客体。这类客体的特点是易于获取和分享，能够迅速更新，满足了现代人对信息快速获取的需求。

4. 多媒体和交互式内容

多媒体和交互式内容，如有声读物、视频讲座、互动电子书等，为阅读提供了新的维度。这类客体通过声音、图像、动画等元素增强了信息的表达力，提供了更加丰富和立体的阅读体验。

5. 新闻与杂志

新闻报道和杂志文章为公众提供了时事信息、专题分析和趣味内容。这些阅读客体不仅满足了人们对于时事了解的需求，而且为大众提供了生活娱乐和知识拓展的途径。

6. 社交媒体内容

在社交媒体平台上，用户生成的内容成为一种新型的阅读客体。这些内容包括社交网络上的动态更新、评论、微博、微信公众号文章等，它们反映了社会热点、公众舆论和个人观点[16]。

阅读的客体在全民阅读和阅读推广活动中呈现出多样化的趋势，不同类型的阅读材料满足了不同读者的需求和兴趣。了解和掌握这些不同的阅读客体，有助于推广阅读活动，提高公众的阅读兴趣和文化素养，促进知识的传播和文化的交流。

（二）阅读主体

阅读的主体指的是参与阅读活动的个人或群体，它们是阅读过程中的主动方，通过解码、理解、反思和应用阅读材料中的信息，实现知识获取、思维发展和情感体验。在全民阅读和阅读推广的背景下，阅读主体的界定和理解具有多元性和广泛性。

1. 不同年龄阶段的阅读主体

儿童是阅读教育的重要对象，对于他们而言，阅读是认知发展、语言能力和想象力培养的关键。儿童阅读主要围绕图画书、童话故事等，旨在激发兴趣和培养阅读习惯。青少年阶段的阅读主体面临学习和个性发展的需求，他们的阅读内容更加多样化，包括学科教材、青春文学、科普书籍等，既满足学习需要也寻求情感共鸣。成人阅读主体的需求更为复杂，包括职业发展、兴趣爱好、生活指导等。成人阅读既包括专业书籍、技能提升材料，也包括文学作品、历史、哲学等广泛领域。

2. 不同需求的阅读主体

专业人士以获取专业知识、技术更新为主要目的，阅读专业书籍、期刊和行业报告。学者和研究人员追求学术进步和研究成果，深入阅读学术论文、研究报告和专著。一般公众追求生活质量提升、情感体验和休闲娱乐，选择小说、杂志、网络文章等轻松阅读材料。

3. 阅读主体的特点

阅读主体在阅读过程中具有主动性，他们根据自身需求和兴趣选择阅读材料，随着个人经验的积累和阶段性需求的变化，阅读主体的兴趣和阅读选择会发生变化，阅读虽是个体活动，但阅读主体通过讨论、分享和交流，使阅读具有社会性和互动性。

阅读的主体不是一个单一的群体，而是包含了不同年龄、不同背景、不同需求的个体和群体。了解阅读主体的特点和需求对于推广全民阅读、设计针对性的阅读活动和材料选择具有重要意义。通过鼓励和支持各类阅读主体参与阅读，可以有效提升全民的文化素养和阅读能力，促进社会文化的繁荣发展。

（三）阅读过程

如果把阅读看作一个从信息符号中获取意义的过程，那么就可以用美国数学家申农（Shannon）的"信息论"来分析作者、文本、读者、世界四要素及其相互关系。根据申农的通信模式（图2-1）可知，通信过程是一个信源发出信息，经过编码变成信号，通过信道进行传递，再经过译码到达信宿的过程。虽然申农的通信模式及他的整个信息论着眼于工程技术领域，但对传播学的孕育和创立都产生了至关重要的影响。

图2-1　申农的通信模式

美国著名的传播学家施拉姆（Schramm）就曾效仿申农的通信模式提出了一个传播模式（图2-2）。

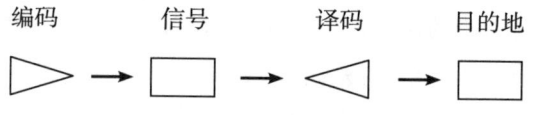

图2-2　施拉姆的传播模式

受此启发，我们可以将世界、作者、文本、读者四者之间的联系概括如下（图2-3）：

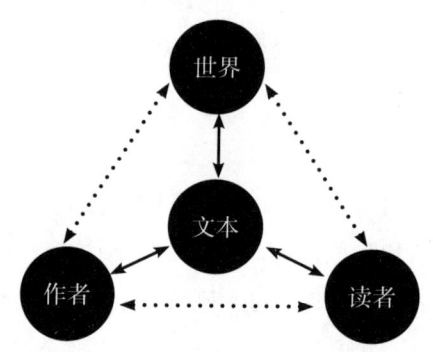

图2-3　世界、作者、文本、读者联系示意图

如图2-3所示，作者的写作过程就是一个编码过程，作者通过认识世界，将储存在头脑中的信息编码成文字符号，形成文本。读者的阅读过程则是一个译码过程，读者以认识世界为前提，通过阅读文本，将文字符号还原成作者意图传播的信息。所不同的是，在编码过程中，作者是编码行为的发起者和承担者，文本是编码的产品；在译码过程中，读者是译码行为的发起者和承担者，文本是译码的对象，虽然文本是作者和读者交际过程的中介，但这个中介始终处于被动静止的状态，作者在读者的译码过程中不会直接发挥作用，他是静止的、远离的、非参与的[17]。读者通过了解世界与文本，间接地和作者对话。作者通过世界与文本，间接地影响读者。世界作为一个显性的存在，它通过影响作者与读者，而间接地影响文本的创作与文本的解读。所以，在传统的阅读理论中只考虑"作者、文本、读者"的三角关系，而忽视了"世界"这个重要的一极，因而忽视了"作者、文本、世界""读者、文本、世界""作者、世界、读者"这3个同样不可忽视的三角关系。所以，在阅读中，读者的世界观以及对世界的认识是他读懂文本、理解作者的前提。

根据阅读的信息加工理论，读者的阅读过程可分为3个阶段：阅读前期、阅读中期、阅读后期。阅读前期指在还没进入正式阅读之前，读者需要先选择要阅读的材料，并初步粗略地了解材料，这个过程称作选码和识码。阅读中期即阅读进行阶段，此阶段分为两个步骤：一是读者需要理解和阐释文本语言代码的意义，并组织编制新的认知结构，此行为可称作解码和编码（读者对文本意义重新编码）；二是读者对文本表述的对象进行欣赏和评价，此行为可称作赏码和评码。阅读后期即阅读的结束阶段，读者需要把自己从文本中提取的信息进行储存并应用，以实现知识的增值和创新效应，此行为可称作储码和用码。由此可见，读者的阅读过程就是一个读者对信息进行选码、识码、解码、重新编码、赏码、评码、储码、用码的过程，分别对应认知心理学的感知、理解、评价、应用等不同阶段，最终达到知识迁移的目的。

三、阅读的外延

所谓外延，是指一个概念所确指的对象的数量或范围，相对于概念的内涵而存在，并与内涵一起构成概念的两个基本逻辑特征。明确概念内涵的逻辑方法是给概念下定义，而明确概念外延的逻辑方法是划分，即根据一定的标准把一个属概念划分成若干种概念。例如：生物可以分为动物、植物、微生物，那么动物、植物与微生物三者合在一起便构成了"生物"这个概念的外延。照此方法，要想明确"阅读"的外延，首先必须选择合适的标准给"阅读"划分类型。朱永新在《我的阅读观》一书中对阅读类型进行了如下划分：

①根据读者的阅读目的，可以把阅读分为功利性阅读和非功利性阅读。

②根据阅读内容的经典性，可以把阅读分为一般阅读和经典阅读。

③根据信息载体的不同，可以把阅读分为电子阅读和文本阅读。

④根据阅读过程中参与的人数，可以把阅读分为个别阅读和共同阅读。

⑤根据阅读过程中思维参与的程度，可以把阅读分为浅层阅读和深层阅读。

以上对阅读类型的划分属于二分法，即将一个属概念划分为矛盾关系的两个概念，其优点在于使思维简洁明快，把注意力集中于主要对象上；其缺点是母项的外延比较模糊。

一般来说，概念越具体，越容易指出其外延；概念越抽象，越难辨别其外延。事实上，要想把一个概念的全部外延揭示出来，有时是不可能的，有时却是不必要的。这也是许多阅读文学著作中只谈"阅读"的内涵而很少涉及其外延的原因。

四、阅读的目的

阅读目的涵盖了从获取信息、知识学习、提升思维能力到情感体验和审美享受等多个层面，体现了阅读活动的多维价值。在全民阅读和阅读推广的背景下，系统而全面地理解阅读目的对于设计有效的阅读推广策略具有重要意义。

（一）阅读的求知目的

阅读的求知目的是阅读行为中最为基础和广泛的驱动力之一，主要指通过阅读来获取信息、知识，以及对世界的理解和认识。这种求知欲促使个体主动探索、学习和吸收书籍、文章等各种文本材料中的内容，从而实现个人智力、技能和价值观的成长和提升。

1. 知识获取

阅读是获取知识的重要途径。在这个信息爆炸的时代，阅读成为个人快速获得新知识、学习新技能的有效手段。无论是科学技术、人文社科，还是日常生活知识，阅读都能为个体提供丰富的信息源泉，帮助人们构建和拓展知识体系。在快速发展的社会中，个人通过阅读新闻、专业书籍、学术论文等，可以了解世界动态，掌握专业领域的最新发展，不断充实自己的知识储备[18]。这种目的下的阅读强调了阅读在个人职业发展和终身学习中的作用。

2. 理解和认识世界

通过阅读，个体能够更深入地理解和认识周围的世界。这包括对自然环境的探索、对社会现象的分析、对历史变迁的回顾以及对文化差异的了解。阅读不仅能够扩展个体的视野，还能够促进对复杂问题的深层次思考和理解。

3. 提升思维能力

求知目的的阅读活动对于锻炼和提升个体的思维能力具有重要作用。通过对阅读材料的分析、批判和综合，个体能够培养批判性思维、逻辑推理、创造性思维等多种智力技能。这种思维训练有助于个体在面对问题时能够更加灵活和有效地进行思考和决策。阅读不仅可以增加知识量，还能够锻炼和提升个人的思维能力，包括批判性思维、创造性思维和解决问题的能力。通过阅读不同观点和思想，个人能够学会分析论证、辨别是非，从而形成独立的思考和判断。

4. 学术研究和专业发展

对于学者、研究人员和专业人士而言，阅读是进行学术研究和专业发展的基础。通过阅读最新的研究成果、学术论文和专业书籍，个体可以紧跟学科前沿，获取创新灵感，促进专业知识的深化和技能的提升。

阅读目的的多样性体现了阅读活动的丰富性和深度，不同的阅读目的满足了个人和社会的多方面需求，对于个人的成长发展、专业技能的提升以及对社会和文化的深入理解具有不可替代的重要性。在全民阅读和阅读推广中，深入理解这些阅读目的有助于制定更加有效的推广策略、激发公众的阅读兴趣、提升全民的阅读能力和文化素养。

（二）阅读的审美目的

阅读的审美目的是指通过阅读文学作品和其他形式的写作来实现个人审美感受、审美理解和审美创造的过程。这种阅读不仅仅是为了获取信息或知识，更多的是为了体验美、感受美、鉴赏美以及通过美来丰富个人的精神世界。以下是对阅读审美目的的全面阐释。

1. 体验美的情感

阅读文学作品（如小说、诗歌、戏剧等）能够引发读者的情感共鸣，使人们在阅读过程中体验到不同的情感美。这种美的体验可能源自作品中描绘的自然景观、人物形象、情感冲突或是故事情节的精妙构造。通过对这些美的情感的体验，读者能够获得精神上的愉悦和满足。

2. 培养审美能力

阅读具有审美价值的文本，能够帮助读者培养审美能力，包括审美的感知、理解、鉴赏和评价能力。通过对不同文学风格、艺术技巧和美学理念的接触和理解，读者能够逐渐形成自己的审美标准和审美趣味，提高审美鉴赏的深度和广度。

3. 理解文化和历史

文学作品往往蕴含着丰富的文化和历史信息，通过阅读可以深入理解特定时期的社会背景、文化传统和人类经验。这种阅读过程不仅能够增进对人类文化多样性的认识，而且能够提升个人的文化素养和历史意识。

4. 激发创造力和想象力

审美阅读也是激发个人创造力和想象力的重要方式。文学作品中独特的想象世界和创新的表达方式可以启发读者跳出日常生活的框架，开拓新的思维空间和创造可能性。这种阅读经历对于促进个人的创新能力和艺术创作具有重要的启发作用。

阅读的审美目的强调了阅读活动在满足人们审美需求、培养审美能力、理解文化背景以及激发创造性思维方面的重要作用。在全民阅读和阅读推广领域，提倡和引导公众进行审美阅读，不仅能够丰富人们的精神生活，还能够促进社会文化的传承和发展，提升整个社会的文化和审美水平。

（三）阅读的交往目的

阅读的交往目的关注于通过阅读促进人与人之间的沟通、理解和共鸣，以及文化的交流与传播。这一目的强调阅读不仅是个体的认知活动，还是一种社会交往和文化参与的方式。

1. 促进人际沟通和理解

阅读可以成为人们分享思想、情感和经验的桥梁。通过阅读他人的作品，个体能够了解不同的生活背景、文化习俗和个人观点，从而增进对他人的理解和尊重[19]。这种理解是建立在深度认识的基础上的，有助于打破文化和社会障碍，促进更加开放和包容的人际交往。

2. 增强社会参与和共鸣

阅读使个体能够接触到社会的多元声音和广泛议题，从而激发公民参与社会事务的兴趣和动力。通过阅读报刊、非虚构作品和社会评论，人们可以对社会问题形成自己的见解，并在讨论和交流中寻找共鸣，共同推动社会进步。

3. 促进文化交流与传播

阅读是文化交流和传播的重要途径。通过阅读不同国家和民族的文学作品、历史记录和文化研究，人们能够跨越地理和语言的界限，体验和欣赏世界各地的文化多样性。这种跨文化的阅读体验不仅丰富了个人的文化视野，而且为不同文化之间的理解和尊重奠定了基础。

4. 建立阅读社群和文化共同体

阅读还有助于建立以共享兴趣和价值观为基础的社群和文化共同体。书籍俱乐部、阅读小组和文学节等活动通过集体阅读和讨论，为人们提供了交流思想、分享阅读体验和建立情感联系的平台。这种基于阅读的社群活动不仅加深了参与者之间的联系，而且促进了文化认同感的形成。

阅读的交往目的体现了阅读活动在促进人际理解、增强社会参与、推动文化交流和建立社群关系方面的重要作用。在全民阅读和阅读推广中，强调阅读的交往功能有助于提升公众的文化素养、促进社会和谐，以及推动全球文化的相互理解和尊重。通过阅读，我们不仅能够丰富个人的精神世界，而且能够为构建更加开放和包容的社会文化环境做出贡献。

（四）阅读的评价目的

阅读的评价目的涉及通过阅读活动对信息、知识、观点及文学作品等进行分析、判断和评价的过程。这一目的强调了阅读不仅仅是获取和理解信息的手段，更是一种批判性思维的实践，旨在培养个体独立思考、判断和评价的能力。

1. 培养批判性思维

批判性思维是现代社会中不可或缺的能力之一，阅读提供了一个理想的平台来培养这一能力。通过评价阅读材料中的论点、论据和结论，读者学习如何识别偏见、评估证据的有效性以及区分事实与意见，从而形成基于理性分析和证据的独立判断。

2. 促进深度理解与内化

评价目的的阅读促使读者不只是停留在表层理解，而是深入探讨和思考文本内容的深层含义和价值。通过对作者观点的评价和反思，读者能够更深刻地理解材料内容，将知识和价值观内化为自己的思想和观念。

3. 加强信息筛选和判断能力

在信息爆炸的时代背景下，评价目的的阅读尤为重要。它帮助个体发展筛选、评估和利用信息的能力，使读者能够在海量信息中辨别真伪、评估质量，选择对自己有价值的内容进行深入阅读和学习。

4. 提高审美鉴赏和文化评价能力

阅读的评价目的还包括对文学和艺术作品的审美鉴赏和文化评价。通过对作品风格、主题、情节和人物的分析和评价，读者能够提升自己的审美水平和文化素养，形成个人的审美标准和文化观点。

阅读的评价目的是阅读活动中至关重要的一环，它不仅促进了个体的认知发展和批判性思维能力的提升，而且加深了对文化和艺术作品的理解和鉴赏。在全民阅读和阅读推广中，强调阅读的评价功能有助于培育具有独立思考能力和高度文化素养的公民，为构建知识型、创新型社会提供人才支持和文化基础。

五、阅读的意义

阅读的功能决定了阅读的意义。阅读的特点影响着阅读功能的发挥。不论何种阅读，都具有共同的功能特征：主体建构性、文化增殖性、再创造性以及解读差异性。所谓"阅读意义"，指的是阅读主体对被阅读的客体对象满足主体需要大小的一种评价。一般来说，满足需求越大、越充分，意义就越大。但意义的评价还具有某种主观性特点，尽管被阅读的对象并不具有太大的客观价值，却会得到阅读者的高度评价。

（一）阅读奠基民族的未来

"阅读奠基民族的未来"这一观点深刻揭示了阅读在塑造民族精神、促进社会进步，以及推动文化创新中的基础性作用。这一理念认为，通过广泛而深入的阅读活动，可以为民族的持续发展提供智力支持、文化滋养和创新动力。阅读是知识传递和智力发展的主要途径。民族的未来依赖于其成员的知识水平和智力能力。广泛的阅读活动能够促进知识的积累和智力的提升，为民族培养出更多的科学家、工程师、教育家和其他专业人士，这些人才是推动社会进步和技术革新的关键力量。阅读在民族文化传承和价值观塑造中扮演着不可或缺的角色。通过阅读经典文学、历史书籍和哲学著作，一个民族能够传承历史文化，培育共同的价值观和道德观，增强民族凝聚力和文化自信。这种文化传承和价值共享为民族提供了精神上的凝聚力和向心力。创新是推动民族发展的核心动力，而阅读是激发创新思维和创新能力的重要手段。通过接触多元化的思想和广泛的知识，阅读能够激发个体的创造性思考，促进新观念、新技术和新方法的产生[20]。一个鼓励阅读的社会更能够培养出具有创新精神和实践能力的人才。阅读还有助于提高公民的社会参与意识和民主素养。通过阅读新闻、政治评论和社会科学著作，民众可以更好地理解社会现象，参与公共事务讨论，实践民主权利和义务。这种积极的社会参与态度是建设和谐社会、推动民族进步的基石。"阅读奠基民族的未来"这一观点强调了阅读在培养人才、传承文化、激发创新和促进社会参与等方面的基础性作用。全民阅读的推广不仅仅能够提升个体的知识水平和思维能力，更能够为民族的持续发展、文化繁荣和社会进步提供坚实的基础。因此，投资于阅读的推广和教育，是对民族未来发展的长远投资。

我国民间流传着这样一句话：万般皆下品，唯有读书高。阅读的个体意义可以从个体成长与家族昌盛两个层面来分析。

1. 阅读是使个体精神成长的唯一途径

"阅读是个体精神成长的唯一途径"这一观点强调了阅读在个人发展中的核心作用，尽管"唯一途径"可能过于绝对，但这一表述突出了阅读在促进个体的认知发展、情感培养、道德感悟和审美能力提升等方面的独特和不可替代的价值。阅读是知识获取和智力发展的重要手段。通过阅读，个体能够接触到广泛的知识领域，从科学到文学、从历史到哲学，这种知识的积累对于思维能力的提升至关重要。阅读不仅增加了事实知识，还促进了逻辑思维、批判性思维和创造性思维的发展。文学作品通过故事情节和人物塑造，提供了丰富的情感体验，使读者能够体验到爱、恨、喜、悲等复杂情感。这种情感的共鸣和体验有助于个体情感的成熟和情感智慧的增长。阅读经典文学和哲学作品能够引导个体反思人生意义、社会正义和道德规范。通过对不同文化和时代背景下的道德问题的探讨，个体能够形成更加成熟和全面的道德观念。阅读艺术和文学作品能够培养个体的审美能力[21]。这不仅包括对美的感知和欣赏，还包括对艺术形式、技巧和风格的理解。通过阅读，个体能够学会欣赏不同文化和时代的艺术美，提升个人的审美品位。

尽管阅读是促进个体精神成长的重要途径之一，但将其视为"唯一途径"可能忽略了音乐、艺术、人际交往等其他形式的学习和体验在个人发展中的作用。然而，不可否认的是，阅读在激发想象力、促进思维发展、丰富情感体验和提升道德认知等方面具有不可替代的重要作用。在全民阅读和阅读推广活动中，强调阅读对个体精神成长的重要性，有助于激发公众的阅读兴趣，促进社会文化的发展和个体的全面成长。

2. 阅读是实现家族持续昌盛的不竭动力

"阅读是实现家族持续昌盛的不竭动力"这一观点强调了阅读在家庭教育、文化传承和社会地位提升中的关键作用。阅读不仅是个人发展的基石，还是家族发展和繁荣的重要驱动力。阅读是知识积累的重要手段，家庭通过鼓励阅读活动，能够促进成员的智力发展和知识水平的提升。在竞争激烈的社会环境中，知识和智力是个体成功的关键，也是家族在社会中获得竞争优势和持续发展的基础。阅读能够帮助家族成员培养高尚的文化素养和健全的价值观。经典文学作品、历史书籍和哲学著作等阅读材料，不仅能够丰富家族成员的精神世界，还能够在家族内部形成共同的文化认同和价值追求，增强家族的内部凝聚力。阅读提升的文化素养和沟通能力，有助于家族成员在社会交往中建立广泛的人脉网络。这种网络不仅能够为家族带来资源和机会，还能够提升家族的社会地位和影响力。在某种程度上，家族的社会网络是实现家族持续昌盛的重要资源。阅读能够激发创新思维和适应社会变化的能力。家族成员通过阅读最新的科学研究、行业动态和管理理论等，能够不断获取新知识，培养面对复杂问题的解决能力和对新事物的适应能力，这对于家族事业的发展和转型至关重要。

"阅读是实现家族持续昌盛的不竭动力"这一观点深刻揭示了阅读在促进家族成员个人发展、文化传承、社会交往和创新能力培养方面的重要作用。家族通过建立阅读传统和文化，不仅能够促进成员的全面发展，还能够为家族的长期繁荣提供坚实的基础。在全民阅读和阅读推广领域，这一观点强调了阅读活动对于培育家族优秀传统和促进社会进步的重要性。

（二）阅读满足和谐的社会意义

阅读不仅是个体完善自我、增长智慧的重要途径，而且是国家提高国民素质、推动社会进步的有效工具。

1. 阅读是协调社会行为与心理的重要手段

"阅读是协调社会行为与调节心理平衡的重要手段"这一观点体现了阅读在个体社会化过程和心理健康维护中的关键作用。通过阅读，个体不仅仅能够获得知识和信息，更能在社会交往和个人心理发展上受益。阅读能够增强社会认知，使个体能够了解社会规范、文化背景和人际交往的基本准则，有助于个体在社会中更好地定位自己，理解他人行为，促进社会行为的协调。阅读能够促进同理心发展，通过阅读不同背景人物的故事和经历，个体能够设身处地地感受他人的情绪和处境，从而培养同理心，增强人际关系的和谐。阅读能够提升沟通技巧，阅读丰富的文本材料，尤其是文学作品，可以提高个体的语言表达和沟通能力，使其在社会交往中更加得体和有效，促进社会行为的协调。阅读能够缓解心理压力和调节心理平衡。阅读作为一种逃避现实压力的方式，可以为个体提供心理慰藉和暂时的逃避机会，有助于缓解工作、生活中的压力，维持心理平衡。阅读能够促进自我反思，阅读不仅是获取外部信息的过程，还是个体自我反思和内心对话的过程。通过阅读，个体能够更深入地认识自己，审视自我价值和生活目标，促进个人成长和心理健康。阅读能够创生情感共鸣，阅读可以提供情感共鸣和心灵共振的体验，使个体在面对个人问题和困惑时找到共鸣和解答，从而在心理上获得支持和安慰。

阅读在协调社会行为和调节心理平衡中发挥着不可替代的作用。它不仅有助于个体更好地适应社会，理解和尊重他人，还能够在心理上为个体提供支持和安慰，促进心理健康和个人成长。因此，在全民阅读和阅读推广活动中，强调阅读对于社会和心理健康的重要性，可以更有效地提升公众的阅读兴趣，促进社会和谐与个体福祉。

2. 阅读是培育世界观与价值观的重要途径

"阅读是培育世界观与价值观的重要途径"这一观点深刻体现了阅读在形塑个人认知框架、价值判断和行为准则方面的基础作用。通过接触和理解书籍中的多样思想、文化和知识，阅读成为个体构建和发展世界观与价值观的关键途径。阅读提升知识的广泛性和思维的开放性，从而促进世界观的形成。阅读提供了一个接触广泛知识的机会，包括自然科学、社会科学、人文艺术等领域，这些知识的积累有助于个体构建对世界的基本认识和理解，形成全面的世界观。通过阅读不同文化背景和思想流派的书籍，个体能够接触到多元的观点和理论，促进思维的开放性和多样性，有助于形成包容和综合的世界观[22]。阅读有利于道德观的培养和个人品质的提升，从而有利于价值观的塑造。文学作品、历史书籍和哲学著作等阅读材料，常常涉及道德选择、人生意义和社会正义等议题，通过对这些议题的阅读和思考，个体能够深化自己的道德观念和伦理判断，逐步塑造稳定的价值观。阅读过程中的情感共鸣、角色模仿和思想碰撞，不仅丰富了个体的情感体验，还促进了如同理心、勇气、正义感等个人品质的提升。阅读有利于培养独立思考与批判精神。面对书籍中的不同观点和论述，阅读要求个体进行分析、评价和批判，这个过程有助于培养独立思考和批判精神，这是形成成熟世界观和价值观的重要基础。阅读使个体不断对比、反思自我与书中人物、观点的关系，通过这种自我认识的深化过程，个体能够更清晰地理解自身立场和价值取向。

阅读通过提供丰富的知识源泉、多元的思想观点、深刻的道德探讨和丰富的情感体验，为个体提供了一个全面培育世界观与价值观的平台。在全民阅读和阅读推广中，强调阅读在形塑个体认知和价值体系中的作用，不仅能够促进个人的全面发展，还能为社会的和谐与进步提供坚实的思想和道德基础。

第二节　推广

一、什么是推广

（一）推广的概念

"推广"是一个多维度的概念，它指的是通过一系列策略和活动，将某一产品、服务、理念或文化普及到更广泛的受众中。在全民阅读和阅读推广领域，这一概念具体指向通过有效手段提高阅读的普及率，增加公众对阅读的兴趣和参与度，以及促进阅读文化的形成和发展。

（二）推广的目的

通过推广活动提升目标对象（如阅读项目、书籍、阅读理念等）的公众认知度，使之被更多人所知晓。促进更多人参与到阅读活动中来，不仅仅是了解而已，更重要的是实际参与阅读，形成阅读习惯。推广阅读有助于传播和深化阅读文化，促进文化的传承和发展，提升社会整体的文化素质和审美水平。

（三）推广的策略

利用广告、新闻媒体、社交平台等多种渠道对阅读活动和重要阅读材料进行公共宣传，扩大影响力。举办书展、阅读会、作家见面会等活动，吸引公众参与，提高阅读的社会活跃度。通过学校教育、社区培训等形式，提供阅读技巧和方法的指导，降低阅读门槛，提升阅读效率。开发和推广适应不同阅读群体需求的阅读材料和形式，如电子书籍、有声读物等，提供便捷的阅读服务，增加阅读的吸引力。

（四）推广的意义

广泛的阅读推广活动能够有效促进知识的普及，提升公众的教育水平，有助于丰富社会文化生活，促进社会思想的进步和文化的创新。此外，阅读推广能够促进个人智力和情感的发展，滋养心灵，提高生活质量。

"推广"在全民阅读和阅读推广领域中是一项至关重要的活动，它不仅仅有助于提升公众对阅读的兴趣和参与度，更对促进社会文化的发展、提高公民素质和推动个人全面成长具有深远的影响。有效的推广策略和活动能够创造一个阅读氛围浓厚、文化丰富多彩的社会环境，为实现社会和谐与文明进步提供动力。

二、推广的特征

通过以上分析，可以总结出推广所具有的内涵特征，也就是推广概念中所具有的共同属性：干预性、沟通性、自愿性、公益性、机构部署性。

（一）干预性

"推广的干预性"是指推广活动在特定领域内，如全民阅读和阅读推广，通过一系列有目的、有计划的策略和措施，主动介入和影响公众的认知、态度和行为，以达到改善、优化或改变现状的目的。干预性体现在以下几个方面：

1. 认知的重塑

推广活动通过提供信息和知识，能够有效改变或扩展公众的认知边界。在阅读推广领域，这意味着通过宣传和教育活动增强公众对阅读的重要性和益处的认识，从而重塑他们对阅读的基本观念和态度。

2. 行为的激励

推广的干预性不仅停留在认知层面，更通过各种激励机制促进公众将认知转化为实际行动。例如，通过组织阅读挑战、设立阅读奖励、提供便捷的阅读资源等措施，激发公众参与阅读，养成阅读习惯。

3. 文化的塑造

推广活动通过长期、系统的干预，能够对社会文化环境产生深远影响。在阅读推广中，通过建立阅读为荣的社会氛围、树立阅读典型、提升阅读的社会地位等方式，逐步塑造和强化阅读文化，使之成为社会共识和文化传统的一部分。

4. 社会进步的推动

推广的干预性通过促进知识传播、提高文化素养、激发创新思维等途径，对社会进步和发展起到积极的推动作用。阅读推广尤其能够通过提升全民阅读能力和文化素质，为社会创新和文明进步提供人才支持和文化基础。

推广的干预性在全民阅读和阅读推广领域中发挥着至关重要的作用。通过有策略的介入和干预，推广活动不仅能够改变公众对阅读的认知和态度，激发阅读行为，更能够深刻影响社会文化环境和促进社会整体的进步。有效的推广干预需要综合运用多种手段和渠道，建立长效机制，以实现持续和深入的影响。

（二）沟通性

"推广的沟通性"指的是推广活动在传递信息、分享观点、构建理解和促进互动中的作用和效力。在全民阅读和阅读推广领域，这一概念强调了通过有效的沟通策略来增强公众对阅读重要性的认识、提升阅读参与度以及培养阅读文化。

1. 信息传递的准确性

推广活动首先要确保信息传递的准确性和有效性。在阅读推广中，这意味着要清晰地向公众传达阅读的好处、推广活动的内容以及如何参与等关键信息。通过使用多种媒介和平台——包括传统媒体、社交网络、公共讲座等——推广活动能够覆盖更广泛的受众，确保信息的广泛传播和接受。

2. 观点分享的多样性

推广的沟通性还体现在对不同观点和经验的分享上。阅读推广不仅是向公众传递"应该阅读"的单一信息，更是一个交流和分享的过程，鼓励个人分享他们的阅读体验、书籍推荐以及阅读带来的影响。这种多样性的观点分享有助于激发公众的兴趣和参与感，构建一个活跃的阅读社群。

3. 理解构建的互动性

有效的推广策略应促进双向沟通，建立起公众与推广者之间的互动。在阅读推广中，通过举办研讨会、读书会、在线论坛等活动，可以为公众提供表达意见、提出问题和参与讨论的机会。这种互动性不仅增强了沟通的效果，还有助于深化公众对阅读重要性的理解。

4. 社会文化互动的促进

推广的沟通性在于其能够促进社会和文化层面的互动与交流。通过推广活动，可以将阅读作为一种文化实践引入公共讨论，促进不同文化背景下的阅读习惯和书籍的交流。这种文化层面的互动对于丰富公众的阅读体验、促进文化多样性和提高社会整体的文化素养具有重要意义。

推广的沟通性是全民阅读和阅读推广成功的关键因素。通过有效的信息传递、观点分享、互动交流和文化互动，推广活动能够深化公众对阅读的认识，激发阅读兴趣，促进阅读文化的形成和发展。因此，设计和实施推广活动时，应重视沟通策略的选择和优化，以实现推广目标的最大化。

（三）自愿性

"推广的自愿性"是指在进行各种推广活动，特别是在全民阅读和阅读推广领域中，参与者（无论是个人还是机构）基于自发的意愿和积极的态度参与其中，而非通过强制或外部压力。这一特点强调了推广活动成功与否，在很大程度上依赖于参与者的主动性和内在动机。自愿参与的个体和机构往往展现出更高的参与度和更大的热情，因为他们是基于对推广目标的认同和对活动价值的理解而参与的。自愿性参与更可能导致长期的行为改变。在阅读推广中，这意味着参与者更有可能持续阅读，并将阅读作为一种生活方式。自愿参与的个体更倾向于与他人分享自己的积极体验，从而通过口碑效应增强推广活动的影响力。

提升自愿性，应该确保推广活动能够明确传达其对参与者的具体价值，包括知识获取、技能提升、情感满足等，以及对社会的广泛意义[23]。通过社群建设、认同感培养等手段，使参与者感受到自己是推广活动的重要组成部分，从而增强其自愿参与的动力。通过激发个人的内在动机，如对阅读的兴趣、对知识的渴望或对社会贡献的愿望，促进自愿性参与。为参与者提供多样化和灵活的参与方式，满足不同个体的需求和偏好，降低参与门槛。

在全民阅读和阅读推广领域，推广的自愿性是实现推广目标、增强活动影响力和持续性的关键因素。通过理解和尊重参与者的自主选择，提供有意义的参与价值，并通过有效的策略激发和促进自愿性参与，可以大大提高推广活动的效果。自愿性的促进不仅有助于建立一个积极、持久的阅读文化，而且能够促进社会整体的文化进步和发展。

（四）公益性

推广面对的是理性的社会人。这就决定了推广不可能只体现推广者的利益，还要充分考虑推广活动所面对的用户的利益，否则就不会获得好的推广效果。这就决定了推广活动具有利他性。无论是农业领域的技术推广，还是其他领域的产品、服务推广，越考虑用户利益，推广的效果越好。对目标用户来说，具有收益外溢的项目必须采用补偿机制才能得到有效推广。如此，在很多国家和地区，推广常常被用来作为一种政策工具。如在保护自然资源、预防公害、保证对于环境资源的适度使用、解放思想、主持公道、防止破坏公物的行为、能源保护、保证更好地使用娱乐设施、保证坚持公共利益的政策、交通安全等方面，推广的目的更加强调公共和集体的利益，而不是某些私人利益，因而具有显著的公益性。

（五）机构部署性

推广需要钱，它是一项职业活动。不管是专职的推广还是兼职的推广，都需要经费。要想保持推广工作的连续性，其经费开销非个人所能承担。因此，推广工作通常是由某种机构组织开展的，这些机构可以是政府机构、志愿机构、商业公司和会员协会等。例如，在许多国家特别是发展中国家，农业推广服务机构都是国家行政机构的组成部分，推广工作经费和人员大都由政府行政体系安排，常常采用技术、政策、物资三结合的运行机制开展工作；大专院校与科研院所等教育科研机构开展的推广工作，其资金来自教育经费或科研项目经费，通常采用科研、教学、推广三结合的运行机制助力科技成果的转化，即使是在当下的大学教育中，仍然强调生产、教学、科研相结合，面向市场培养人才；企业或公司设置的推广机构以增加企业的经济利益为工作目标，以产品消费者为服务对象，由企业划拨推广经费，一般采用企业、基地、用户三结合的运行机制，以调动企业和用户的生产积极性，达到双赢的目的；会员协会合作形成的自助推广机构以会员为推广对象，以经营、咨询、推广相结合的方式开展资源传递服务。由此，推广的机构部署性便不言而喻。根据推广的以上属性，我们可以给推广做出如下定义：推广是一种沟通干预活动，它是由机构部署的、职业性的、组织性的活动。推广的目的是推广者通过引导，改变其所认为的公共或集体效用的自愿行为。

三、推广的功能

（一）推广的个体功能

"推广的个体功能"在全民阅读和阅读推广领域中，指的是推广活动对于个体参与者在知识、技能、情感、社会交往等方面的正面影响和贡献。这些功能不仅促进了个人的全面发展还为社会的进步和文化的繁荣提供了基础。

推广活动通过提供丰富的阅读资源和机会，极大地促进了个体的知识获取和智力发展。个体通过参与阅读推广活动，能够接触到更广泛的知识领域，从而拓宽知识视野，增强对世界的了解和认识。阅读不仅提供信息和知识，还能锻炼和提高个体的思维能力，包括批判性思维、解决问题的能力以及创新思维。阅读推广活动通过引导个体阅读各类文学和艺术作品，丰富了个体的情感体验，同时也起到了情绪调节的作用。推广活动通过组织各类阅读相关的社交活动，促进了个体的社会交往和文化参与。参与阅读俱乐部、讲座和研讨会等活动，不仅能够增进个体的社交技能，还能够扩大社交网络，增强社会归属感。通过阅读和讨论具有文化意义的作品，个体能够更深刻地理解和认同自己所在的文化，形成健康的价值观和道德观。通过阅读，个体能够更好地认识自我，反思个人的生活和职业目标，促进自我成长和实现。推广活动强调阅读的重要性，帮助个体建立终身学习的习惯，适应快速变化的社会和工作环境。

"推广的个体功能"凸显了推广活动对于促进个体知识获取、情感发展、社会交往能力以及自我实现的重要作用。这些功能的实现不仅对个体的全面发展至关重要，还为构建知识型、和谐和创新的社会提供了坚实的基础。因此，全民阅读和阅读推广活动的设计和实施需要充分考虑其对个体的积极影响，以实现更广泛的社会和文化目标。

（二）推广的社会功能

"推广的社会功能"在全民阅读和阅读推广领域中，指的是通过阅读推广活动对社会整体产生的积极影响和贡献，包括知识普及、文化传承、社会凝聚力增强以及公民意识提升等方面。普及阅读有助于提高公民的文化素质和基本教育水平，为社会经济发展奠定坚实的人力资源基础。鼓励公众形成终身学习的习惯，适应快速变化的社会和经济环境，提高社会的整体竞争力。通过推广经典文学和历史书籍，加深公众对本国及其他文化的了解和尊重，促进文化的传承。提供多元化的阅读材料，鼓励公众接触新思想、新知识，促进文化的创新和发展。

推广不同文化和背景的阅读材料，有助于增强社会成员之间的理解和尊重，促进社会的和谐与包容。通过共享阅读经验和讨论，有助于在社会成员之间建立共同的价值观和道德观，增强社会的整体凝聚力。通过阅读政治、法律和社会科学书籍，增强公民对自己权利和责任的认识，提升法治意识和民主意识。鼓励公众通过阅读了解社会问题和挑战，积极参与社会公益活动和公共事务讨论，促进社会的进步和改善。

推广的社会功能在于其能够通过促进阅读活动，不仅提升个体的知识水平和文化素养，更重要的是促进了社会的整体发展和进步。通过知识的普及、文化的传承与创新、社会凝聚力的增强以及公民意识和社会参与的提升，阅读推广活动对于构建一个知识丰富、文化繁荣、社会和谐、民主进步的社会具有不可替代的重要作用，需要得到全社会的重视和支持。

第三节　阅读推广

一、什么是阅读推广

"阅读推广"一词来自英文"Reading Promotion"，除可译为"推广"外，还有"促进、提升"的意思，所以也有人将"Reading Promotion"翻译为"阅读促进"。1995年，联合国教科文组织将每年的4月23日确定为"世界图书与版权日"，在这之后，"推广阅读"的概念在全社会流行起来，并频频出现在美国图书馆等官方网站和工作报告中，成为一个高频词出现在出版界和图书馆界。即便如此，可能是因为"推广阅读"一词字面意思过于简单，自始至终国内外都没有明确的定义。我们可以简单将"推广阅读"理解为，为了促进阅读而进行的推广活动。近年来，一些专家学者开始试着给推广阅读定义。张怀涛综合各家观点，给阅读推广做出定义："阅读推广"顾名思义就是推广阅读。简言之，就是社会组织或个人为促进人们阅读而开展的相关活动，也就是将有益于个人和社会的阅读活动推而广之；详言之就是社会组织和个人，为促进阅读这一人类独有的活动，采用相应的途径和方式，扩展阅读的作用范围，增强阅读的影响力度，使人们更有意愿、更有条件参与阅读的文化活动和事业。

王波从国家战略的高度给"阅读推广"做了一个国际化的定义："阅读推广，就是为了推动人人阅读，以提高人类文化素质、提升各民族软实力、加快各国富强和民族振兴的进程和战略目标，而由各国的机构和个人开展的旨在培养民众的阅读兴趣和阅读习惯，提高民众的阅读质量、阅读能力和阅读效果的活动。"

以上两位专家对"阅读推广"的定义相对来说是比较全面的。我们可以看到，这两个定义的共同之处在于，都将"阅读推广"看作一项跟阅读相关的文化活动，并且可以做反向理解，即"推广阅读"。

"阅读推广"和"推广阅读"的概念是一致的，两者可以互换。推广是一种活动，阅读就是推广的内容。阅读和技术、产品、成果、经验等的推广一样，属于推广学的范畴。因此，我们可以从推广学的视角给阅读推广下定义：推广是一种沟通干预活动，它是由机构部署的，职业性的、组织性的活动推广的目的是推广者通过引导，改变其所认为的公共或集体效用的自愿行为。阅读推广跟其他推广活动相比，其特殊之处在于所拥有的"文化性"属性。对于"阅读推广"的这个定义，其中有两个问题，是我们需要解释和回答的，也就是人们关于"机构部署"和"职业性"这两个关键词的争议：

①如果阅读推广是一种由机构部署的活动，那么"个人将自己阅读过的好书向他人推荐，并鼓励其阅读"算不算阅读推广？

②如果阅读推广是一种职业性的行为，那么"医生向抑郁症患者推荐其阅读《生命的重建》（露易丝·海著）、《人性的优点》（卡耐基著）、《生之礼赞》（朗费罗著）等书籍以辅助治疗抑郁症"算不算阅读推广？

下面，就让我们来仔细分析：

首先，我们来回答第一个问题。个体与个体之间的推荐活动，虽然也是一种阅读推广行为，但其本质是一种偶然发生的、没有计划和组织的、零星的推广行为。个体间自发的阅读推广力度，放在国家和社会的阅读需求中来说，几乎可以忽略不计。也有人认为，星星之火可以燎原。这样的观点是正确的，但前提是必须同一时间段聚集所有的"星星之火"才行。也就是说，只有许多个体同时团结起来，成为强大的组织机构，他们的阅读推广行为才更能影响到社会和国家大多数人，才可以被当作"阅读推广"的概念定义。

接下来，我们来回答第二个问题。医生给患者推荐阅读书籍，本质上是为了帮助患者治疗疾病。也就是说，推荐阅读的方式是其治疗中的辅助行为，其还是属于医生治病救人的职业范畴，并不能归纳到"阅读推广"的范畴。只有当医院作为一个组织，承担了阅读推广的任务，医院是一个推荐阅读的场所，组织医生向患者推荐文本，如美国医疗领域实施的"触手可读"项目，医生出于培养患者阅读兴趣和习惯的目的向其推荐书籍，才算是有效的"阅读推广"行为。

综上所述，可以认为，个体无目的地偶发性地向他人推荐书籍的行为，其影响力度几乎可以忽略不计，够不上推广学的概念范畴。站在国家和社会角度看，阅读推广行为必须是有机构、有组织的行为，因为只有这样，才能保证阅读推广的影响力度，保证其可持续性及资金的支持，最终才能给国家社会带来阅读推广的效益。如此，从推广学角度给阅读推广下的定义便具有了合理性。

二、阅读推广的类别

按照活动的性质，阅读推广活动可以分为直接推广和间接推广。

（一）直接推广

直接阅读推广是一种旨在直接提升公众阅读兴趣和能力，进而促进阅读文化普及的实践活动。本文从直接阅读推广的定义、特点、实施策略及其效果评估等方面进行探讨，旨在提供一个清晰和系统的理解框架。

1. 直接阅读推广的定义

直接阅读推广指通过面向读者的直接交流和互动活动，如阅读指导、书籍推荐、阅读活动等，来激发读者的阅读兴趣，提升阅读技能和文化素养。与间接阅读推广相比，直接阅读推广更注重与读者的直接接触和互动。

2. 直接阅读推广的特点

直接推广具有鲜明的互动性、针对性和即时性。直接阅读推广通过与读者的直接互动，更容易了解读者的需求和兴趣，从而提供更个性化的阅读推荐和指导。通过组织各类阅读活动，可以针对不同年龄层、不同兴趣群体进行特定的推广策略实施。直接阅读推广活动能够即时反馈读者的阅读反应和建议，为阅读推广提供实时调整的依据。

3. 直接阅读推广的实施策略

组织多样化的阅读活动，如读书会、作者见面会、主题阅读周等，以吸引不同兴趣和需求的读者参与。提供专业的书籍推荐和阅读指导服务，帮助读者发现适合自己的阅读材料，提升阅读效率和体验。通过设置阅读竞赛和奖励机制，激发读者的阅读热情，促进阅读活动的参与度。利用社交媒体和在线平台进行阅读推广，拓宽参与范围，增加阅读互动和讨论的机会。

4. 直接阅读推广的效果评估

通过活动的参与人数和参与频率来评估直接阅读推广的吸引力，也可以通过调查问卷、访谈等方式收集读者对活动的满意度和反馈，评估活动的效果。此外，长期跟踪参与者的阅读行为，评估直接阅读推广对于形成和改善阅读习惯的影响。

直接阅读推广是一个高度互动和个性化的过程，它依赖于与读者的直接沟通和反馈来实现阅读兴趣的激发和阅读能力的提升。通过有效的策略实施和细致的效果评估，直接阅读推广能够在促进公众阅读文化普及中发挥重要作用。未来，随着技术的发展和社会的变化，直接阅读推广将继续演变，以满足读者日益多样化和个性化的阅读需求。

（二）间接推广

图书馆间接阅读推广是图书馆利用其资源和服务为读者创造有利于阅读的环境、氛围和条件，从而在不直接与读者互动的情况下激发读者阅读兴趣、提升阅读能力和文化素养的一系列活动。

1. 间接阅读推广的定义

图书馆间接阅读推广指的是图书馆通过优化藏书结构、改善阅读环境、提供丰富的在线资源和服务等非直接互动方式，为公众提供便利和吸引力，促进阅读文化的形成和发展。这种推广方式强调在图书馆的整体服务和环境设计中融入阅读推广的理念，而不是通过直接的读者指导或活动参与。

2. 间接阅读推广的策略

主要策略包括：藏书结构的优化，根据读者的需求和阅读趋势，不断更新和丰富图书馆的藏书，包括纸质书籍和电子资源，以满足不同读者的阅读需求；阅读环境的改善，创造舒适、宁静的阅读环境，提供充足的阅读空间和设施，如阅读角、休息区等，使读者能够在放松的氛围中享受阅读；数字资源的丰富，开发和提供易于访问的在线图书馆服务，如电子书籍、在线期刊、数据库等，方便读者随时随地进行阅读；信息服务的增强，提供图书检索、参考咨询和文献传递服务，帮助读者高效获取所需信息，支持学习和研究。

3. 间接阅读推广的实施方法

主要实施方法包括：藏书和资源的动态管理，定期对藏书进行评估和更新，确保资源的时效性和多样性；空间布局与设计，科学规划图书馆内部空间布局，设计具有吸引力的阅读和交流区域；技术支持服务，利用现代信息技术提高图书馆服务的便捷性和互动性，如自助借还书服务、在线咨询等；营造文化氛围，通过图书展览、主题书架等形式，无形中传递阅读的价值和乐趣。

4. 间接阅读推广的效果评估

阅读率和借阅量，通过统计图书馆的借阅记录和访问量来评估间接阅读推广的效果；用户满意度调查，通过问卷调查、访谈等方式收集读者对图书馆服务和环境的满意度，了解改善方向；数字资源使用情况，评估电子资源的使用频率和下载量，分析数字服务的受欢迎程度。

图书馆间接阅读推广通过创造优质的阅读环境和提供丰富的阅读资源，无形中激励和促进公众阅读，对提升社会整体的阅读文化和文化素质具有重要作用。随着社会的发展和技术的进步，图书馆应不断探索和创新间接阅读推广的方法，以适应不断变化的阅读需求和习惯，从而更有效地服务于公众的阅读文化建设。

三、阅读推广的特征

"阅读推广"在推广学视角下，具有干预性、沟通性、公益性、机构部署性等"推广"属性。此外，还具有推广主体的多元性、推广客体的丰富性、推广对象的明确性、推广服务的活动性、推广效果的滞后性等特有属性。

（一）阅读推广主体的多元性

阅读推广主体的多元性是指参与阅读推广活动的组织和个人具有多样化的背景和特点，包括公共图书馆、学校、非政府组织（NGO）、企业、出版社、作家、教师以及志愿者等。这种多元性不仅丰富了阅读推广的形式和内容，还增强了阅读推广的广泛性和有效性。

1. 阅读推广主体的类型

阅读推广活动主要包括如下几类主体：公共图书馆，作为传统的阅读推广主体，公共图书馆通过举办阅读活动、提供阅读材料和阅读空间来推广阅读；学校，学校通过课堂教学、阅读课程和校园阅读活动，培养学生的阅读兴趣和习惯；非政府组织（NGO），专注于特定主题或群体的阅读推广，如儿童阅读、盲人阅读等；企业，通过赞助阅读项目、发起企业社会责任（CSR）活动来参与阅读推广；出版社和作家，直接创作和推广阅读材料，组织签名会、新书发布会等活动；教师和志愿者，在基层推广阅读，通过个人努力影响学生和社区居民。

2. 阅读推广主体的作用

主要包括：资源提供者，提供丰富多样的阅读资源，包括书籍、电子资源和阅读空间；活动组织者，策划和组织各类阅读活动，如阅读俱乐部、讲座、研讨会等；教育和培训者，提供阅读指导和培训，帮助提升阅读技能和理解能力；文化传播者，通过阅读推广，传播文化知识和价值观，促进文化多样性。

3. 阅读推广主体的合作方式

主要合作方式包括：跨界合作，不同类型的阅读推广主体之间进行合作，如图书馆与学校、企业与NGO之间的合作，共同推进阅读项目；网络建设，建立阅读推广网络，分享资源、经验和最佳实践，提高阅读推广的效率和影响力；公私伙伴关系（PPP），政府与私营部门合作，共同投资于阅读推广项目，提高公共阅读服务的质量和范围。

4. 阅读推广主体多元性对阅读推广的影响

影响主要包括：增加参与度，多元化的主体能够吸引更广泛的人群参与阅读，满足不同群体的阅读需求；创新推广方式，不同主体的独特视角和资源可以创造新的阅读推广方式，提高阅读推广的吸引力和有效性；强化社会影响，多元化的阅读推广主体能够形成强大的社会合力，促进阅读文化的普及和提升公众的文化素质[24]。

阅读推广主体的多元性是推动阅读文化发展的重要力量。通过不同主体的共同努力和资源整合，可以更有效地推广阅读，培养阅读兴趣和习惯，促进社会整体的文化素养和知识水平的提升。未来，加强各阅读推广主体之间的合作与交流，将进一步发挥多元性的优势，为阅读推广注入更多活力和创新。

（二）阅读推广客体的丰富性

阅读推广客体的丰富性指的是阅读推广活动中所涉及的阅读材料和内容的多样性，包括不同类型、风格、主题和形式的阅读资源。这种丰富性不仅能够满足不同读者的个性化需求，促进阅读兴趣和阅读能力的提升，还能够加深读者对多元文化和知识体系的理解和认识。

1. 阅读推广客体的类型

类型主要有：文学作品，包括诗歌、小说、戏剧、散文等，涵盖古典文学和现代文学，反映人类生活和思想情感的丰富性；科普读物，涉及自然科学、社会科学、应用科学等领域，旨在普及科学知识，培养科学思维；历史与哲学，介绍历史事件、人物、思想流派和哲学理论，促进对人类社会发展规律的理解；艺术与美学，包括艺术理论、美术、音乐、舞蹈等领域的书籍，丰富读者的审美体验和艺术修养；实用信息，如健康、生活技能、职业发展等，提供日常生活和个人成长的实用信息；儿童与青少年读物，针对不同年龄段儿童和青少年的兴趣与认知水平设计的书籍，培养其阅读兴趣和习惯。

2. 阅读推广客体的重要性

主要包括：满足多元需求，丰富的阅读客体能够满足不同读者群体的多样化阅读需求，提高阅读的覆盖面和参与度；促进知识传播，通过推广涵盖广泛领域的阅读材料，有助于科学知识、文化艺术、历史哲学等多方面知识的传播和普及；深化文化理解，多样化的阅读客体促进对不同文化和价值观的理解，增进社会的多元文化交流和融合；提升公众文化素质，丰富的阅读推广客体有助于提升公众的文化素质和综合知识水平，形成健康向上的社会风气；促进社会进步，通过阅读不同领域的知识和文化，激发公众的创新意识和批判性思维，为社会进步提供智力支持；增进国际理解，推广包含多元文化内容的阅读材料，有助于增进不同国家和地区之间的相互理解和尊重，促进世界和平与发展。

阅读推广客体的丰富性是实现全民阅读目标的重要基础，它不仅能够满足公众的多样化阅读需求，还能促进知识的传播、文化的理解与交流，进而提升社会的整体文化素质和促进社会的全面进步。未来，阅读推广应继续探索和利用新技术和新平台，进一步丰富阅读推广的客体，拓展阅读的边界，为构建学习型社会贡献力量。

（三）阅读推广对象的明确性

阅读推广对象的明确性是指在阅读推广活动中对目标读者群体的精确界定和深入了解，包括其年龄、性别、职业、教育背景、阅读兴趣和需求等方面。明确阅读推广对象有助于更有效地设计和实施阅读推广活动，使之更加贴合目标群体的实际需要，从而提高阅读推广的效果。阅读推广对象是指阅读推广项目的目标群体，也就是全体国民或其中某个特定群体。从微观来看，阅读推广项目一般都是针对明确的群体的。例如，英国曾针对喜欢足球的5、6年级小学生和7、8年级初中生推出过一项"阅读之星"活动，鼓励他们爱上阅读；还曾针对没有阅读兴趣的成年人推出过"阅读六本书"活动，来提高他们的阅读自信；"夏季阅读挑战赛"和"信箱俱乐部"项目分别针对4岁到12岁儿童的暑假阅读和为7岁到13岁的家庭寄养儿童邮寄学习材料展开；美国也曾面向6个月到5岁儿童推出一项"触手可读"的阅读活动，还曾通过"力量午餐"项目，帮助来自低收入家庭的儿童利用午餐时间进行一个小时的阅读活动；新加坡的"读吧，新加坡"每年都会在特定人群中，如司机、销售员等进行图书推广。从世界各国的情况来看，青少年群体、低收入群体及特殊群体是阅读推广关注的重点。

阅读推广对象的明确性对于提高阅读推广的效果具有重要意义。通过精确了解和界定目标群体，阅读推广可以更加科学、有效地进行。实施个性化推广策略，不仅能够满足不同读者的需求，还能够促进阅读文化的普及和提升，对于建设学习型社会、提高国民文化素质具有重要作用。未来，阅读推广应进一步加强对目标群体的研究，利用现代信息技术提高服务的个性化和精准度，以实现更广泛、更深入的阅读推广。

（四）阅读推广服务的活动性

为了扩大影响力，阅读推广服务经常借助活动的形式进行。每一种阅读项目都离不开阅读活动的开展，并且活动规模越大，影响力就越大。例如，2012年澳大利亚国家阅读年项目邀请了43位宣传大使，与20多家企业合作，开展了4000多项活动，分布在从首都到中部山区的广大区域，面向各种不同年龄段的人群，其中包括"我们的故事""我们到了吗""什么时候开始读都不晚""读这本""描写工作中的人""保存土著文化""加入图书馆""读书时间"等大型活动；美国的"一城一书"阅读推广项目以一本书作为活动的基点，发展相关活动，如读书讨论会、学术研讨会、作者访谈、作者见面会、作品展览、电影放映、演讲、游览、作者演唱会等，以贴近生活的形式，促进人们之间的交流。

我国的全民阅读活动，形式更多样，如"源远流长的中华典籍"大型广场活动、"书香中国"电视特别节目、图书馆阅读服务宣传周、高校图书馆的读书月，以及图书银行、送书活动、读书知识竞赛、微书评、读图、真人图书馆等常用阅读推广形式。因此，与图书外借阅览等传统服务相比，阅读推广不仅是一种活动化的服务，而且是一种受益读者相对较少、服务成本相对较高的活动化服务。

（五）阅读推广效果的滞后性

阅读推广效果的滞后性指的是阅读推广活动实施后，在一定时间内可能不会立即显现出明显的效果或成果，其影响和价值的体现往往需要经过一段时间的积累和沉淀。这种现象在阅读推广领域中较为普遍，是由多种因素共同作用的结果。

1. 阅读推广效果滞后性的原因

主要有：阅读习惯的形成需要时间，阅读习惯的养成是一个长期的过程，需要反复的实践和内化，短期内难以看到显著的变化；文化素养的提升是渐进的，阅读推广旨在提升公众的文化素养，这是一个涉及认知变化和价值观形成的复杂过程，其效果通常不会立即显现；社会文化环境的影响，阅读推广效果受到社会文化环境、教育背景、经济条件等多重因素的影响，这些因素的变化和作用通常具有滞后性。

2. 阅读推广效果滞后性的表现形式

主要有：难以即时评估，由于效果的滞后性，阅读推广活动的短期内效果难以通过直接的数据和反馈进行全面评估；长期累积效应，阅读推广的积极影响往往在长期中逐渐显现，如阅读习惯的稳固、文化素养的提高等；影响因素多样，阅读推广效果的滞后性受到多种内外部因素的影响，使得其具有不确定性和复杂性。

推广效果的滞后性要求我们在设计和实施阅读推广活动时，需要有长远的视角和耐心，通过持续的努力和科学的评估，逐步实现阅读推广的目标。尽管短期内难以看到显著的成果，但长期而言，稳定和持续的阅读推广活动无疑将对提升公众的文化素养、丰富社会文化生活和推动知识经济的发展产生深远的影响。

四、阅读推广的目的

阅读推广目的是指阅读推广最终可以实现的社会价值和教育作用。事物的价值是人类的一种主观情感体现，所以"目的"一般都带有主观性，阅读推广的目的也是这样，它的目的性会随着推广主体的变化而变化。例如，联合国教科文组织、国际阅读协会等全球性的文化组织，它们的推广阅读目的是提高全人类的文化素养和阅读水平；由国家和政府牵头的阅读推广则立足于国家层面，希望提升自身的文化软实力，实现国民素质提升以及本民族的振兴；从更微观的角度看，如出版社和书店，它们推广阅读的目的更为简单——提高图书的销量，提升经济效益。综上可知，因为社会职责、关注对象、资源拥有情况的不同，阅读主体的推广目的也会不同。从微观和宏观的角度划分，出版机构、书店、图书馆等推广阅读的目的是小范围的、直接的，属于微观目的；国际组织、国家政府层面开展的阅读推广活动是面向全人类、全体国民的，属于宏观目的。两者并无优劣之分，宏观目的是间接而长远的目标，它的实现需要一系列微观目的的支撑。两者的共同点是，都需要培养推广客体的阅读兴趣和习惯，才能达到阅读推广的目的。

从推广学角度讲，阅读推广的目的是引导人们自愿变革阅读行为。所谓阅读行为的自愿变革，可以简单概括为：通过阅读提升公民素养，使不爱阅读的人爱上阅读；使不会阅读的人学会阅读；使阅读有困难的人跨越阅读的障碍。这是开展阅读推广的终极目标。

五、阅读推广的功能

阅读推广作为一种文化和知识传播的重要方式，在促进文化传承、教化民众、激发创新思维、助力社会创新等方面发挥着关键作用。通过精心设计和实施的阅读推广活动，可以有效地提升公众的文化素养，促进社会的进步和发展。以下是对阅读推广在上述四个方面功能的系统阐释。

（一）传承文化

阅读推广能够有效地保护和传承人类的文化遗产。通过推广经典文学、历史书籍、哲学思想等，阅读不仅帮助现代人理解和欣赏自己民族的文化根源，还使得世界各地的文化成果得以跨越时空的限制，被更多人所共享。阅读推广在此过程中起到桥梁和纽带的作用，使得文化价值得以连续不断地传递给每一代人。书籍是人类文化传承的最重要的载体，人类如果没有阅读这种行为，书籍就是"死"的，文化也不会自动传承。正如阿尔维托·曼古埃尔在其著作《夜晚的书斋》中所言：保存在图书馆里的各种各样的图书，无论稀有还是普通、古书还是新书，它们的性质和品质都没有它们的在场和流通重要。读者的阅读过程使古老的书籍发生了新变化，它和现代人的思想发生碰撞，获得新生。阅读，就是书籍复生的仪式。

（二）教化民众

阅读推广在教育和塑造公民意识、提升公众道德水平方面发挥着不可替代的作用。通过阅读，人们能够接触到人类智慧的精华，学习到社会主义核心价值观以及全球各种优秀的道德观念和行为准则。这些阅读内容对于培育良好的公民意识、塑造积极向上的社会风气具有重要影响。图书馆尚未传到我国之前，1985年我国近代思想家、教育家梁启超先生就同康有为等维新派人士，为"普及新学、启迪民智"，在北京建立了新型的图书机构，并对广大民众开放。强学会成员还四处宣传，请民众来读书。《梁任公先生年谱长编》中记载：强学会书藏成立后，备置图书仪器，邀人来观，冀输入世界之智识于我国民。该书藏中有一世界地图，会中同人视如拱璧，日出求人来观偶得一人来观，即欣喜无量。这种传输知识、开发民智的热忱，令人感动。强学会的这一行为，与今天的阅读推广不谋而合，阅读推广教化民众的作用可见一斑。

（三）促进创新

阅读推广通过向公众提供丰富多样的知识资源和思想观念，激发人们的创新思维和创造力。面对快速变化的社会和经济环境，创新成为推动发展的关键动力。阅读不仅能够提供解决问题的知识基础，还能够启发新的思考方式，激发创新灵感，为社会创新提供不竭的源泉。通过阅读继承前人的成果，而创新成果的推广也离不开他人的阅读。"任何一种思想、理论、方法、技术、发现、创造等，问世后若被禁闭于其发明人、发明地，那么，它的作用几乎可以忽略不计。只有记录于载体，推广于社会，其价值才能得以实现。"当今时代是一个创新的时代，阅读推广对创新的促进功能不言而喻。

（四）助力生产

阅读推广在助力社会创新方面的功能体现在其能够提供多元化的视角和解决方案，促进跨学科、跨领域的知识融合与创新。通过阅读，个人和组织能够获取到最新的科技成果、管理理论、文化观念等，这些知识和信息的积累和应用是推动社会创新、应对未来挑战的基础。人们通过阅读来获得先进的技术，提高自身的素质。劳动者素质的提高是促进生产的前提。曾任国家新闻出版总署署长的柳斌杰先生指出："只有通过广泛的阅读，才能在继承前人经验和了解最新科学技术资料的基础上有所创造、有所前进。"只有站在巨人的肩膀上，才能够以更加高远的立意，找到改革和创新的途径，掌握改革和创新的能力或技术，解放和发展生产力。发展经济的关键是生产力，而作为生产力最核心要素的人必须有知识、有能力。这就决定了阅读直接关系到生产力的发展水平和人的素质的高低。

阅读推广作为一项全面提升社会文化素质和促进社会发展的重要活动，其在文化传承、教化民众、促进创新和助力社会创新等方面的功能不可小觑。通过有效的阅读推广，不仅可以保护和传承宝贵的文化遗产，还可以培养具有全球视野的创新型人才，推动社会向着更加文明、和谐、创新的方向发展。因此，加大阅读推广的力度，创新阅读推广的方式方法，对于建设知识型、创新型社会具有重要意义。

六、阅读推广对阅读兴趣的影响

阅读推广作为一项重要的文化和教育活动，对于培养和引导公众阅读兴趣具有多方面的影响。通过精心设计的阅读推广活动，可以有效地培养人们的阅读兴趣，满足和丰富他们的兴趣需求，甚至转移和合并兴趣，以及提升阅读兴趣的层次。

（一）培养兴趣

阅读推广通过提供多样化的阅读材料和举办各类阅读活动，激发公众对阅读的初步兴趣。对于儿童和青少年而言，寓教于乐的阅读活动特别能够引起他们对书籍的好奇心，培养从小爱读书的习惯。

（二）满足兴趣

针对不同年龄段和不同兴趣爱好的读者群体，阅读推广能够提供丰富的阅读选择，从而满足他们的阅读需求。无论是科幻、历史、艺术还是技术类书籍，通过精准的阅读推荐和活动安排，读者可以找到满足自己兴趣的阅读材料。

（三）转移兴趣

阅读推广有时也可以用于引导公众将兴趣从某些不太建设性的活动转移到阅读上。例如，通过推广科普书籍和历史小说，可以吸引年轻人将部分时间从网络游戏和社交媒体转移到阅读上，促进其知识的积累和个人素质的提升。

（四）整合兴趣

阅读推广活动可以将不同领域的知识和文化融合，通过跨界书籍的推广，如将文学与科学、历史与艺术相结合的读物，帮助读者将自己的多元兴趣合并，实现跨学科学习和思维的拓展。比如说有很多人读《平凡的世界》，但是究竟哪些人借阅过，以前的图书馆目录系统不显示，但是最近宁波大学图书馆的"智慧图书馆"APP已经有了这个功能，同一本书谁读了，点开都能列出来，这些人都是兴趣相投的，他们得到了图书馆提供的信息，就可以在私下组成读书会，集体交流共同读过的这本书，那么大家的兴趣就会越激发越大，对所读的书的内容和作者就会越钻研越深，逐渐成为这方面的达人或专家。

（五）妆点兴趣

阅读推广可以通过丰富和深化读者的阅读体验来"妆点"其兴趣，使读者的兴趣更加分明和饱满。通过参与主题阅读会、作家见面会等活动，读者能够更深入地理解书籍内容和作者思想，增加阅读的深度和广度。阅读兴趣有真有假，即便是装点假的阅读兴趣，也会推动读者从心理上接近阅读、接近图书馆。假设一个人根本不读书，但他在图书馆看到一面书墙很壮观，愿意在这里留个影，那么图书馆就起到了装点他的假的阅读兴趣的作用，会从心理上悄悄拉近他对书本的感情，或许哪一天，假的阅读兴趣就会变成真的。图书馆如果做个假的图书拱门，让新婚的人来这里拍婚纱照，或者把图书馆的所有讲台都做成书本摞起来的形状，那么凡是在图书馆拍婚纱照的人、在图书馆演讲的人，都会感觉到与别处的不一样。他们的照片、他们的回忆都会暗示他们甚至他们周边的人多读书、多到图书馆。

（六）妥协兴趣

在特定情况下，阅读推广也可能需要对读者兴趣进行适当的"妥协"，通过提供广泛的阅读材料和活动来满足不同读者的多样化需求。这种妥协有助于吸引更广泛的读者群体，尤其是对阅读不感兴趣或阅读习惯不强的人群。例如，在西藏地区，那里为不读书的人准备了两样代替读书的神器——转经筒和玛尼石。转经筒转一圈，就相当于把上面刻的一圈文字读了一遍，转速越快代表读得越快。玛尼石是不识字的人请人刻的或写的布满经文的石头，往往摆放在山上的风口，一层一层整齐地码起来，风一吹就代表请石的人把石上的文字读了一遍，风越大代表读得越快。转经筒和玛尼石是表达虔诚的手段，也代表人类对阅读速度、阅读量的极限追求，还代表人类希望将阅读普及每个人的追求。对转经筒和玛尼石的运用严格来说是一种伪阅读，这种替代阅读的工具，或许阻滞了西藏老百姓真正阅读兴趣的提升、阅读水平的提高，但是，反过来看，也正是有了转经筒和玛尼石，西藏把具有特殊阅读兴趣的一批人也纳入了阅读的轨道，至少在形式上看，他们是爱阅读的。转经筒和玛尼石可以看作一种文创产品，它启发我们，图书馆可以通过文创产品，把实在不能阅读、不爱阅读的人收编到阅读的队伍。

（七）提高兴趣

阅读推广的最终目标之一是提高公众的阅读兴趣，将简单的阅读行为转变为一种深入的学习和探索过程。通过提供高质量的阅读材料和深度的阅读体验，引导读者探索更深层次的知识和文化，从而提升其阅读兴趣的层次。

阅读推广在培养、满足、转移、合并、妆点、妥协和提高公众阅读兴趣方面发挥着至关重要的作用。通过精心设计和实施的阅读推广策略，可以有效地引导和促进公众的阅读活动，进而提升整个社会的文化素养和知识水平。为了实现这些目标，阅读推广需要不断创新方法和手段，以适应不断变化的社会需求和技术发展。

第三章
阅读推广的理论与方法

本章主要内容为阅读推广的理论研究，从理论的起源、理论的进化和理论的升华3个方面进行了详细论述，并从协同创新和大数据的视角探讨阅读推广的方法。

第一节　阅读共同体形成论

一、阅读推广的研究对象

目前，图书馆界已经将目光聚焦于阅读推广，随着阅读推广工作的不断推进，相关实践持续积累，经验日渐丰富。梳理阅读推广实践工作的研究成果可以发现，阅读推广的工作和研究对象主要包括：阅读环境、阅读推广人、专家学者、读者群体、阅读活动要素组合。

（一）阅读环境

阅读环境，是读者实现高效阅读一个最基本的保证。在一个很安静的环境里面，比如图书馆、书店、学校，在一个好的阅读氛围条件下进行阅读，阅读的理解力以及阅读的良好状态会比较稳定持久；相反，如果在一个非常嘈杂的环境里面，可能受环境的影响，导致读者无法平稳情绪，无法进行高效率的阅读。图书馆是人类阅读的适宜场所，阅读推广研究者关注的一个重点领域就是优质阅读环境的创建。经典和传统的阅读阅览室应该得到图书馆管理运营方的重视，舒适的图书馆阅读空间环境是阅读推广得以有效开展的重要依托，阅读推广平台建设同样不容忽视，因为它是阅读推广活动开展的基础，对提升阅读推广效果意义重大，而图书馆馆藏资源则是阅读推广的基础保障[25]。可见，法律法规、图书馆资源、阅读空间、虚拟阅读平台等，共同构成了阅读环境。

（二）阅读推广人

阅读推广人的职责是推广阅读，传递阅读价值观念，帮助他人尤其是青少年培养必需的阅读兴趣与纯正的阅读品位，获得阅读能力、思辨能力和批判能力。阅读推广人关注市民的阅读兴趣培养和阅读能力建设，推动他人从"爱读"走向"会读"。阅读推广人还关注阅读公平，为推动弱势群体阅读创造条件。阅读具有社会性，这不仅是指人的存在有一种社会性，还指阅读本身需要有交流、交锋。阅读推广人通过"一对多"的组织形式，在学校、社区、机关、网络空间里凝聚成一个个探索真理、互相激励的阅读型团体。越来越多的阅读型团体的出现，是一座城市求学问道风气的直接表现，它不仅赋予一座城市以活力，而且赋予一座城市以文明沉稳的性格和超越肤浅表象的深度和高度。图书馆应成为阅读推广人培养与成长的摇篮。设立"职业阅读推广人制度"有助于强化阅读推广人的责任感和专业度，强化专业化培训。综合以上研究，阅读推广人应走专业化发展道路，其各项素质亟待提高，图书馆界应加强对阅读推广人的培育。

（三）专家学者

榜样效应和相关群体效应可作为激活全民阅读的激励机制。专家学者是阅读推广的引领者和道德模范，能够起到榜样的作用，可以推动深阅读，并使读者收获思考体验、情感体验、价值体验和审美体验。因此，专家学者在阅读推广中，引发相关群体效应，带动更多的读者进入阅读推广对象的可覆盖范围。从整体的阅读推广实践来看，目前专家学者的引领作用和示范效应还没有完全激活和释放出来。

（四）读者群体

读书会对阅读推广的重要意义引起了越来越多的关注，但相应的推广机制缺乏，专业指导匮乏，活动形式的多样性不足。阅读社区里聚集着一个复杂的群体，阅读社区的影响力一般比读书会或者其他阅读推广活动更强，持续探索开展群体阅读模式，可以深入了解并创新深阅读的推广工作。其三大路径：创造相遇、丰富体验、回归对话。阅读社区创造了一个场域，以供读者与图书"完美相遇"。可以预见，未来读者群体的建立除了自发形成之外，更多的是在固定的阅读环境中，由阅读推广人组织，专家学者引领，或者基于相关群体效应而相互关联、逐渐凝聚起来的。

（五）阅读活动要素组合

阅读活动的常见要素包括读者、读物、阅读环境，这既是阅读推广活动关注的重点，也是工作的着力点。阅读推广工作者，可将专家学者作为主导性因素，将经典读物作为阅读推荐内容，围绕读者的阅读、思考、写作和表达，提升其综合能力，在情境、写作、会话、意义四个维度上打造优质阅读环境要素，通过经典深阅读活动，更好地加强专家学者和读者群体之间的联结，从而更好地开展阅读推广活动，并收到良好的预期效果。阅读推广实践表明，要素组合的作用效果优于要素单体，专家学者参与的阅读推广活动效果更好，优质的阅读环境能够促进阅读效果的提升。近年来，虽然围绕读者、读物、阅读环境这些要素开展了大量探索性阅读推广实践，但取得的实际效果并未收到令人满意的效果。图书馆还要继续完善阅读推广各个要素的研究，提出各个要素建设的标准，使阅读推广活动能更有针对性、更有效地开展下去[26]。阅读推广工作者应该考虑，在单个要素效果有限而组合效果更佳的情况下，是否可以将所有的要素组合成一个整体，并确立整体中的各个要素标准，使这个整体成为一个有机的、更有效的阅读推广。

二、共同体和阅读推广

将阅读环境、专家学者、阅读推广人、读者群体4个要素组合起来，构建成一个阅读推广活动的整体形式，其阅读推广效果是否好于单个要素或者其他组合要素，目前没有具体的案例能证明，但是在教育领域和学术研究领域已有成熟的学习共同体和学术共同体可供借鉴。

（一）学习共同体

人们为了破解学习困境从而取得更好的学习效果，创建了学习共同体。人类最初的学习行为主要集中在知识获得的阶段，人与人之间的学习行为是相互孤立的。但是，建构主义理论的研究成果表明，人类的学习行为是知识的建构与社会协商的过程。温特比尔特大学认知与技术小组在总结开发贾斯珀系列历程时，提出学习共同体的概念，研究人员通过反思自己经历的一个团体学习技术中心，认识学习共同体的特征，明确学习共同体的形成和发展过程。学习者和教师、专家等共同组成学习共同体。学习共同体的成员在学习中是互相促进的关系，交流分享学习资源，一起完成学习任务。美国卡门学校学习共同体以学校发展规划为基础，以学生为中心，针对学习问题，由家长、专家、学校教师组成合作团队，共商解决问题的策略，促进学生全面发展。美国迈阿密大学教学促进中心主任米尔顿·克斯创建国际性的教师学习共同体，他在总结构建教师学习共同体的要素时认为，教师学习共同体的要素可以分为目标、课程、管理、联系、相关参与者、活动、学术、评价和奖励。网络学习共同体由学习者、助学者（包括专家、教师和组织者）和信息流（包括必要的网络环境，如资源、在线课程、专题网站、互动平台以及相关的硬件设备）组成[27]。

综合以上研究，学习共同体可以由学习环境（学校或者网络学院等）、专家、组织者（教师或者助教或者行政组织）、学习者共同构成，它已经不再把教师和学生的直接对话作为学习的主要手段，而是推到与学习环境的建设（包括学校的建设目标、学校软硬件设施建设等）、专家参与和引领等要素共同作用的阶段。

（二）学术共同体

学术共同体通常是指一群志同道合的学者，遵循共同的道德规范，相互尊重、相互联系、相互影响，推动学术的发展从而形成的群体，表现在对某种学科、价值、理念或范式的认同。美国科学哲学家库恩（Kuhn）曾提出过"科学共同体"这一概念，学术共同体由此演变而来。在特定的学科中，从业人员因为教育和科学训练等要素被联系在一起，他们在工作上彼此协作，也会在专业方面进行知识思想的交流，对专业的认知具有很高的相似性。构成学术共同体的主体包括本学科引领性人物、科研基础优厚的专业人员、从事本学科活动的阵地（报纸、期刊等）以及实施内在制度和活动的工作人员[28]。在实践建设中，学术共同体可以由资料、学者、刊物编辑部、审稿专家等几个要素形成。师生互动的家庭式学术沙龙，其形成的要素可以由大学、导师、学生组成，虽然没有涉及组织者，但背后少不了家庭成员或联络人的支持和促成。综合以上研究，学术共同体的主要要素为学术环境、专家、专业学术人员、组织者。

（三）阅读推广

阅读推广的要素集合与上述两种共同体的构成要素相差无几。所谓共同体是人类为了应对个体难以抵御的危机和困境而团结凝聚成一个具有某种共同认知和共同利益的群体。共同体内的成员有着本能意志或对群体习惯制约的适应性，抑或是有着共同思想、记忆等。学习共同体已经不再是孤立的个案，而是正在成为教育领域关注和探讨的重要内容。学术共同体成为学术研究促进与交流的主要形式，承担着学术评价的重任。根据阅读推广的对象和学习共同体、学术共同体的构建经验，我们有必要构建阅读共同体，以一个整体的、系统的方式推进全民阅读活动。

三、阅读共同体

（一）阅读共同体的概念、要素及其目标

阅读共同体是具有较强阅读偏好的群体，由专家、阅读推广人、读者群组成，在特定的阅读环境中相互协作，完成一定的阅读任务，实现一定的阅读目标。阅读共同体的成员之间相互影响并相互促进，既包含紧密联系的子群，也包含松散耦合状态的子群，基于良好的阅读习惯和价值认知，逐渐在阅读的过程中形成群体性行为规范和阅读文化氛围[29]。完整的阅读共同体应由阅读环境、专家学者、阅读推广人、读者群体这些要素支撑，并通过目标管理、制度建设将所有要素组合起来形成凝聚力，引领全民阅读文化建设。

阅读环境包括大环境（如全民阅读战略、涉及的单位和部门）和小环境（如图书馆服务、平台等软硬件），二者相互交织、相互作用，共同构成了阅读共同体存续和发展的保障系统。专家学者的知识储备非常丰富，阅读和学习方法更加成熟，对阅读共同体成员具有示范、引领作用。当前的现实情况是，读者群体的形成、阅读推广人的培育、阅读环境的建设都已得到不同程度的强化，但专家学者的作用未能得到充分的发掘和释放，亟须进一步加强工作。可以预见，专家学者的言传身教无疑能够引领和吸引更多的阅读者不断培养良好的阅读习惯和阅读兴趣，涵养成熟正确的世界观、人生观、价值观。阅读推广活动的实际成效将在专家学者的加持下得到进一步的提升。

阅读推广人在阅读共同体中承担活动的策划、组织、实施、控制和评价等

职责，正在向着职业化、专业化的方向发展，并逐步成长为阅读推广活动的发起人、策划者和组织者。阅读共同体的基础元素是读者，前三个元素最终是为读者这个元素服务的。具有相同兴趣偏好、志趣相投、价值观相同或相近、需求相同或相近的读者，可以构成一个读者群，并进而发展成为一个阅读共同体。阅读共同体构建的目标是通过阅读活动，使公民爱上阅读，学会阅读，养成阅读的习惯，最终能够通过阅读提升公民素养。这与全民阅读的推广目标相一致。

（二）阅读共同体的展望

阅读共同体将改变阅读活动的形式和模式，每一个阅读共同体的活动不仅将超越常见的一次性阅读推广活动或者一次性专家讲座，而且是阅读推广人策划和组织、专家学者持续参与、固定读者群体持续阅读。既包含某本书籍的短时间完整阅读，也会有持续时间更长的某一个主体的连续阅读，而更长的是全民阅读习惯的养成。阅读共同体对于阅读推广来说是一个新的系统性的概念。目前在全民阅读推广战略持续推进的情况下，阅读共同体的出现也许是解决问题的有效手段，可为全民阅读推广带来新动力。阅读共同体层次可以细分为以下几种：

1. 小型阅读共同体单元

某一本书的一批爱好者或者一个班级组成的阅读共同体单元，包含小型阅读环境、导师、阅读活动组织者、读者。当前常见的一些读书会、读书社区经过一段时间的发展，可以升级到阅读共同体单元。

2. 中型阅读共同体

企事业单位组成的阅读共同体，如在一个学校或者一个企业形成的阅读共同体，由图书室或图书馆、内部专家团队、阅读推广组织部门、单位全体成员组成。目前一些高校的经典阅读工程可以升级成中型阅读共同体，如南京大学推出的本科生"悦读经典计划"，通过学校项目负责人的设计和运动，由专家会议决定遴选书目，并由专家领导，由青年教师组成的导师团队开展阅读活动，激发学生的阅读兴趣和理性，培养其批评性的思考能力。

3. 大型阅读共同体

一个城市或者一个地区，可以借助行政手段整合利用各类资源，构建出大型阅读共同体。如"一城一书""一校一书"活动等可升级为大型阅读共同体等。再大到全社会的阅读共同体，上升到国家战略，由国家层面形成阅读环境（包括阅读政策、资源保障体系、全民阅读推广平台等）。如此这般，构建各级阅读共同体，组成体系，积极推广，将对全民阅读起到强大的推动力，使阅读推广由量变产生质变。

第二节 阅读共同体的内涵和特征

阅读共同体是在阅读推广情境下形成的一种阅读爱好者新型组织模式。怀有阅读热情和积极意愿的阅读爱好者相互协作构建的阅读共同体，具有更浓的归属感和更强的凝聚力，有利于读者养成良好的阅读习惯，收到更好的阅读推广效果。借助现代数智技术，建立一个线上线下相互融合统一的阅读和社交互动平台，以数智社区的形式吸纳更多读者，扩大社区影响力和规模。突出学生的主体地位，注重主体互动，以更容易接受的方式传播和输送知识，提升阅读的实际效果。为了更好地认识和把握阅读共同体，需要深刻理解阅读共同体的内涵以及阅读共同体的特征。

一、阅读共同体的内涵

（一）共同的信仰和目标

阅读共同体的构建是实现文化传承和知识普及的重要途径。阅读共同体的共同信仰和目标，可以概括为以下几个方面：

1. 培养终身阅读习惯

阅读共同体信仰阅读是一种终生学习的方式，不仅限于学校教育阶段，而是伴随个体的一生发展。共同体的目标是激发和维持成员的阅读兴趣，帮助成员在不同生命阶段发现适合自己的阅读材料。

2. 促进知识的民主化和普及

共同体认为，知识不应该是少数人的专利，而应该是所有人可以平等获取的资源。通过组织各种阅读活动和推广多元化的阅读材料，共同体致力于打破知识壁垒，使得每个人都有机会接触和吸收新的知识。

3. 增强文化认同和多样性理解

阅读共同体强调通过阅读增进对不同文化、历史和价值观的理解和尊重。共同体的目标是通过阅读促进文化交流和融合，增强成员的文化认同感，并促进对多元文化的包容性和理解。

4. 提升批判性思维和创新能力

共同体鼓励成员通过阅读培养批判性思维，不仅仅是接受信息，而是学会分析、质疑和创新。目标是通过丰富的阅读经验，帮助成员形成独立思考的能力，激发创新思维和解决问题的能力。

5. 构建社区和社会联系

阅读共同体强调阅读的社会性，认为阅读可以成为人们之间建立联系和理解的桥梁。通过共读、阅读讨论会等活动，共同体旨在促进社区内部的交流和支持，同时也连接更广泛的社会网络，加强社会的凝聚力。

6. 促进平等和公正的教育机会

共同体致力于消除教育资源的不平等，确保每个人都有获取高质量阅读材料的机会。这包括推广电子阅读资源、建立公共图书馆系统、提供针对弱势群体的阅读项目等措施。

总之，阅读共同体通过推广阅读活动，旨在培养个体的终身学习习惯，促进知识与文化的普及，增强社会成员之间的理解和联系，进而构建一个知识共享、文化多元、社会和谐的现代社会。

（二）共同的资源

阅读共同体作为推广阅读文化和提升公众阅读能力的集体，依托于多样化的共同资源，以实现其宗旨和目标。这些资源不仅包括物理和数字的阅读材料，还涵盖了人力资源、社区空间和技术平台等方面[30]。阅读材料资源是构成阅读共同体基础的核心资源，包括纸质书籍、电子书、期刊、报纸以及其他多媒体阅读内容。这些材料应涵盖广泛的主题和领域，旨在满足不同年龄、兴趣和专业背景人群的需求。公共阅读空间，包括图书馆、阅读室、社区中心等。公共空间是阅读共同体的重要组成部分。这些空间不仅提供静谧的阅读环境，还促进读者之间的交流与互动，举办阅读促进活动如读书会、讲座和研讨会。人力资源，包括图书馆员、教师、志愿者、作家和研究人员等，他们通过各自的专业知识和技能，为阅读共同体的发展提供支持。这些人力资源在书籍推荐、阅读指导、活动组织和研究分析等方面发挥关键作用。

公共资源还包括技术和数字平台。随着信息技术的发展，电子图书馆、在线阅读平台、社交媒体群组和专门的阅读应用程序成为阅读共同体不可或缺的资源。这些平台提供便捷的阅读材料获取渠道，支持远程阅读和互动，扩大了阅读共同体的覆盖范围。教育和培训资源，包括阅读技巧培训、批判性思维训练和文学欣赏课程等。这些资源旨在提升成员的阅读能力和文化素养，促进终身学习的理念。资金和政策支持，政府机构、非营利组织和私人捐赠者提供的资金支持对于阅读共同体的活动和资源更新至关重要。此外，有利的政策环境和法律框架也是保障和促进阅读共同体发展的重要资源。

总体而言，阅读共同体的共同资源构成了一个多元化、互联互通的生态系统，通过这一系统的有效运作和资源的共享，可以促进阅读文化的普及，提升公众的阅读能力和文化素养，进而实现知识传播和文化传承的目标。

（三）权威

阅读共同体的权威性是其有效推广阅读文化和提升公众阅读能力的基石。这种权威不仅来源于共同体内部专业知识和资源的丰富，还体现在其对外部公众的影响力和引领能力上。

1. 专业知识与经验的积累

阅读共同体的权威首先建立在其成员的专业知识和丰富经验之上。图书馆员、教育工作者、文学评论家和作家等，通过长期的研究和实践，积累了深厚的阅读教育、文学批评和信息管理等方面的专业知识。这些知识和经验的集合，为共同体提供了强有力的学术和实践支持。

2. 系统化的资源整合能力

阅读共同体通过有效整合各类阅读资源（包括图书、期刊、在线资源等）和教育工具，为公众提供全面、多元的阅读材料和学习平台。这种资源整合能力，提升了共同体在提供高质量阅读材料和促进阅读活动方面的权威性。

3. 公众参与和社区影响力

阅读共同体通过组织各种形式的阅读推广活动（如读书会、作者见面会、文学研讨会等），吸引公众参与，增强了其在社区中的影响力和公信力。这种影响力不仅促进了阅读文化的传播，还增强了共同体本身的权威性。

4.研究与创新的前沿

阅读共同体在推广阅读的同时，也致力于阅读理论和方法的研究与创新。通过科学研究、实证分析和技术创新，共同体不断探索和发展新的阅读教育模式和推广策略，这些研究和创新的成果进一步巩固了其在学术和实践领域的权威地位。

5.伦理标准和社会责任

阅读共同体坚持高标准的伦理准则和社会责任感，如公正无偏的资源提供、保护读者隐私、促进知识的自由流通等。这些原则不仅是共同体内部运作的基础，还是赢得公众信任和尊重的关键因素。

总之，阅读共同体的权威是建立在其专业知识、资源整合能力、社区影响力、创新研究和伦理责任感等多个方面的综合体现。这种权威不仅使共同体成为推广阅读文化和提升公众阅读能力的重要力量，还为社会文化的持续发展提供了坚实的支撑。

（四）拥有共同阅读兴趣的成员

在全民阅读和阅读推广领域，构建以共同兴趣为基础的阅读共同体是促进阅读文化和实现信息共享的有效途径。拥有共同兴趣的成员群体是指那些围绕特定主题、类型或阅读活动聚集在一起的个体，他们通过共享兴趣和知识，形成具有凝聚力和活力的社群。

共同兴趣的成员主要通过特定的阅读主题或活动相互吸引和连接，如科幻文学、历史书籍、诗歌朗诵会等。这种基于兴趣的聚集方式，使得成员在共享爱好的同时，也能够在知识和情感上相互支持和促进。成员之间通过讨论会、社交媒体、线上论坛等方式，分享各自的阅读体验、书评、相关资料和最新发现。这种知识和信息的共享不仅丰富了成员的阅读视野，还促进了知识的深入探讨和批判性思考[31]。在共同兴趣的基础上，成员间的社交互动频繁且具有深度，这些互动逐渐构建出特有的文化和传统，如特定的讨论议题、共读习惯，甚至是特殊的语言和符号。这种文化的建构增强了共同体的凝聚力和成员的归属感。成员通过参与共同体活动，不仅在特定领域内获得知识的深化，还能通过与不同背景成员的交流，拓宽个人视野，提升批判性思维和创新能力。此外，共同体还为成员提供了展示自我、实现个人价值的平台。这类共同体通常具有较高的自组织性和自发性，成员积极参与共同体的建设和维护，通过志愿服务、资源捐赠等方式支持共同体的发展。这种自发性增强了共同体的活力和可持续性。基于共同兴趣的阅读，共同体不仅对内部成员产生积极影响，还通过公开活动、出版物、网络平台等对外传播其价值观和知识，为社会文化多样性和知识传播做出贡献。

总之，基于共同兴趣的成员群体是阅读共同体的重要组成部分，他们通过共享兴趣和知识，在促进个人成长和文化交流的同时，也为社会的文化建设和知识发展做出重要贡献。

二、阅读共同体的特性

在阅读共同体的要素构成中，结合不同共同体的特征，我们归纳出阅读共同体的基本特性，主要体现在身份认同、共生性、归属感、实体消亡或重组性。

(一)身份认同

阅读共同体中成员的身份认同是指个体通过参与共同体活动和互动，在心理和社会层面上对自身在共同体中的角色和地位的认识与归属感。这种身份认同在全民阅读和阅读推广领域具有重要意义，它不仅影响个体的阅读行为和态度，还对共同体的凝聚力和发展有着深远的影响。

成员的身份认同首先源于与共同体的互动过程。通过参与阅读讨论、活动组织、知识分享等，成员在实践中体验归属感和认同感，逐渐形成对共同体文化、价值观和目标的内化。共同体提供了一个基于共享知识和文化的交流平台，成员通过这一平台获得信息，拓展视野，同时也贡献个人见解和资源。这种基于知识和文化共享的过程增强了成员对共同体的认同感，促进了个体身份向共同体身份的转化。阅读共同体通常强调多样性和包容性，尊重每个成员的独特性和差异性。这种环境使成员感受到个体价值的认可和尊重，从而增强了对共同体的认同和忠诚。成员在共同体中的参与度和影响力是形成身份认同的重要因素。积极参与共同体活动并对共同体发展产生影响的个体，往往拥有更强烈的身份认同感。这种参与感和影响力的认同促进了个体对共同体目标的投入和贡献。阅读共同体为成员提供了自我实现和个人成长的机会。通过阅读和相关活动，成员能够发现和培养个人兴趣，提升知识和技能，实现个人价值。这种自我实现和成长的过程加深了成员对自身在共同体中角色的认同[32]。成员的身份认同是一个动态发展的过程，随着个体与共同体的持续互动和经验积累，这种认同会不断深化和变化。共同体的发展和变化同样会反过来影响成员的身份认同，形成相互作用的循环。

总之，阅读共同体中成员的身份认同是建立在个体与共同体互动、知识与文化共享、多样性尊重、参与感和影响力、自我实现与成长等多重因素基础上的复杂心理和社会现象。这种身份认同不仅对个体的阅读行为和心理健康有着积极影响，而且是维持和发展阅读共同体凝聚力和活力的关键要素。

（二）共生性

阅读共同体成员之间的共生性是指成员在共享资源、知识、经验和价值观的过程中，形成的相互依存、相互促进的关系。这种共生性不仅促进了个体与集体的共同发展，而且为阅读文化的繁荣和知识的传播提供了强有力的支持。

阅读共同体成员通过共享书籍、阅读材料、空间和网络资源，实现了资源的最大化利用。这种资源共享不仅减少了个体获取信息的成本，还增强了共同体的整体资源库，促进了成员间的共生共存。成员之间通过阅读讨论、研讨会、工作坊等形式，进行知识和信息的交流。这种互动促进了知识的深化和扩散，使得成员能够从不同视角和领域获得新的见解和理解，共同促进了个体和集体智慧的成长。在阅读共同体中，新成员可以从资深成员那里学习阅读策略和文化理解，资深成员也可以通过新成员的视角和想法获得新的启发。这种经验的互鉴和共享，形成了一种世代间的共生关系，有利于知识的持续传承和更新。共同体成员通过共同阅读和讨论，逐渐形成了共享的价值观和文化认同。这种共育的价值观不仅加强了个体对共同体的归属感和认同感，还为共同体内部的和谐互动和外部的文化传播提供了坚实的基础。阅读共同体成员之间的互助合作关系，体现在共同组织活动、解决问题、支持彼此成长等方面。这种互助合作不仅增强了个体解决问题的能力，还提升了共同体作为一个整体应对挑战和抓住机遇的能力。在阅读共同体中，成员之间的相互激励和竞争促进了创新思维和创新实践的发展。这种创新驱动的共生性不仅为个体提供了实现自我价值的舞台，还为共同体带来了新的发展机遇和挑战的解决方案。

总之，阅读共同体中成员的共生性是多维度的，它涉及资源共享、知识交流、经验互鉴、价值观共育、互助合作和创新驱动等方面。这种共生性不仅促进了成员间的相互支持和共同成长，还为阅读文化的传承和创新、知识的广泛传播提供了坚实的基础。

（三）归属感

阅读共同体成员的归属感是阅读共同体构建和维持的重要心理基础。归属感指的是成员对于共同体的认同、参与以及在其中获得满足社会联系和个人价值实现需求的情感状态。这种归属感对于促进成员的积极参与、增强共同体的凝聚力和推动阅读文化的传播具有关键作用。

共同体成员围绕共同的阅读兴趣和目标聚集，这种共同性是形成归属感的基础。成员通过共同的兴趣和追求感受到心理上的连接和认同，这种认同感加深了他们对共同体的归属感。阅读共同体提供了丰富的社交互动机会，如读书会、讨论组、文学座谈会等，这些互动不仅增进了成员间的理解和友谊，还强化了个体对共同体的归属感。通过与他人的交流和共享，成员感受到社群的支持和认可。共同体为成员提供参与决策、组织活动和贡献意见的机会。这种参与和贡献不仅让成员感觉到自己是共同体不可或缺的一部分，还在心理上增强了归属感和自我价值感。阅读共同体内部形成了一套共享的文化和价值观，包括对阅读的态度、对知识的追求等。成员在这种文化氛围中找到共鸣，加深了对共同体的认同和归属感。共同体中的正向反馈机制（如表彰优秀读者、发布成员作品等）为成员提供了被认可和赞赏的体验。这种正向反馈增强了成员的满意度和归属感，促进了个体持续的参与和贡献。阅读共同体为成员提供了一个情感上支持和安全的环境，成员在其中可以自由表达自己的观点和感受，遇到困难时可以得到帮助和支持。这种安全感和支持感是归属感的重要组成部分。

总之，阅读共同体中成员的归属感是通过共同兴趣和目标的认同、积极的社交互动、参与和贡献的机会、文化和价值观的共享、正向反馈和认可以及安全感和支持感等多重因素共同作用的结果。这种归属感对于激发成员的积极性、维护共同体的稳定和发展，以及推动阅读文化的繁荣具有至关重要的作用。

三、阅读共同体的消亡与重组

（一）实体消亡

阅读共同体的消亡是其生命周期的重要组成部分，反映了阅读共同体在应对内外部变化过程中的适应性和变革能力。阅读共同体消亡的表现形式和常见原因

如下:

1. 成员参与度下降

长期的成员不活跃或新成员加入减少,导致共同体活力下降,是导致阅读共同体消亡的主要原因之一。缺乏新鲜血液和活跃交流,共同体难以维持其功能和吸引力。

2. 资源和支持的减少

经济支持、场地资源、书籍和材料的供应不足,可以严重影响共同体的运作,导致其逐渐衰退和消亡。

3. 目标和兴趣的分歧

共同体内部目标不一致或成员兴趣发生转移,也可能导致共同体凝聚力下降,最终引起消亡。

4. 外部环境的变化

技术进步、社会环境变化或政策调整等外部因素,可能改变人们的阅读习惯和交流方式,导致传统阅读共同体逐渐失去地位和作用。

(一)实体重组

阅读共同体的重组形式主要包括重塑共同目标和价值观、引入新成员和新资源、采用新技术和平台等,具体如下:

1. 重塑共同目标和价值观

通过成员间的深入交流和讨论,明确共同体的新目标和价值观,可以为重组提供方向和动力。

2. 引入新成员和新资源

积极吸引新成员加入,引入新的资源和资金支持,可以为共同体注入新的活力,促进其重组和再发展。

3. 采用新技术和平台

利用数字化技术和社交媒体等新平台,可以拓宽共同体的交流和活动方式,吸引更广泛的参与者,促进共同体的重组和创新。

4. 调整组织结构和活动模式

根据当前成员的需求和外部环境的变化，调整共同体的组织结构和活动模式，使其更加灵活高效，有助于共同体的恢复和发展。

5. 强化合作和伙伴关系

与其他组织、共同体或机构建立合作和伙伴关系，可以共享资源，扩大影响力，为共同体的重组和持续发展提供支持。

阅读共同体的消亡和重组是一个复杂的过程，涉及多方面因素的互动。通过有效识别和应对挑战，采取积极措施进行适应和变革，共同体可以实现重组和再发展，继续在推广阅读文化和知识传播中发挥重要作用。阅读共同体的形成对阅读推广效果产生积极的意义，但是它需要来自阅读环境的支撑、柔性制度的保障以及社会认知水平的提升。学界可以积极探索阅读共同体的实现路径和支撑体系，以加快阅读共同体的构建和成熟，促进全民阅读的推广和提升。

第三节　阅读共同体完整论述

推广经典作品已经变成了阅读推广活动中不可或缺的一部分。在这方面，建立阅读共同体被广泛认为是最有效的方式之一。与此相关的理论研究逐渐增多，特别是自金元浦教授在其著作《文学解释学》中首次提出阅读共同体概念以来。金教授指出，每种文本都能吸引到一群与之频率相合的读者，形成基于共同阅读兴趣、审美偏好、理解力及鉴赏水平的社群，这样的集体成为一所看不见的"学院"，在其中成员通过阅读交流思想和情感。金教授进一步将阅读共同体分为高级别和基础级别两种类型，认为读者会随着自己阅读经验的积累，由基础级别向高级别转变。他还认为，顶级阅读共同体应当由那些在艺术视野和水平上达到顶峰的杰出人物（或称为天才）组成。此外，他还强调，鉴于人们的需求层次众多，不同层次的阅读视角可能会在同一时期内共存。金教授依据接受与反应理论对文学阅读共同体进行的阐释，标志着阅读共同体研究的开端，尽管最初并未引起广泛关注。

一、阅读共同体思想初现

（一）阅读共同体内涵与外延的初探讨

在随后的学术研究中，尽管许多学者和研究者提及了阅读共同体，但他们很少深入探讨其概念及内涵。在针对中小学教育的研究领域，阅读共同体常被视为学习共同体的一个分支。例如，王彩霞在其2013年发表的研究文章《基于中小学数字图书馆阅读共同体的构建》中，简单地将阅读共同体定义为一个以阅读为中心的学习共同体。这种分类虽然为理解提供了便利，但实际上，阅读共同体的含义远比作为学习共同体下的一个子集要丰富得多。2017年，李桂华通过广泛研究阅读社区后，提出了一种旨在构建稳定阅读群体的推广模型，在其作品《深阅读：概念构建与路径探索》中强调，在数字化时代，深度阅读拥有多重价值。她主张，应对新的文本、新的读者和新的环境，通过促进相遇、丰富体验和促进对话的方式，来推广阅读。

（二）阅读共同体内涵与外延的再解读

张泸月在《智慧阅读推广：智慧阅读时代的新常态》一文中，经过深入研究读者关系后，提出构建读者间可靠依赖关系的重要性，认为积极且密切的阅读合作对于培养情感联系和团队凝聚力至关重要，最终促进形成去中心化、非线性的阅读共同体。操菊华与康存辉在《全民阅读共同体构建策略研究》中指出，阅读共同体的建设旨在满足全民的共同利益和文化发展需求，强调了文化自信、阅读资源、阅读环境及个体榜样的关键作用。

总结来看，阅读共同体在提高阅读效果方面起着关键作用，这一点已经得到了学术界和实践界的广泛认同。研究成果揭示了对阅读共同体概念的多样解读，并指出了在理论探究和实践构建中存在的局限性和不足，如对共同体理论认知的不全面。因此，基于共同体理论，对阅读共同体进行更深入的研究成为必要之举。

二、共同体的核心特征

共同体作为一个社会科学的概念，指的是基于共享的兴趣、目标、价值观或地理位置等因素，形成的具有一定社会联系和互动的人群集合。共同体成员之间存在着共同的价值观和目标，这是其聚集和维系的基础。在阅读共同体中，这通常体现为对阅读的热爱、对知识的追求以及对文化传承的重视。共同体内部成员之间通过频繁的互动和交流，形成了紧密的社会联系。这种联系不仅基于成员之间的直接交往，还可以通过共同体内部的规则、活动和传统来维持。共同体成员之间存在着相互依赖和支持的关系[33]。在阅读共同体中，成员们通过分享阅读资源、交流阅读体验以及相互鼓励，共同促进个人成长和共同体发展。共同体为其成员提供了一种自我认同和归属感。成员们在共同体中找到了与自己兴趣和价值观相契合的群体，这种归属感加强了个体与共同体的联系。共同体拥有自己独特的文化和传统。这些文化和传统通过共同体的日常活动、庆典以及口头和书面传播等形式得以保持和传承。共同体不是一个静止不变的实体，而是在不断的社会交往和外部环境影响下展现出动态发展和适应性。这使得共同体能够在面对外部挑战时进行自我调整和更新。不同的共同体可能会有不同的组织结构和领导方式，从松散的网络型组织到严格的层级制度都有可能。领导方式和决策机制对于共同体的运作和效率有着重要影响。

（一）共同体的概念解析

刘海江根据滕尼斯、涂尔干和韦伯的研究，经过分析并总结出共同体的概念：共同体是个人以平等方式，通过得到社会成员普遍认同的社会纽带而结合在一起所形成的社会生活群体。而后他对实践共同体做出定义，即具有社会性质的物质生产生活，就是把不同的个人联系在一个共同体之中的社会纽带和中介。林荣远总结的定义远远不能囊括滕尼斯共同体的内涵，而刘海江的定义，尤其是对实践共同体的定义，过于强调平等和物质成分，忽略了成员的等级和精神的成分，如学习共同体、学术共同体等都属于实践共同体的范畴，都是倾向于精神生产的共同体。共同体概念的模糊性，使得人们在运用它时存在争议。研究者将各种特殊的共同体概念描述游离于滕尼斯共同体论述之外，如对学习共同体、科学共同体、法律职业共同体、实践共同体等各种共同体延伸状态的描述，甚至将共同体的形成要素概括为共同目标、身份认同和归属感，这与滕尼斯共同体核心特征的表述有较大偏差。事实上，无论共同体怎样延伸和发展，它的核心内涵是不变的，除非它不再叫共同体。因此，我们要返回到滕尼斯对共同体内涵的表达中去，对阅读共同体做出正确的解读。

（二）滕尼斯对共同体核心特征的解读

德国社会学家费迪南德·滕尼斯（Ferdinand Tönnies）在其著作《社会共同体与社会协会》中，深刻阐述了共同体（Gemeinschaft）与协会（Gesellschaft）的区别，提出了共同体的核心特征。滕尼斯的理论为理解社会结构和社会关系提供了重要的分析框架，特别是在全民阅读和阅读推广领域，对于理解阅读共同体的性质及其内在运作机制具有指导意义。滕尼斯关于共同体核心特征的系统阐释包括如下几点：

1. 基于血缘、地缘和心缘的关系

滕尼斯认为，共同体的基础在于个体之间天然的、直接的联系，这种联系通常基于血缘（如家庭）、地缘（如邻里）和心缘（如友情）。这些关系不是人为建立的，而是自然形成的，成员之间共享着深厚的情感和信任。

2. 整体性和自足性

共同体作为一个整体，其成员感受到强烈的归属感和认同感。在共同体内部，成员的行为和目标不仅仅是为了个人利益，更多的是为了整个共同体的福祉。共同体在一定程度上是自给自足的，成员之间通过相互帮助和支持来满足彼此的需要。

3. 传统和习俗的重要性

共同体的运作和组织往往依赖于传统和习俗。这些传统和习俗形成了共同体成员之间相互交往的基本规则，是维持共同体秩序和稳定的重要因素。

4. 直接和面对面的社会关系

在共同体中，成员之间的社会关系是直接和面对面的，这种亲密的人际互动强化了成员之间的情感联系，促进了深层次的相互理解和支持。

5. 共享价值观和信仰

共同体成员通常拥有共同的价值观和信仰，这些共享的精神纽带为共同体的凝聚力和持续性提供了坚实的基础。成员之间的行为和决策往往受到这些共同价值观的指导。

滕尼斯的共同体概念强调了人类社会中天然、亲密和情感深厚的社会结构，与基于契约、交换和个体利益的协会形成鲜明对比。在全民阅读和阅读推广的背景下，滕尼斯的共同体理论提醒我们，建立和维护阅读共同体不仅需要共享的阅读兴趣和目标，更需要培养成员之间的亲密关系、共享的文化和价值观，以及对传统和习俗的尊重。这些元素共同构成了阅读共同体的核心特征，是其能够有效促进阅读文化和知识传播的关键。

（三）支撑共同体核心特征的三个维度

1. 共同意志

费迪南德·滕尼斯在其社会学理论中，对共同体（Gemeinschaft）和社会（Gesellschaft）做了深刻区分，其中对共同体意志的论述是其理论的核心之一。滕尼斯认为，共同体意志体现了共同体成员之间基于自然联系、传统和深厚情感的内在一致性。这种意志不是简单的个体意志之和，而是一种超越个体，由共同生活经验、价值观和信仰塑造的集体意识。

滕尼斯强调，共同体意志基于成员间的自然联系，如家庭、亲情和友谊。这些联系不是通过外在协议或契约建立的，而是天然存在的，通过共同的生活经验和情感纽带加以强化。在共同体中，传统和习俗是共同体意志形成的重要基础。它们代表了共同体历史的积累和文化的传承，为共同体成员提供了行为准则和价值指引。与社会（Gesellschaft）中基于理性和契约的关系不同，共同体的关系深植于情感和直觉中。这种深厚的情感基础使得共同体意志超越了简单的个体利益计算，体现了一种更深层次的、非功利的归属感和认同感。共同体意志的形成是一个集体意识的过程，它反映了共同体成员对于共同生活方式的内在认同和支持。这种集体意识促进了成员间的协作和互助，加强了共同体的凝聚力和持续性。虽然共同体意志基于内在的联系和情感，但它也在一定程度上展现了对外界的开放性。共同体在维护内部凝聚力的同时，也需要与外界进行交流和互动。然而，滕尼斯也指出，这种开放性是有限的，因为共同体的核心在于其成员之间的内在联系和相互理解。

滕尼斯对共同体意志的论述，不仅为我们理解共同体内部的社会结构和成员行为提供了深刻见解，而且对于今天推广全民阅读和构建阅读共同体具有重要的启示。在阅读共同体中，培养基于共享价值观和文化、深厚情感以及传统习俗的共同体意志，是构建持久、活跃阅读环境的关键。

2. 权威

费迪南德·滕尼斯在其社会理论中，深入探讨了共同体（Gemeinschaft）概念，特别是在意志权威和共同资源方面的论述，为我们理解和分析社会结构及其运作机制提供了重要视角。滕尼斯的思想强调了共同体内部成员之间基于自然联系、情感纽带和传统习俗的紧密结合，这种结合形成了共同体的意志权威和共同资源的基础。

基于自然联系和情感纽带：滕尼斯认为，共同体内的权威不是基于法律或契约强加的，而是自然形成的，源于成员之间的血缘、地缘和情感联系。这种权威深植于共同体成员的内心和情感，因此更加稳固和有效。在共同体中，传统和习俗构成了社会行为的指导原则，也是共同体权威的重要来源。成员遵循这些习俗和传统，因其代表了共同体的历史智慧和经验积累。共同体的意志权威更多地依赖于成员的内在认同和自愿遵守，而非外在的强制力量。这种权威的执行和维持，依赖于成员间的相互理解和共同的价值观。

3.共同资源

共享的物质和非物质资源。滕尼斯指出，共同体的共同资源不仅包括物质资源如土地、财物等，还包括非物质资源如知识、文化、传统和社会规范。这些资源的共享，是共同体成员之间紧密联系和相互支持的基础。资源的集体管理和使用。在共同体中，资源的管理和使用遵循集体利益而非个人利益，反映了共同体对资源共享的原则和实践。成员之间通过相互协助和共享，确保了资源的有效利用和共同体的整体福祉。促进社会凝聚和身份认同。共同资源的共享不仅满足了成员的物质和精神需求，还加强了共同体的社会凝聚力和成员的身份认同。通过共同管理和利用资源，成员之间的关系得到加强，共同体的连续性和稳定性得以保障。

4.共同体制度或文化

费迪南德·滕尼斯在其理论框架中，深入探讨了共同体（Gemeinschaft）的概念，强调共同体的共同制度或文化是其核心特征之一。滕尼斯理论中的共同体不仅仅是一群人的物理聚集，而是一种深层次的社会连接，这种连接基于共享的价值观、信仰、习俗和生活方式。

滕尼斯认为，共同体的成员通过共享一套核心价值观和信仰来定义自己的社会身份和归属感。这些共享的价值观和信仰不仅指导成员的日常行为，而且塑造了他们对世界的共同理解。共同体的文化深深植根于传统习俗和特定的生活方式中。滕尼斯强调，这些习俗和生活方式是随时间传承下来的，为共同体成员提供了一个共同的行为框架和社会规范。共同制度或文化是共同体内部社会凝聚力的重要来源。滕尼斯指出，通过参与共同的文化实践和仪式，共同体成员能够加强相互之间的联系和归属感，从而增强整个共同体的团结和稳定。共同体的共同制度或文化也定义了共同体与外部世界的界限。滕尼斯认为，这些文化特征有助于区分共同体成员与非成员，从而维护共同体的独特性和完整性。共同体的文化和制度是知识和教育传递的媒介。通过故事、仪式和日常实践，共同体的年青一代能够学习到共同体的价值观、历史和生活技能，确保了文化的持续性。

滕尼斯对共同体共同制度或文化的分析，提供了深刻的洞察，说明了共同体如何通过共享的价值观、传统和习俗来维持其内部结构和外部界限。在全民阅读和阅读推广领域，这一理论指引我们认识到，建立和维护阅读共同体不仅需要共享的阅读兴趣，还需要培养共同的阅读文化和价值观，以促进成员之间的深层次连接和共同体的长期发展。

三、传统的阅读共同体及阅读共同体的核心特征

根据共同体的概念和一般特征，在历史中寻找阅读共同体形成的理论根据，对于发掘阅读共同体核心特征的研究是非常重要的。

（一）传统的阅读共同体

王余光提出了对传统阅读模式的批评，特别是对于"经典崇拜"的现象。历史上，对知识分子的敬仰往往与对其成就的崇拜紧密相连。在这方面，阅读共同体自身便蕴含了一种尊严和集体意志。曼古埃尔在其著作《阅读史》的开篇"最后一页"中，描绘了一个阅读共同体的原型：家庭作为最初的阅读共同体，其中的长辈担任引导者和权威角色，带领孩童及青少年步入阅读的世界，使得整个家庭在阅读的熏陶下得以进步，享受阅读带来的乐趣，此种模式进一步扩展至学校和社会更广泛的领域。曼古埃尔在这一章的后面写道：几乎不管在何处，读者社群（阅读共同体）都因其所获得的权威和被感受到的权力而博得暧昧的名声。产生在西方的阅读共同体，存在着苏格拉底、柏拉图、亚里士多德、奥古斯丁等这样的顶级权威，他们有追求善和真理的意志，也存在以这些人为核心、对来自远古的经验及保存下来的资料进行不断阅读、传承和探索的群体，并建设了大量的让成员聚集在一起讨论的场所。年轻的成员在权威的庇护和指导下阅读，逐渐成为共同体的核心并最终成为权威，一代代传承和更替，从而造就了阅读共同体的

不断发展。

　　以《圣经》为基础的阅读共同体被认为是西方世界规模最大的一个，而继孔子之后形成的儒家经典阅读共同体则是中华文明中最卓越和最稳固的阅读共同体。在中国文化的长河中，权威的出现总会带来一个阅读共同体的诞生。春秋战国时期的诸子百家各自可视为一个独特的阅读共同体。这些共同体的核心特质——权威、意志、资源与文化，深植于它们的形成与成长之中。他们代表了特定的思想流派，其团体本质上就是阅读共同体的体现。随着时间的推移，历代的杰出人物和权威不断见证着阅读共同体的建立与发展。在儒家思想的形成过程中，孔子及其众多弟子就构成了一个完整的阅读共同体，他们以追求至善和实现世界大同为己任，以孔子为中心形成了具有共同意志的团体。不论是周游列国还是定居某地，他们都拥有了推动群体发展所需的资源，并最终确立了自己的理念与文化，形成了儒家学派。从董仲舒到韩愈，从"二程"到朱熹，再到王守仁与王夫之，他们领导着一代代儒家文化传承的阅读共同体，持续发展。

（二）阅读共同体的核心特征

　　历史上的阅读共同体展现了一系列核心特性，这些特性深植于共同体的实体成长和运行过程之中。这些包括集体意志、尊严及权威、资源以及文化或制度，在阅读共同体的构建中扮演了关键角色。与追求物质富裕的共同体不同，阅读共同体更加注重精神层面的充实与平静，旨在实现内心的满足与和谐。阅读共同体区别于其他形式的共同体，因为阅读行为本质上是一种精神活动，它旨在通过吸收知识来转化个人或集体的内心世界。因此，阅读共同体的支柱并非物质存在，而是一种历经时间沉淀的精神财富，这种财富指导着共同体成员的行为，它超越了所有现实之中的人、事与物。这就是阅读共同体成员必须深入研究和掌握的一种至高无上的精神知识，即阅读共同体的圣典。

　　圣典的形成是一个缓滞而漫长的过程，所有阅读共同体的圣典都是由共同体成员在为了维护共同体利益、保证共同体不被分裂，而与不同信仰的其他共同体进行思想上搏斗的胜利中形成的。对圣典的解读，有利于阅读共同体的生存与发展，是保持其精神一致性的最为有效的手段。因此，每个民族、每个团体、每个地区都有其自身的圣典。一旦圣典确立，随之而来的是阅读共同体的形成，以及围绕圣典的精神堡垒的建立。通过对圣典的持续阅读和深入研究，将其思想与现实生活结合，阅读共同体逐渐培育出一代代的领袖和权威人物：这些领袖为圣典的阅读与解释建立学堂、书院，并提供必要的资源支持，为成员的成长与发展确立了相应的阅读制度和文化，进而传承、推广并发展了圣典中的思想。在阅读共同体中，圣典是一切的核心，它引导了成员的意志、权威以及资源和制度或文化的形成。将圣典作为阅读材料是阅读共同体与其他共同体最显著的区别。

阅读共同体基于共同体理论而发展，形成了一种精神上的团结，其核心包括圣典、集体意志、尊严及权威、共享资源以及共同的制度或文化这五大要素。因此，阅读共同体是阅读、解读成员共同认可的圣典，并以捍卫、传承和实践圣典思想为核心行为的共同体，它是具有捍卫圣典、追求至善的精神意志，以权威或威严引领的、为提升成员与阅读相关的所有能力（包含阅读、思考、文字或口头表达等）、塑造成员精神品质，并拥有和分享共同资源、建立符合自身发展的制度或文化的坚固的、不断发展的群体组织[34]。

四、阅读共同体构建实践

共同体以其强大的凝聚力和成员拥有浓厚的归属感，成为人类在个人难以解决社会困境和危机的推动下，为促进和完善成员的个人意志，从而实现团体最大效益的有效路径。阅读共同体有助于解决目前全民阅读推广活动宽泛但效果不佳的问题。只有圣典才具有构建阅读共同体的功能，才能使一个阅读群体长久保持着凝聚力和向前发展的向心力。因此阅读共同体的实践构建要注重阅读内容的选择、阅读形式的固化和阅读共同体文化构建这3个方面。

（一）阅读内容的选择

阅读共同体在选择阅读内容时，遵循一系列内在的原则和外部的考量，旨在满足成员的需求、兴趣以及共同体的发展目标。阅读共同体通常围绕成员的共同兴趣和集体目标来选择阅读内容。这些兴趣和目标可以是提升知识水平、探索特定主题或领域、促进文化传承等。考虑到成员的不同阅读水平、兴趣点和学习目标，共同体往往通过调查、讨论和反馈机制来确定大家感兴趣的阅读材料。选择的阅读内容需要与共同体的核心价值观和文化认同相吻合。这有助于加强成员之间的情感联系，促进共同体内部的文化凝聚力。

为了保证阅读内容的丰富性和多样性，共同体会选择涵盖广泛主题和不同难度级别的材料，以满足成员从初学者到高级读者的需求。阅读材料的选择还需要考虑到材料的可获取性和共同体的资源状况。这包括图书的购买成本、版权问题以及是否能够通过公共图书馆或在线资源方便地获得。为了保持共同体的活力和吸引力，选择的阅读内容也需要具有时效性和社会、文化或科技发展的相关性。优先选择那些能够激发成员间交流和讨论的内容，以增进共同体内部的互动和思想交流。选择能够挑战现有知识和观点、促进批判性思维和创新能力发展的阅读材料，以促进成员的个人成长和共同体的智力提升。通过这种综合考量，阅读共同体能够为其成员提供一系列既满足个人发展又促进集体进步的阅读材料，进而实现知识共享、文化传承和社会交流的目标。

（二）阅读形式的固化

阅读共同体的阅读形式固化现象指的是在长期的发展过程中，共同体内部形成了一套稳定的、难以改变的阅读习惯和偏好。这种现象虽然能够为共同体成员提供一种舒适和熟悉的阅读环境，但同时也可能限制了新观点的接纳和知识范围的扩展。阅读形式固化主要是由于共同体长期遵循相同的阅读选择、讨论方式和交流习惯所致。这种模式往往基于共同体的核心价值观、传统习俗以及成员的共同兴趣。固化的阅读形式表现为对特定类型或主题书籍的偏好、固定的阅读活动安排（如定期的读书会）、讨论主题的重复以及对新形式阅读方式的抗拒。虽然这种固化现象有助于维持共同体的稳定性和成员间的凝聚力，但也可能导致知识视野的局限、创新能力的减弱和对外来信息的封闭性增强[35]。为了打破阅读形式的固化，共同体可以尝试引入多样化的阅读材料、举办不同形式的阅读活动、鼓励成员之间的跨界交流以及采纳新兴的阅读技术和平台。

通过不断刷新阅读内容和形式，阅读共同体不仅能够拓宽成员的知识视野，还能激发创新思维，增强对新信息的接受能力，从而促进共同体的持续发展和适应外部环境的变化。阅读形式的固化与变革反映了共同体文化的传承与创新过程。有效管理这一过程不仅对共同体自身的发展至关重要，而且对促进更广泛的社会文化进步具有重要意义。阅读共同体的阅读形式固化现象是共同体文化和结构稳定性的体现，但为了保持活力和适应性，共同体需要不断探索和尝试新的阅读材料和交流形式，以促进知识的创造、分享和传播。

（三）阅读共同体文化构建

阅读共同体的文化建构是一个复杂的社会文化过程，它通过共同的阅读活动、价值观共享、知识交流和社会互动，在成员之间构建了一种共有的文化认同和社会凝聚力。共同兴趣和目标的形成：阅读共同体的形成基于成员间共享的阅读兴趣和追求的目标。这种共同兴趣和目标促进了成员间的相互吸引和团结，为文化建构提供了初步的社会基础。在阅读共同体中，成员通过阅读活动共享知识、信息和见解。这种共享不仅增进了个体的知识水平，还促进了集体智慧的形成和文化价值观的共识。定期的集体讨论和交流活动是阅读共同体文化建构的关键环节。通过面对面的交流或线上讨论，成员能够深化对阅读材料的理解，增强文化的多样性和包容性。阅读共同体通过创建特定的文化符号（如标志、口号或特定的阅读习惯）和仪式（如读书会、文学庆典），进一步加强了共同体的文化认同和凝聚力。共同体成员在持续的互动和共享过程中，逐渐内化共同体的核心价值观和行为规范[36]。这种内化过程加深了成员对共同体文化的认同和忠诚。阅读共同体在其文化建构过程中，会不断地吸收外部文化的影响，并根据内外部环境的变化进行适应和调整。这种动态的适应过程使得共同体能够持续发展，同时保持其文化特色。阅读共同体文化的建构既包括对传统文化的传承，也包括对新知识和新观念的创新。平衡传统与创新是维持共同体活力和持续发展的关键。阅读共同体的文化建构是一个持续的社会实践过程，它不仅塑造了成员的认同感和归属感，还对促进社会文化的多样性和丰富性起到了积极作用。通过共同的阅读活动和文化实践，阅读共同体成为知识传播、文化传承和社会交流的重要平台。

第四节　协同创新视域下高校图书馆阅读推广策略与方法

近期，阅读已成为社会关注的焦点，其地位和作用日益受到重视。自2014年起，"全民阅读"概念频繁出现在国务院《政府工作报告》中，这一理念已经从简单的倡议升级到"积极促进全民阅读"。在《中华人民共和国国民经济和社会发展第十三个五年规划纲要》中，政府明确要求"促进全民阅读"，并将其确定为"十三五"期间的关键文化项目之一。中国图书馆年会在2013年以"书香中国，阅读引领未来"为主题，而在2015年和2016年，又连续举行了两次全国高校图书馆阅读推广案例比赛，这些活动有效推进了大学图书馆阅读推广活动的进展。这些行动都突出显示了阅读推广服务的显著重要性，将构建书香校园和书香社会提升为国家级战略。同时，高等院校图书馆在阅读推广方面也进行了许多富有成效的尝试和实践，获得了一系列成果。然而，关于如何利用协同创新的策略来指导阅读推广的研究仍然较为稀缺。探索如何在构建书香校园及书香社会的过程中，通过创新方法开展阅读推广，已成为当前高校图书馆面临的一项重要任务。

一、协同创新理论的基本内涵

协同创新理论是现代创新管理领域的一个重要理念，它强调通过不同主体之间的合作与资源共享，实现创新活动的优化和创新效率的提升。协同创新强调企业、高校、研究机构、政府以及其他社会组织之间的合作。这种跨界合作模式打破了传统单一主体的创新局限，通过整合各方面资源和优势，共同参与创新过程。在协同创新模式下，各参与方将自身的知识、技术、资本、人才等资源投入共同的创新项目中，实现资源的有效整合和优化配置，提升创新活动的效率和质量[37]。在协同创新过程中，各参与主体之间的互动交流和知识流动是核心机制。通过频繁的沟通和协作，促进知识的互补和创新思想的碰撞，加速新技术、新产品的开发和应用。协同创新要求参与各方围绕共同的创新目标展开合作，同时也需要妥善处理好合作过程中的利益分配问题，确保各方都能从中获得相应的收益，实现共赢。协同创新是一个动态的过程，要求参与主体具备快速适应外部环境变化的能力，并在实践中不断学习和积累经验，以持续提高创新能力和竞争优势。建立支持协同创新的企业文化和机制是成功实施协同创新的关键。这包括鼓励开放思维、促进内外部合作、完善知识产权保护等方面。通过协同创新，不仅可以加速技术进步和产品创新，还能在更广泛的社会和经济领域内促进可持续发展[38]。协同创新理论的实践应用，对于提升国家和地区的创新系统整体效能，以及推动经济结构的转型升级具有重要意义。

二、高校阅读推广创新发展需要协同创新的原因

（一）高校阅读推广的核心主体——图书馆内部参与主体需要协同创新

在推动"全民阅读，构建书香社会"的广泛背景下，众多高等教育图书馆定期举办了旨在促进阅读的活动，常常选择"4·23世界读书日"或其他有意义的日期作为活动的契机。对于大多数大学图书馆来说，这通常意味着需要从不同的

部门临时调动一部分图书馆工作人员来参与阅读推广的特定项目。例如，采编部的工作人员可能会被要求提供资源的采购和处理服务；信息部的员工可能负责推荐经典电影、视频内容或进行大数据分析；而技术部的员工则可能需要提供技术支持。此外，还需要一些图书馆员与学院、学生社团等进行协调合作。这种做法的局限在于，由于各部门的员工原本就有自己的职责，他们可能无法全身心地投入阅读推广活动中，这种短期的策略在一定程度上会影响到阅读推广效果的最大化；活动结束后，人员各自回归原职，这对于活动效果的即时反馈、经验总结不利，也难以形成长期持续的阅读推广机制。然而，阅读推广服务已经从过去的自发性、补充性服务转变为图书馆的基本职能、主要服务和核心任务。在这种背景下，成立专门的阅读推广部门和团队，实现各方面的协同合作，对于提升阅读推广的成效尤为关键。例如，沈阳师范大学图书馆在副馆长的领导下，成立了专门的阅读推广部，下设资源管理、影视、基地、社团等小组，共同策划阅读推广计划。通过有效的沟通与协作，不仅提升了整个图书馆的参与热情，还激励了图书馆员对于创新性阅读推广服务的热忱，开辟了一条可持续的阅读推广新路径。

（二）高校阅读推广校内各参与主体间需要协同创新

在推广校园阅读文化方面，高等院校图书馆与校内其他机构之间的协作创新至关重要。2015年6月25日，中国图书馆学会阅读推广委员会主任吴晞在江苏镇江举行的"2015年阅读推广峰会"上强调了图书馆在全民阅读活动中的核心作用，指出高校图书馆是大学内推广阅读文化的关键。为了向每位读者普及"广泛阅读、精选阅读、深度阅读"的理念，高等院校图书馆需要与学院、学生会、教务部等部门联合，共同进行数字阅读、阅读作为心理疗法、以及专业相关文化阅读等方面的推广。同时，为了激励读者积极参与，图书馆应与教务部、学生事务部等部门合作，建立有效的激励机制。学校的新闻部和学生社团的加入能显著提高活动的宣传效果，因此，图书馆应当与这些部门和组织协作，共同创新。

（三）高校阅读推广的校际、校社等之间需要协同创新

此外，高校阅读推广不仅需要校内的协同创新，还需要与校外的各个机构合作。随着全民阅读成为社会的普遍活动，融入了国内外的阅读潮流中，阅读推广服务变成了一个涉及多个环节的综合项目。当前，多种机构如公共图书馆、政府部门、媒体、书店、作家、非营利组织、民间团体、数据分析公司和软件开发商

等，都在积极推动阅读文化。为了在这一潮流中发挥更大的作用，高校图书馆需要与其他院校的图书馆一道，开展合作创新，同时也可以与数据公司、软件开发商和电信运营商等合作开发智能推广平台和数字互动体验平台，以创新数字阅读推广方式。与书店、作家、出版社的合作也是必要的，例如内蒙古图书馆与内蒙古新华书店的合作，推出了以"我主导我的阅读"为主题的创新阅读推广服务模式，使持有内蒙古图书馆借阅证的读者能够在新华书店挑选新书外借，实现了读者的"即借即阅"。在宣传、创意和策划方面与政府、媒体的合作，以及与社会公益组织、民间团体在推广真人图书馆服务方面的协作，都是阅读推广服务需要考虑的协同创新方向。尽管目前这种广泛的合作创新在高校图书馆中尚不普遍，但已有部分图书馆开始尝试这类合作。

三、基于协同创新的高校阅读推广策略与方法

（一）创新服务理念是先导

观念创新是一切创新的前提，是高校阅读推广创新发展的先导。一直以来，高校阅读推广没有引起足够的重视，虽然现在已有很多高校内部有多部门参与阅读推广活动，但参与度不高，多是高校图书馆以"图书馆服务宣传月"或"世界读书日"为主来进行阅读推广活动。当前，在中国图书馆学会发起倡议建设书香校园、书香社会，在国家倡导大力推动全民阅读，在"双一流"大学建设的浪潮推动下，树立高校阅读推广协同创新观念势在必行。

1. 确立一致性目标是树立协同创新观念的基础

目标的一致性是达成协同创新系统的前提。然而协同创新就是要在各参与体之间构建协调一致的目标追求，以利于各参与体优化组合致协同效果最优，从而达成共同目标。因为"目标一致"可以减少参与各方间的冲突数量和强度，从而提高系统的总体协同率，使系统具有高效性。高校阅读推广的核心目标是促进大学生多读书、读好书、好读书，进而建设书香校园，促进校园文化建设。这是高校各个部门追求的共同目标，也是构成高校阅读推广协同创新系统的基础。校内参与主体主要包括高校图书馆、宣传部、各二级学院、校团委、教务处等各部门，以及大学生社团及学生群体；校外包括公共图书馆、社会公益组织、作者、书店、出版社、数据商、软件开发商、电信运营商等以及社会文化公共服务部门等力量，

这些参与体一般基于自身利益的追求，其目标指向是多元性的。但是在促进大学生多读书、读好书、好读书，进而建设书香校园，促进校园文化建设这一目标是一致的。这种目标的一致性，就构成了高校阅读推广创新系统在各主要参与体之间开展协同创新的基础和前提条件。

2. 建立开放、协同性观念是协同创新的基本条件

高校阅读推广的协同创新发展要求各参与主体保持开放性和协同性。改变传统上各自为政、相互隔离，甚至相互封闭的局面。系统的各参与主体如果处于封闭或孤立状态，缺乏沟通交流，缺乏资源、信息的共享，也就谈不上协同，更无从谈创新。建立开放的系统是协同创新的基础。要保证协同创新系统顺利进行，还要依赖于系统建立沟通交流机制、信息资源共享机制，充分发挥其功能，协调系统的各参与体默契配合、和谐一致，在目标一致性原则下，使各参与体在系统的各环节中既能发挥各自的积极性和优势，又能与其他参与体协同一致，朝着协同创新目标前进。

3. 树立协同创新观念的重点是建立创新发展的观念

高校阅读推广要发展，创新是关键。阅读推广资源的整合、参与推广各部门的融合协作、阅读推广队伍的建设，以及运行机制的优化都需要创新，这就需要各参与主体树立创新发展观念。高校阅读推广的创新发展，需要系统化的协同设计，同时摒弃过去各自为政的观念，建立具有目标一致、开放协同的创新观念。

（二）建设协同创新队伍是关键

构建一个协作创新的团队对于高等教育机构推广阅读文化至关重要。这样的团队不仅为阅读推广活动提供了持续的动力，而且是实现创新和可持续发展的核心。构筑协作创新的团体是推动高校阅读活动持续发展的基石。一个由专业人士组成的服务团队不仅保障了阅读推广活动的持续性，还是形成高校阅读文化创新能力的关键。对于高等教育机构而言，强化团队成员之间的协作创新能力，专注于培育团队核心力量，是长期且有效开展阅读推广活动的必要条件。

1. 增强协同创新的能力

树立协同创新的意识是启动高校阅读推广活动的根本。然而，要让这些活动落实并取得成效，关键在于所有参与方都需具备强大的协同创新能力。这种能力的提升需在各种实践活动中通过不断的练习和完善来实现。无论是活动的主题创

意、组织管理，还是吸引力宣传，都需依赖于图书馆与学生会、各学院、宣传部、研究生院及外部资源等方的有效沟通和协作，通过共享观点和资源，实现全方位的合作和支持。

2. 培养协同创新的核心与骨干人才

成立专业的阅读推广机构并组建一个稳定的创新团队，是确保阅读推广活动连续性和常态化的关键。由专业机构统筹安排的阅读推广活动更具有规范性和科学性。一个稳定而创新的团队不仅能确保活动的长期稳定进行，还能扩大其社会影响。同时，重点是培育那些能综合协调、具备开阔视野和领导力，拥有协同创新能力的人才。通过参与中国图书馆学会的培训计划、"走出去"进行学习交流以及"请进来"邀请专家的方式，可以有效地拓宽团队成员的视野，提升团队整体的质量和能力。培训和提升阅读推广人员是提高管理效能和推广质量的重要策略。通过上述措施，不仅能够加强高校阅读推广团队的协作创新能力，还能为构建书香校园、促进校园文化的发展奠定坚实的基础。

（三）构建协同创新机制是保障

高等院校阅读推广协同创新机制涉及多方面的合作与整合，旨在通过跨部门、跨学科以及校际合作，共同推进阅读文化的传播与深化。高等院校内部不同部门如图书馆、学生事务处、教务处、宣传部等，应建立常态化的合作关系，共同策划和实施阅读推广活动。这种跨部门合作能够整合各方资源，提高活动效率和效果。通过各学科之间的融合，利用学科专业知识为阅读推广提供内容支撑。例如，文学院可以提供经典文学作品的深度解读，心理学院能够就阅读对心理健康的益处提供科学指导，信息技术学院可以参与数字阅读平台的建设与优化。高等院校之间建立阅读推广合作网络，共享优质阅读资源，举办联合阅读活动，促进经验与成果的交流分享。这不仅能够扩大阅读推广的影响范围，还能促进高校之间的学术交流与合作。与出版社、书店、文化公司等企业合作，共同开发阅读资源和推广平台，举办阅读推广活动。

企业的资源和市场运作经验与高校的学术背景和创新能力相结合，能够有效提升阅读推广活动的专业性和吸引力。鼓励校外社会力量如公共图书馆、社会公益组织、文化艺术团体等参与高校的阅读推广活动。通过建立校社合作平台，拓宽阅读推广的社会基础，形成校园与社会共同参与的阅读推广大格局。建立完善的激励机制，鼓励学生、教师及工作人员积极参与阅读推广活动。同时，设置反馈渠道，收集参与者的意见和建议，不断优化和创新阅读推广的内容与形式。利用现代信息技术，如移动应用、社交媒体、在线平台等，拓展阅读推广的渠道和方式。技术的创新应用可以提升阅读推广活动的互动性和覆盖范围。通过这些协同创新机制的实施，高等院校阅读推广活动能够更加丰富多彩、高效有序，有效促进校园阅读文化的建设与发展，为培养学生的终身阅读习惯和提升整体文化素养打下坚实基础。

1. 阅读推广协同创新长效机制的构建

构建高等院校阅读推广协同创新的长效机制，旨在通过持续的合作与创新，形成稳定而有效的阅读文化推广体系。所有参与阅读推广的校内外组织需共同明确并认同长期的阅读推广目标，如培养学生的终身阅读习惯、提升整体文化素养等。这些目标应与学校的教育理念和社会发展需求相契合[39]。在校内部，图书馆、教务处、学生事务部、宣传部等部门需要形成稳定的合作网络，共同参与阅读推广活动的规划与实施。校际之间以及与公共图书馆、出版社、文化机构的合作也应制度化，以确保资源共享与信息流通。基于共同目标，制定包含长期愿景和短期目标的阅读推广规划。长期规划确定阅读推广的总体方向和框架，而年度计划则细化当年的具体活动、预期成果和责任分配。充分利用和整合校内外的阅读资源，包括图书资源、在线资源、专家资源等，避免资源浪费和重复建设。同时，通过技术创新，如数字化平台和智能化工具，提高资源利用效率。

定期对参与阅读推广的教师、图书馆员及学生志愿者进行培训，提升他们的专业能力和创新意识。同时，鼓励和支持阅读推广骨干参与国内外的学术交流和研修，促进经验分享和能力提升。建立一套既公正又有效的激励与评价体系，对个人和团队的阅读推广贡献进行认可和奖励。同时，定期评估阅读推广活动的效果，及时调整策略和计划。通过持续的推广活动和校园文化建设，营造浓厚的阅读氛围。利用校园媒体、社交平台等传播阅读的价值和乐趣，提升全校师生的阅读意识。建立有效的反馈机制，收集师生对阅读推广活动的意见和建议，不断优化和创新阅读推广的内容和形式。通过这些策略，高等院校的阅读推广活动能够实现可持续发展，不仅促进学生的个人成长和学术成就，而且为社会文化的进步贡献力量。

2. 阅读推广协同创新成效评价机制的构建

构建高等院校阅读推广协同创新的评价机制是实现长期、有效推广阅读文化的关键环节。评价机制的设计和实施应旨在鼓励和认可参与者的贡献，同时确保阅读推广活动的质量和效果。需要设定明确、可量化的评价标准，这些标准应覆盖活动的规划、实施、参与度、影响力和创新性等多个维度。评价标准应与高等院校的教育目标和阅读推广的长期目标相一致。建立定期评估机制，通过问卷调查、数据分析、参与者访谈等多种方式收集反馈，定期对阅读推广活动的效果进行综合评价。评估结果应公开透明，以便所有利益相关方都能了解和参与改进过程。评价过程应涉及多元主体，包括学生、教师、图书馆员以及合作伙伴等，确保评价结果的全面性和客观性。同时，鼓励跨校、跨部门的互评，增加评价的多样性和公正性。将评价结果作为持续改进阅读推广活动的依据，根据反馈调整策略和计划，确保阅读推广活动能够不断优化、创新，并更好地满足师生需求。

3. 阅读推广协同创新激励机制的构建

激励机制的设计应明确旨在鼓励哪些行为和成果，如创新性的阅读推广方式、高参与度的活动、对阅读文化影响力的贡献等。激励方式应多样化，既包括物质奖励如奖金、证书、实物奖品等，也包括非物质奖励如荣誉称号、优先参与特定活动的机会、专业发展机会等。既要对个人的杰出贡献进行认可和奖励，也要对团队合作与整体贡献给予激励，促进协同创新的团队精神。设计长期激励计划，以奖励持续贡献和长期承诺的个人和团队；同时，实施短期激励措施，鼓励立即行动和创新尝试。通过构建科学合理的激励机制，高等院校能够有效地激发和认可参与阅读推广活动的各方贡献，促进阅读文化的创新与长期发展。

（四）搭建创新平台

高等院校阅读推广的校内外协同创新平台建设是推动阅读文化深入发展的重要策略。这种平台旨在整合资源、促进合作、激发创新，从而提高阅读推广的效率和效果。

1. 校内协同创新平台建设

构建一个跨学科、跨部门的合作平台，促进图书馆、教务处、学生事务部、宣传部等不同部门之间的沟通和协作。通过定期会议、工作小组和项目团队，共同策划和执行阅读推广活动。利用信息技术建立数字化阅读平台，如电子图书馆、在线阅读社区、移动应用等，提供丰富的电子书籍、音视频材料和互动讨论区，方便师生随时随地参与阅读和讨论[40]。鼓励教师和学者参与阅读推广，利用他们的专业知识和研究成果，举办讲座、研讨会和工作坊，提高阅读活动的学术价值和吸引力。支持和促进学生社团围绕阅读推广建立联盟，组织多样化的阅读相关活动，如书友会、主题阅读月、作家见面会等，激发学生的参与热情和创造力。

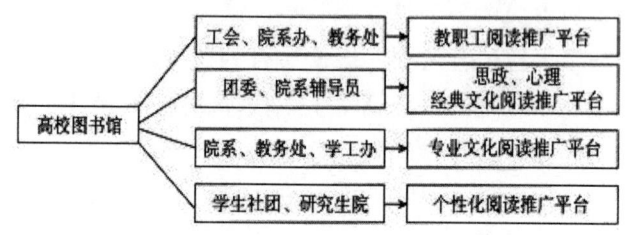

图3-1　构建校内阅读推广协同创新平台

2. 校外协同创新平台建设

与出版社、书店、文化公司等企业建立合作关系，共同开发阅读资源和推广活动，利用企业的资源和市场经验，提升阅读推广的专业性和影响力。与公共图书馆建立合作网络，共享资源、举办联合活动、交流经验，扩大阅读推广的社会影响和参与范围。合作社会公益组织和文化艺术团体发起公益阅读项目，如"一城一书""真人图书馆"等，推动阅读文化在更广泛社会层面的传播。与信息技术公司合作，开发智能化阅读推广工具和平台，如基于人工智能的推荐系统、虚拟现实阅读体验等，利用科技创新提升阅读体验和互动性。

通过校内外协同创新平台的建设，高等院校能够有效整合校内外资源，创造有利于阅读推广的生态环境，不仅提升了阅读推广的质量和效果，还为培养学生的终身阅读习惯和提升整体文化素质打下坚实基础。

第五节　用大数据个性化推荐系统进行智慧型阅读推广

图书馆作为全民阅读文化推广的重要力量，尤其是在公共图书馆领域，已经采取了多种方式与互联网融合，推动阅读文化的传播。这些图书馆不仅推出了多项创新的阅读促进活动来吸引潜在读者，还大幅提升了对公众的服务质量。例如，广东省东莞市图书馆在2016年启动的"扫码看书，全城共读"倡议，此后由中国图书馆学会扩大为全国性的"扫码看书，百城共读"项目。此外，大学图书馆通过社交媒体平台介绍新书、组织在线阅读指导和作家讲座等活动，进一步丰富了阅读资源，扩宽了师生的阅读视野。

尽管图书馆已经在全民阅读活动中扮演了领头羊的角色，成为推广阅读文化的关键机构，但在个性化推荐方面，仍有待进步。目前的做法更多侧重于群体性推荐，缺少针对个别读者定制化的书目推荐系统。例如，《人民日报》推出的100本暑期亲子阅读书单广受图书馆界的转发，却未能精确匹配不同年龄段读者的特定需求；另外，源于英美的地铁图书漂流活动虽为阅读推广提供了新思路，北京、上海等城市也相继响应，但缺乏对阅读效果的持续跟踪与评估，导致其服务对象过于泛泛，反馈信息模糊。这说明图书馆在理解阅读推荐的深度和广度上，还处于探索阶段，在追求满足读者个性化需求的长路上仍需努力。

在现代社会，人们面对互联网上海量的信息资源，寻找合适的阅读材料常常既费时又费力。在已经明确阅读目标的情况下，读者可以利用搜索引擎（如Google、Bing、百度等）通过关键词快速定位感兴趣的内容；然而，当读者难以准确描述自己的需求或需求无法简单通过关键词概括时，图书馆能够提供基于先进技术的个性化推荐服务，将显著改善这一现状，推动阅读文化的更广泛传播。

一、实现智慧型阅读推广的可能性分析

在庆祝Google成立十周年之际，Nature杂志特别推出了一期关注"大数据"的专栏，标志着大数据这一概念首次作为专业术语被广泛认可。随着移动互联网、物联网和移动设备的快速进步，涉及个人用户信息、资源信息的数据量日益增加，大数据逐渐演变为一个无处不在的现象。然而，仅仅收集大量数据并不是终极目标。图书馆必须通过有效的数据采集、深度挖掘、快速传输、精确分析和灵活应用，才能够预测未来趋势并深入了解读者的需求与习惯，进而提高其服务的智能化水平，即实施智慧型阅读推广策略。智慧型阅读推广不仅建立在传统推广的基础之上，而且利用大数据分析和构建个体用户画像的技术，为读者定制个性化的阅读计划和推广服务，实现服务价值的增长。

智慧型阅读推广的目的是提升读者的知识获取体验，通过采纳新技术和模型实现这一目标。在这个过程中，利用大数据进行智能搜索和个性化推荐成为构建智慧型图书馆的关键技术。个性化推荐已经在电子商务和社交平台上广泛使用，例如Netflix的推荐系统就是一个成功案例，其中80%的影视内容是通过推荐系统

向用户展示的，这个系统每年为Netflix创造的价值超过十亿美元。其中，协同过滤技术是一种早期并且广为人知的推荐算法，它通过分析用户的历史行为来识别其偏好，然后将具有相似品位的用户分组，并向他们推荐相似的产品[41]。尽管这种技术在提高推荐准确性方面取得了进展，但由于用户与资源之间交互数据的稀疏性或缺失，常常面临启动困难，影响了推荐系统的效率和用户的满意度。

数据稀疏性是个性化推荐系统面临的一大挑战。通常，网络资源会通过特定的属性词、分类目录、描述性文本等进行标注，因此更多关注用户特征的绘制变得至关重要。对于新用户或新资源，由于缺少足够的交互数据或出于隐私保护考虑未公开个人信息，传统的偏好提取方法显得力不从心。因此，研究方向转向了语义分析技术，特别是强调通过分析用户与资源的描述性文本中的语义信息，实现精准的个性化推荐。大数据技术绘制的个体用户画像，揭示了读者的真实兴趣，这些兴趣有时与自我认知存在差异，甚至完全相反。智慧型阅读推广的目的并非广泛地推广各类书籍，而是更深入地了解读者的心理和需求，提供他们渴望阅读的内容，从而在读者和图书馆之间建立起一种"默契朋友"的关系，不断地带给读者惊喜和快乐[42]。

二、智慧型阅读推广中的个性化推荐模块

图书馆拥有海量数据和相对全面的读者信息，在阅读推广中可以尝试将读者个体与群体的精准画像技术结合起来，充分刻画用户对某项资源的喜好程度，有效解决因为缺少语义背景知识支撑造成的语义失配问题，提升针对读者个体推荐的精准性。如图3-2提供的模拟场景所示，图a是传统的交叉领域推荐模型，当用户之间互动频繁、周围信息丰富时，比较容易实现交叉推荐；图b则为读者和图书馆经常面临的困境，图书馆对读者潜藏的阅读习惯和兴趣没有分析了解，读者不知道图书馆拥有的书籍、胶片、音像等资源状况，甚至有些读者不能清晰了解自己的需求，这种情况下要解决相互的信息匹配的难度比传统的交叉领域推荐（图a）大。因此图书馆为了使读者获取更好的体验，在进行阅读推广时，应准确把握读者的个性化需求，整合各方模块进行推荐方案定制，即对读者进行个体画像和群体画像。

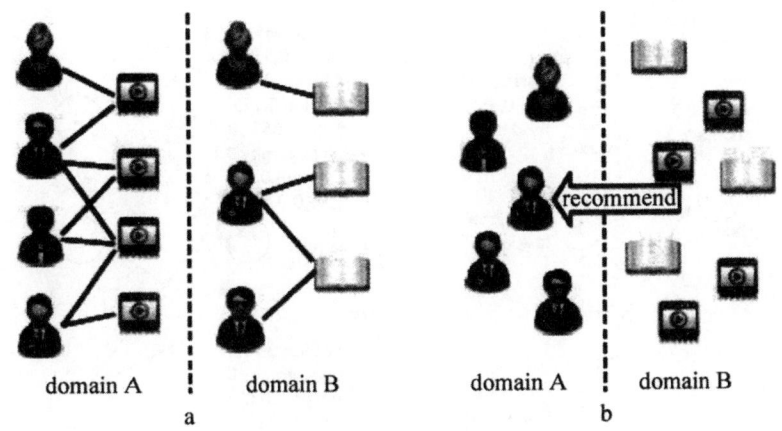

图3-2　用户与资源交叉领域的推荐模拟

在社会网络中，"个体"指的是每一位在其社群内扮演着独特且关键角色的成员。这些代表性的成员通常通过网络的结构和其个人的影响力被识别和定位。格莱曼兹（Golemati）开发的基于本体论的用户画像框架，融合了对用户特征和属性的建模，这是一种将个体用户特征与本体论相结合的创新方法。"本体论"一词源于哲学，原指对存在进行系统性的阐释。当这一概念应用于信息科学领域时，被重新定义为对概念化实体进行准确表达和描述的方法。

在从个体到群体画像的转化过程中，个体用户扮演的"意见领袖"角色变得尤为关键。传统上，意见领袖被看作在媒体信息传递给社会群体过程中，充当有影响力中介的个体。一个处于群体"核心"位置的用户，对信息的传播和群体结构的稳定发挥着至关重要的作用，其影响力能直接作用于群体内的所有成员。一个个体的传播影响力越强，其观点越有可能被群体中的其他成员理解和接受。因此，在分析个体用户的影响力时，应综合网络结构和传播力量进行量化分析，以识别群体中的关键成员。通过他们的经历和观点，可以洞察读者的反馈，并可能预测阅读领域的新趋势。

对于个体画像的方法，首先可以构建一个有向且带权重边的社会影响力网络图，如参考新浪微博的用户标签，设计一个区域内标签传播算法，为单个的读者用户生成一组基于语义的描述性标签。图3-3演示了区域内读者传播信息的过程中形成的个体标签，从而对用户个体进行准确的特征画像。

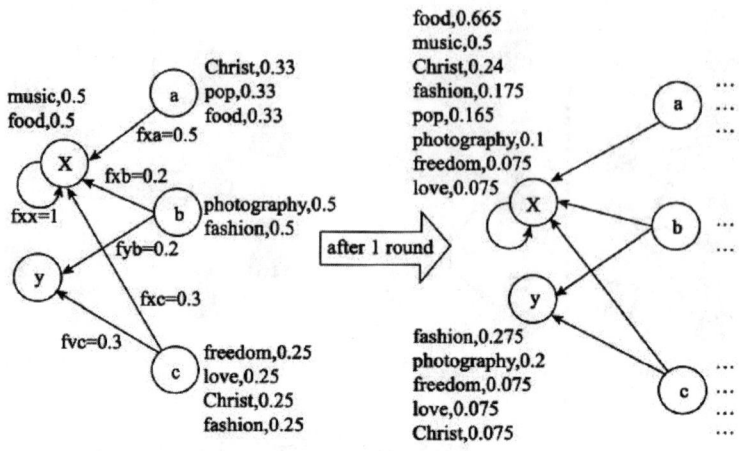

图3-3　局部标签传播

　　图中结点代表读者用户，有向边则代表社会影响力的方向（标签传播的方向），边的权重用影响力传播的概率来量化。从数据库获得上述用户标签，其传播的基本原理为：有真实标签的用户将其标签依据网络路径（如微博或公众号）上的传播影响力传至相邻用户或关注人群，使没有标签描述的用户（可能是新用户，也可能是惰性用户）也能采用合适的标签描述其兴趣偏好，以便与资源特征做相似性匹配。图3-3演示了一轮个体用户标签传播的过程，其中fxa表示标签沿结点a传播到x的概率，标签后面的分值用以量化该标签刻画用户特征的程度。传播是一个迭代过程，迭代次数直接决定计算代价。可以看出，标签b和c是具有虚拟空间影响力的个体，接受其传播内容的用户较多，但a用户的黏联度高，传播概率在一半左右，引起共鸣的观点较强。然而在右边图中，显示出新用户采用了资源相似的如美食、音乐、时尚等作为自己的标签，定位自己在网络中的特征身份。图书馆在获得个体读者特征和偏好信息后，针对群体推荐系统的研究主要侧重于聚合策略以及基于社会网络的群体推荐模型，同时考虑群体中个体的影响力、群体成员之间相互影响等社会学、心理学的问题，实现通过社交媒体对广大读者个体和群体进行个性化阅读推介，从而直击读者内心，达到传播学上的"魔弹论"效果。

　　群体画像在计算机语言中代表了对特定读者集体的详细描述，其内容涵盖了对不同读者群特征的综合记录。这类信息有助于识别并总结出群体的典型特质与偏好。群体画像的内容范畴广泛，可能包括群体的基础资料（如年龄、所在地区、教育及职业背景、目前的兴趣焦点等)，群体的偏好、社交联系，以及社交网络中群体成员对整体的影响等信息。构建读者的个体及群体画像是整合用户服务的关键步骤，它为个性化搜索和推荐系统等后续研究活动提供了重要的数据基础。

智慧型阅读推广的系统模块主要涵盖数据收集、群体画像构建、意见分析以及实时反馈等环节，目标是建立一个以读者为中心的智能推荐系统。该系统通过应用网络数据挖掘技术，并处理及分析来自不同来源的异质数据，利用个体和群体画像技术精确地识别出各个群体的阅读兴趣。通过这一过程，系统能够向读者提供基于深度洞察的智慧推荐方案和服务，从而显著提高服务效率和推荐准确性[43]。

面向读者的智慧型分析推荐系统构架图，以及主要包含的子系统及其关键模块如图3-4所示：

模块一是数据采集子系统，通过数据采集模块对线上线下阅读相关数据进行抓取和整合，如线下的书店、各大图书馆、相关政府机构数据，线上的虚拟社区如豆瓣读书网站、文化名家博客、微博微信、移动社交网络等关键领域的信息进行采集，对网络数据进行一个全面的挖掘和获取，表现为文本、图片、视频、地理信息、时空数据的多种数据类型进行有效表达和关联分析。

模块二是数据处理子系统，通过个体建模做出用户画像，进一步进行读者观点分析、兴趣偏差纠正，将结果在最短时间内处理完毕。

模块三为数据汇报子系统，将数据分析汇总后的信息进一步处理，将观点可视化、标签化，在最短时间内汇总群体观点，建立起语言模型，根据推理建立情景模型库，对每个用户建立用户档案。在分析用户本体的同时，将用户本体库里同类用户的偏好信息和基于情景本体的主题模型进行匹配，既避免了信息杂乱无章，也避免了空间和计算资源的浪费，最后将最终的数据按读者需求进行决策服务。

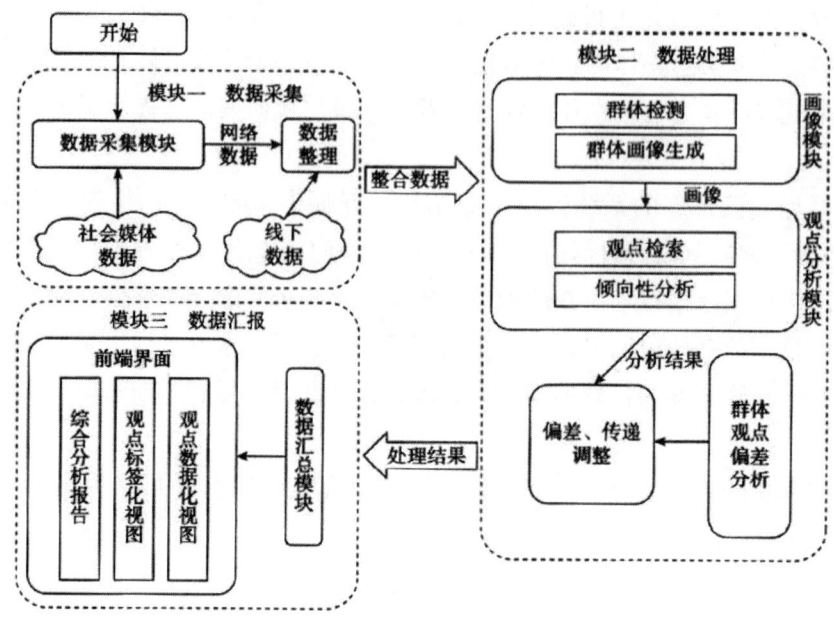

图3-4　智慧型阅读推广系统处理模块

从信息技术视角出发，利用大数据搜寻和语义分析技术绘制用户群体的详细画像，这种方法可以精确把握读者的阅读意向，并在庞大、多来源、异质性、多样性的数据集中，分析并预测读者的需求，从而提出与读者个性化偏好相匹配的建议。这套系统能够覆盖全国范围内的用户，特别是利用移动互联网的用户，通过分析海量的数据输入，形成各种群体画像，并将这些分散的个人意见整合、概括为集体的观点，进而推动以大数据为基础的阅读推广工作[44]。

个性化推荐系统则是对群体观点进行深入智能分析的结果展示，它能够综合分析来自单个读者、不同交叉群体成员、社交网络中的意见领袖的多样观点。通过对这些观点进行偏好分析和个性化喜好的精准结合，系统能够为读者挑选出最适合的阅读材料。这不仅能够激发读者更加强烈的阅读兴趣，还能显著提升他们对阅读推广服务的整体满意度。

第六节　可供探索尝试的图书馆阅读推广方法

一、极简主义视角下的阅读推广方法

从方法的角度来看，所有阅读推广活动，包括图书馆阅读推广活动，其方法简化到极致，可划分为三种：

（一）拉式阅读推广法

拉式阅读推广法专注于那些读者需求高涨的文本，包括广受欢迎的热门书籍、历史经典作品如《诗经》、《论语》、前四史、四大名著等，以及读者强烈要求图书馆采购的研究资料。这类文献可能已为人所知，或尚未广泛接触，但无论如何，图书馆通过收购这些具有天然吸引力的书籍，并通过展示等方式告知公众前来借阅，便实现了拉法式的推广效果。

这种推广策略是最基础、最直接且普遍的一种，其策划元素较为简单，仅需向读者介绍公认的佳作即可。如英美流行的"一城一书"活动，由于选书过程是民众通过投票决定，故归属于拉法式推广。同样，将珍贵的"镇馆之宝"长期在展示柜中展出的做法，如1454年的古腾堡圣经初版，仅存的几份完整羊皮纸版本被欧美若干图书馆珍藏并展示，亦属此类推广。

（二）推式阅读推广法

推式阅读推广法则适用于那些需求较低、不为人熟知或长期被忽视的新文献。例如，为了响应"一带一路"倡议，图书馆新引进的一系列关于丝绸之路的书籍，这些从中亚文字翻译过来的资料对相关研究者来说是全新的资源。如果不进行适当的推广，由于信息不对称，这些书籍可能会遭遇冷遇。另外，某些有力支持钓鱼岛是中国固有领土的书籍，如果长期藏于不显眼的书架，未被发现，就像沉睡的美人等待觉醒。针对这类文献，图书馆需要积极推广，通过各种手段让它们为公众所知，以此发挥其应有的社会价值，这就是推法式阅读推广的核心。

推式推广法相比拉法式来说难度更大、策划更需巧思，因为这些文献的吸引力并非先天具备，而是需要通过图书馆员的努力来挖掘和展现的。例如，上述提到的丝绸之路书籍，其推广成功与否依赖于图书馆员是否能准确展示其在"一带一路"研究中的重要价值；关于钓鱼岛的书籍，其推广效果同样取决于图书馆员

是否能深入理解该领域的研究现状，并准确评估文献的价值。

（三）撞式阅读推广法

撞式阅读推广法针对那些需求模糊或需求多元的文献，通过挑选一系列具有独特物理特性或气质的图书进行宣传，这便是撞式阅读推广法的核心。所谓"撞"，意味着图书馆工作人员可能对特定读者群的偏好并不完全了解，而是基于一种直觉——认为总会有人对这些书感兴趣。这种推广方式带有一定的随机性，类似于社交软件中的"漂流瓶"功能或"摇一摇"功能，旨在通过偶遇的机会将读者与他们可能感兴趣的书籍相连。

撞式推广法的特点在于其不确定性——它可能取得成功，也可能不尽人意。其成败往往依赖于图书馆员的直觉和对未知读者兴趣的预判。因此，这种推广方式在起初更富有创意性和策划性。如果最终取得成功，那么图书馆员不仅会获得巨大的满足感，同时也能为读者带来意想不到的阅读发现。

二、可以深度发掘尝试的阅读推广方法

对图书馆阅读推广类型的执着探索，目的是查缺补漏，有的放矢地为今后的图书馆阅读推广提供指导。对照前面列举的阅读推广类型，不难发现一些以往短缺或薄弱的类型尚且有待加强。

（一）埋伏式阅读推广法

埋伏法就是预案件法，就相当于事先准备好的计划。之所以被称作埋伏法，是因为它涉及提前制订详细计划，随后静候时机，以突如其来的方式吸引注意，类似于战术中的伏击。目前，图书馆在实施埋伏法方面还有待加强。例如，在春节之后不久的妇女节前夕，图书馆可以提前开始准备，挑选出所有粉色封面和书脊的图书，待到节日当天，在显著位置展示这些精心挑选的书籍，必将给读者带来意外的惊喜和感动。通常，这些粉色书籍的设计初衷便是吸引女性读者，因此无论是从视觉还是内容上，这些书籍都将成为吸引读者关注和借阅的焦点。再如在光棍节这一特殊日子，图书馆可以事先部署，挑选那些描绘历史上著名单身人物或以单身人物为主角的经典作品，进行特别推广；也可以推出一些描述美好爱情故事的书籍，如钱钟书、杨绛等人的恋爱回忆录，以此来"虐心"那些单身的读者。

总的来说，埋伏法就是指图书馆针对特定日期或事件，提前制订和准备推广计划。如国内外的文学奖项常有固定的颁奖周期，图书馆可以提前收集潜在获奖者的作品信息，等到颁奖典礼当天一揭晓即刻推广，这无疑将受到读者的热烈欢迎。此外，通过关注我国领导人的公共演讲和推广活动，尤其是他们提及的名著和典故，图书馆可以据此准备相关书目，实时调整并推广，这种做法被称为"跟着习大大来读书"。此外，领导人在治国理政的演讲中引用的众多典故，若图书馆员能够逐个追踪并推广相关书籍，也将成为一种高效的阅读推广策略。

（二）机变式阅读推广法

机变法也叫随机法，指的是图书馆根据当前新闻事件快速实施的阅读推广活动，这类活动主要通过社交媒体平台如微博和微信来执行。由于许多新闻事件都是不可预见的，对这类事件的阅读推广不能事先计划，完全依赖于图书馆工作人员的知识储备和对时事的敏感度，从而展示图书馆工作人员阅读推广的能力和他们随时准备进行阅读推广的意识。

例如，2016年8月王宝强的离婚新闻一出，湖南省图书馆的微信公众号迅速做出反应，推出了以《婚外情的美丽与危险》为主题的文章，介绍了《失乐园》《查特莱夫人的情人》《廊桥遗梦》等七本书。这次书籍的挑选显示了图书馆员广泛的阅读经验，能够在新闻事件发生时迅速联系到相关书籍。然而，原推文标题的倾向性问题指出了需要在表达立场时保持适度克制的重要性，以避免对特定读者群产生负面影响。图书馆作为一个中立的教育支持机构，虽可对不道德行为表达不认同，但应避免使用诅咒性的语言，以保持对所有读者群体的团结和支持。

后来，当回顾该微信文章时发现，其标题已经被更改为更为中性的《这七部经典小说告诉你，婚外情的美丽背后的危险》，这一改动体现了图书馆员对公众反馈的敏感性和责任感。通过将"下场"替换为"危险"，文章的调性变得更加中立，既不偏离图书馆的教育使命，也为读者提供了自我反思的空间。因此，机变法不仅考验图书馆员的知识深度，还考验他们在表达观点时的平衡和公正性，确保推广内容既符合图书馆的角色定位，又能被广泛的读者接受和欣赏。

（三）推式阅读推广法

推式阅读推广，涉及对新闻事件的即时反应并展开阅读推广，主要通过微信和微博等社交平台进行。这种推广方式依托于图书馆员的即时反应和对当前事件的敏感度，反映出图书馆员对于阅读推广的专业能力及时刻准备进行推广的态度。例如，当某个社会事件如名人的离婚成为热点时，湖南省图书馆便迅速通过其微信公众号发布与主题相关的书籍介绍，展示图书馆员丰富的知识储备和对时事的快速反应能力。然而，推广内容的表达方式需谨慎，避免过度倾向性，以维护图书馆作为中立教育机构的形象。

（四）撞式阅读推广法

这种方法的含义前文讲过，该方法的策划性最强，比较好开展，但是也容易被忽视。撞式阅读推广法的手法之一是按物理形式推荐图书，比如可以基于颜色推荐图书，在妇女节，把封面为红色的书集中起来展示；在植树节，把封面为绿色的书都集中起来展示。可以基于颜值、身材推荐图书，把最美的书、最丑的书、各种形式怪异的书、最小的书、最大的书、最厚的书、毛边本都集中展示，给读者先是带来形式上的冲击感，吸引读者走近、浏览，或许读者还会喜欢上其中的内容。还可以基于标题，把标题最差、标题最怪的书集中展示，也有一定的吸引力。图书漂流也是撞式阅读推广法的一种，在地铁的座位上留一本书，究竟下一个读者是谁，这本书将漂向何方，书的命运完全靠撞。对图书馆来说，撞式阅读推广法是最好操作、效果可能还比较好的一种方法，值得大家好好思考该怎么运用。撞式阅读推广法以其策划性和创意性为特点，便于实施且易于吸引注意，但也可能被忽略。此策略包括根据图书的物理特征如颜色、尺寸或外观进行推荐，如在特定节日展示特定颜色封面的书籍，或集中展示形态独特的图书，以形式上的新奇吸引读者的注意。此外，通过图书漂流等方式，在不经意间将书籍与潜在读者相连，增加阅读的趣味性和不确定性，值得深入探索其应用方式。

（五）本土阅读推广法

本土法也可以叫作地方性格法，指的是不同地方的图书馆的阅读推广应该是不一样的，应具有本地特色。该法强调阅读推广应结合当地文化和特色，反映不同地区的独特需求和偏好。比如美国图书馆阅读推广的基本方法是一城"一书"，不同城市阅读推广的书之所以不一样，就在于考虑到了本地特点。《杀死一只知更鸟》这本书旨在化解种族误解，消除种族隔阂和种族矛盾，所以像芝加哥、西雅图这些种族分歧比较大的城市就共同阅读《杀死一只知更鸟》。同理，在上海的大学图书馆，就可以宣传推广一下海派作家的书，比如余秋雨、王安忆、六六、金宇澄、韩寒等上海作家的书；在武汉的大学图书馆，就可以宣传推广一下方方、池莉的书；在贵州的大学图书馆，就可以推荐一下王阳明的书和传记，因为王阳明就是在贵阳的龙场悟道，创造了心学；洛阳师范学院就坐落在邵雍旧居安乐窝附近，离"二程"故里也不远，那么该校图书馆就可以推荐关于易经和程朱理学的书。

（六）阅读关怀与阅读援助法

这种策略以往并未充分利用。阅读支持关注的是对特定群体进行的定制化阅读推广活动。例如，在大学图书馆的情境下，新员工通常需要参与为期一个月的培训项目，而对于即将退休的员工，却往往缺乏相应的准备和指导。实际上，退休初期的几年对个人来说可能充满挑战，伴随着失落和无助的情绪。图书馆能够通过与工会合作，为即将退休的员工提供专门的阅读推广活动，推荐有关如何积极面对退休生活的书籍，或是那些由长寿老人撰写的鼓舞人心的作品。阅读援助则专注于为信息获取能力较弱的群体提供阅读材料。例如，针对过去富士康员工发生的一系列悲剧事件，这些不仅与工作压力有关，还与他们单调的闲暇生活密切相关。当地图书馆可以与企业的工会或社会组织合作，向年轻员工提供适合的阅读材料，以丰富他们的精神文化生活，潜在地减少极端事件的发生。大学校园内的各类工作人员，如厨师、清洁工、保安及修自行车的师傅等，也是阅读关怀和支持的对象。对于那些工作时习惯听广播的出租车司机，公共图书馆可以通过应用程序或租赁的广播频道播放有声书，为他们提供阅读援助。武汉图书馆就通过广播推出了"武图之声"阅读推广节目，这是阅读援助的一个实际例子。

（七）全媒体阅读推广法

文字的发明初衷在于传递信息，而在当前信息技术飞速发展的背景下，信息的保存和传播变得更加便捷，如通过视频记录并通过互联网分享，可以更生动全面地传递信息。依据上海图书馆副馆长刘炜的观点，多媒体传播被视为一种文化上的回归现象。利用多媒体进行阅读推广，即可视为多媒体阅读推广策略。例如，在推介《了不起的盖茨比》时，可并行推荐该书的电影版和有声读物。图书馆可以设立专用的有声书阅览区，装备耳机，创建一个视听享受的环境，甚至可提供跑步机，让读者在运动时享受阅读。此外，通过与等候服务的场所如银行、理发店合作，提供有声读物，丰富顾客的等待时间。随着健步走等活动的流行，有声书的需求日增，图书馆应增加有声书资源，鼓励学生贡献自录有声书，以便利更广泛的读者群。同时，关注可穿戴设备、阅读机器人等新技术的发展，将它们纳入阅读推广工具箱中。

（八）学分激励阅读推广法

这是一种高效且直接的阅读推广手段，已逐渐成为阅读推广的趋势。早在2001年，韩国江源大学便通过指定暑期必读书目并设立相关测验以赋予学分的方式，鼓励学生参与阅读。在中国，最初主要是职业院校采用学分制激励阅读，旨在改善非顶尖学生的阅读习惯，提升其人文素养。如黑龙江东方学院便开设了必修的阅读课程，并实施学分制。近年来，此种推广方式已向重点大学扩展，武汉大学图书馆的调研显示，包括浙江大学、东南大学等多所"211"工程大学已实施阅读学分制。武汉大学图书馆亦在考虑推出学分制阅读课程。图书馆应关注此趋势，并在条件允许时，借鉴已实施该策略的高校图书馆的经验，将阅读推广活动提升为可赋予学分的公共课程。

三、阅读推广的艺术化与文艺化

阅读推广活动可以巧妙地利用多种艺术形式。从实践角度出发，艺术化手段为阅读推广提供了丰富的可能性：首先，是通过图像艺术的引入，例如，北京大学通过组织以"书中自有颜如玉"为主题的活动，展示女生模仿古典油画风格的读书照片，与优秀书籍展览相结合。其次，利用声音的艺术，如北京大学图书馆推出通过扫描二维码收听来自全国各地学生以家乡方言进行的书评，以此吸引新生参与阅读。泰山医学院图书馆则结合音乐疗法和阅读疗法，为读者提供一种全新的阅读体验。通过影视作品与其原著及相关图书的联合推广，东北师范大学的"书影随行"活动便是一例。此外，借助表演艺术，天津财经大学开展的"话剧中的经典读本"竞赛，鼓励学生通过话剧表演深入理解和感受经典文学作品。同时，高校图书馆流行的"活书库"项目，也是一种创新的"借演"手法，通过讲述者分享个人经历和知识，使知识的传递更加生动和直观。这些艺术化的推广手段不仅增加了阅读活动的吸引力，还深化了读者对文本的理解和爱好，展现了阅读推广在形式和内容上的多元化和创新性。

第四章
全民阅读视域下高校阅读疗法

本章主要内容为全民阅读视域下高校阅读疗法相关研究，详细介绍了3个方面的内容，分别是阅读疗法基础理论、阅读疗法宣传推广和阅读疗法在大学生团体辅导中的应用，以及疗愈视角下的阅读推广案例。

第一节　阅读疗法基础理论

"阅读疗法"这一概念，最早由美国研究者塞缪尔·麦克乔德·克罗泽尔斯（Samuel McCord Crothers）在1961年发表于《大西洋月刊》的文章《文学门诊》中提出。直到2007年，中国才发布了第一本专门研究阅读疗法的书籍，即笔者撰写的《阅读疗法》，并于2014年再版。随后，该领域在中国迅速发展，接连出版了多部关于阅读疗法的理论与实践作品，包括《阅读疗法理论实践》《儿童阅读治疗》《诗歌疗法——理论与实践》《阅读疗法实证研究》等，展现了该领域的多元化和深入探索。

一、阅读疗法的概念

（一）阅读疗法的词义溯源

词源方面，"bibliotherapy"一词融合了希腊语中的"biblion"（书籍）和"therapy"（治疗）两个词根，意指"图书疗法"。这一命名不仅标志着阅读疗法在西方的诞生，还预示了其作为一种治疗方式的兴起。尽管在英语中，除了"bibliotherapy"外，还有"reading therapy""reading treatment""reading cure""reading healing"等多个与之等义的表达，这些词汇均可被翻译为"阅读疗法"。在语言使用习惯上，美国学者倾向于用"bibliotherapy"表达该概念，而英国学者及中国学者王波偏好使用"reading therapy"。王波认为，"bibliotherapy"一词因包含不常见的前缀"biblio"，使得这个术语显得较为生僻，且鉴于目前收录此词的词典不多，读者难以查阅其具体含义。"bibliotherapy"直译为"图书疗法"或"卷籍疗法"，但从治疗学角度考虑，这一表述的内涵偏窄，容易引起误解。相比之下，"reading therapy"则意义明确，覆盖范围更广，包括任何根据医学治疗原则精选的、能够通过阅读辅助心理调整达到治愈效果的文本，无论是一篇短文、一首诗歌，均可归类于"阅读疗法"。

（二）阅读疗法的优势与应用领域

阅读疗法的优点主要体现在两个层面上。首先，这一概念本身具有广泛的适用范围，覆盖了包括阅读学、出版业、教育、社会学，以及医学和心理学等多个学科领域。该方法已经吸引了这些领域内专家的关注，并有潜力成为新兴学科的增长点，引发阅读兴趣的新浪潮，为构建书香社会贡献力量。其次，阅读疗法在国际上已有广泛应用，特别是在医学领域，采纳"reading therapy"这一表达不仅呼应了英国学者的用法，还体现了与国际接轨的努力。

美国国家医学图书馆制定的《医学主题词表》（Medical Subject Headings, MeSH, 2004年版）已经将"bibliotherapy"纳入为主题词。MeSH不仅是标引和检索生物医学文献的重要工具，而且是全球生物医学领域公认的权威性词汇表。此外，阅读疗法在医学和图书馆学领域已成为专有名词，甚至作为文献检索的主题词或关键字。在美国等阅读疗法较为成熟的国家，其频繁使用且多聚焦于医学治疗，成为康复和心理治疗的一种方法。

在中文环境下，阅读疗法亦被称作"读书治疗""图书疗法""书籍治疗"，强调通过阅读行为进行辅助治疗，所使用的材料可包括图书、视听资料或听取讲述等[45]。阅读疗法这一术语明确且包容性广，具有广阔的发展空间，在中国，它被正式采用为专业术语，而"图书治疗""读书疗法"等则作为补充性的检索关键词。

（二）阅读疗法的蕴意解析

什么是阅读疗法？关于阅读疗法的定义，目前国内外还没有统一的说法。各国学者给出的定义是不同的，下面几种定义更具有代表性。

1. 国外具有代表性的定义

①1961年，《韦氏第三版新国际英语词典》收入"阅读疗法"一词，并做出两种解释：第一，用有选择的读物辅助医学与精神病学的治疗；第二，通过指导阅读，帮助解决个人问题。

②1974年，《道兰氏图解医学词典（第25版）》将阅读疗法定义为利用书籍治疗精神疾病。

③1996年，美国出版的《图书学情报学百科全书》给阅读疗法的定义是："阅读疗法就是在疾病治疗中利用图书和相关资料辅助治疗的方法。它是一个与阅读有关的选择性的活动，这种阅读作为一种治疗方式是在医生指导下，有引导、有目的、有控制地治疗情感和其他方面的问题"。

④美国阅读疗法研究权威罗宾（Robin）在其所著的《阅读疗法应用——理论和实践指南》一书中将阅读疗法定义为："以媒体和读者之间的交互作用的过程为基础的一种活动计划。不论利用虚构的或非正式的印刷或非印刷资料，皆需有指导地给予讨论与协助。"

2. 国内具有代表性的定义

①所谓"阅读疗法"，就是通过应用医学、心理学、生理学的理论和检测方法，图书馆从业人员解读到读者（既包括一般读者，也包括有阅读治疗需求的患者，后文不再——备注）的阅读需求，适时推荐合适的图书，对其进行阅读指导的心理治疗方法。最终能够改善读者的不良情绪，增强其战胜疾病的信心，使读者的心理状态和行为方式趋向健康，能够辅助读者减轻病痛，提高治疗效果。

②阅读疗法是通过向读者推荐一些有益的相关书籍，使读者通过独立阅读或在治疗者指导下阅读，以缓解或消除心理疾病，促进身体健康，提高工作和生活质量的一种心理治疗方法。

③阅读疗法是指通过指导人们有选择地默读或朗读书面文本或电子文本的形式，来促进人们心理素质健全的心理治疗方法，它具有治疗、预防和发展三项心理功能[46]。

④阅读疗法就是以文献为媒介，将阅读作为保健、养生以及辅助治疗疾病的手段，使自己或指导他人通过对文献内容的学习、讨论和领悟，达到养护或恢复身心健康的目的的一种方法。

根据学者们的定义，本书将阅读疗法分为广义和狭义两种。广义上，根据目标对象的不同，阅读疗法分为三类：对精神障碍者而言，阅读作为一种心灵的慰藉；对遭受生理疾病之苦的读者，阅读成为辅助治疗的手段；而对一般人群，适宜的阅读活动有助于个性发展和心理健康。

阅读疗法的四大要素包括患者、治疗师、书籍和阅读过程。其中，患者范围广泛，包括病患和健康人群；治疗师可能是医护人员、图书馆工作人员或患者自己；书籍包括各种形式的出版物及网络资源；阅读是指患者的阅读行为。这四要素构成了阅读疗法的基础，它们相互作用，共同促进患者的治疗过程。

二、阅读疗法的原理

阅读疗法要研究的是阅读疗法形成的原理和机制。从不同角度、不同学科入手加以考察，会发现阅读疗法的原理虽各不相同但又具有内在的联系。

（一）发生学原理

发生学原理探讨一个实体或现象的起源及其发展过程中保持的固有目的和功能。例如，一本书若是出于治疗目的而编撰，则其阅读过程自然承担着治疗的功能。观察人类社会与自然环境的关系，人们面对自然界的未知与威胁时，常会体验到恐惧、无力和敬畏等情绪，从而驱动人类寻找精神支撑和价值体系来应对精神危机[47]。这种需求促使宗教、哲学、文学等人文学科的产生。在阅读疗法的历史实践中，我们常见到治疗推荐书单主要源于人文科学领域，显示出人文科学本身就是为了满足人类精神治愈的需求而发展起来的，因此，这些学科的载体——书籍和其他文献，天生具备治疗的潜力。人类历史的发展表明，文学、宗教、哲学等人文学科与精神治疗之间存在深刻的内在联系，这种联系从人类早期社会开始就已形成。随着社会的演进，人文学科的深入研究不断取得新进展，哲学和宗教领域的治疗历史在未来势必会吸引该领域专家的广泛关注和研究。阅读疗法的研究方法采纳了多学科的理论与实践，通过阅读这一主要活动，提取与人类精神治疗密切相关的内容进行宏观分析，旨在探讨阅读作为一种辅助治疗手段的效用和影响。

（二）心理学原理

心理学的多样化发展为我们提供了各种理论体系，这些不同的理论和学派虽然观点各异，但它们共同为阅读疗法的效用和作用机制提供了合理的阐释。特别是心理学中的共鸣理论、情绪净化理论、心理平衡理论、暗示理论以及认知领悟理论等，都为理解阅读疗法的原理提供了有力支持。

1. 共鸣说

共鸣描述的是个体与外界事物，如文艺作品之间的心灵交流过程。当个体接触文艺作品时，会基于自己的经历和情感，在心理上寻找与作品人物的共鸣点，希望在精神和情感上找到共振。这种情感上的支撑和共振有助于个体摆脱现实生活中的精神压力和情感困扰。阅读过程中的共鸣不仅常见，而且是阅读疗法的初始步骤。如果读者对选定的读物没有任何共鸣，说明这部作品可能不适合他们，需要寻找更能触动内心的读物。

2. 情绪净化理论

情绪净化指的是通过文学作品的欣赏过程，读者与作品中的角色产生精神上的联系和共鸣，进而调节和安抚读者的情绪，使其达到一种情绪释放和心灵净化的状态。借助弗洛伊德的理论，将情绪净化与精神结构学说结合起来，可以看到，读者在经历作品中设定的情境时，通过与作品人物的情感共鸣，实现情感的释放和心灵的净化。就像电脑系统长时间运行后需要清理垃圾文件一样，阅读悲剧性作品能够帮助读者排解精神上的负面情绪，达到心灵的重启和健康运行[48]。通过这些心理学理论，我们可以深入理解阅读疗法在精神治疗中的应用和效果，强调了适当阅读活动对于促进个体心理健康的重要性。

3. 心理平衡说

心理平衡理论强调，人们在社会中建立的各种关系若处于失衡状态，会产生不愉快的情绪体验。阅读可以作为一种调节机制，帮助人们在虚拟的精神世界中寻找现实生活的平衡，获得精神上的愉悦和康复。

4. 暗示理论

暗示理论说明，无段明确表达，通过语言或其他手段，个体可以在不知不觉中接受某种信息或观念。阅读过程中的暗示包括他人暗示和自我暗示两种形式，其中自我暗示在治疗过程中起着至关重要的作用，影响着个体的心理调节能力[49]。

5. 领悟理论

领悟理论指个体通过阅读后的深层次思考和理解，达到心灵的升华和生命境界的转变。这种领悟过程能够带来新的人生哲学和对世界的深刻认知，是阅读疗法中效果最佳的体验。

以上心理学理论为阅读疗法提供了理论支撑，展示了阅读作为一种精神治疗手段的复杂性和多维度效果，强调了合适的阅读材料对于促进个体心理健康的重要性。

（三）阅读疗法的生理学原理

阅读疗法的科学根基植根于心理学和生理学的双重原理，其中生理学部分指出阅读首先是一种生理行为。这一过程涉及眼睛对文字的感知，信息通过神经传入大脑，然后大脑通过一系列复杂的综合性活动，如识别、修正、重构和联想，完成阅读过程。阅读能力的实现依赖于大脑各专门区域的协同工作，频繁阅读和脑力活动有助于提升脑细胞的新陈代谢，维持和增强脑功能，预防脑功能衰退。尤其对老年人和幼儿而言，阅读的益处更为显著，有助于智力开发和提升生活竞争力，同时兼具强化心智和身体健康的效果。

（四）心理生理学原理

心理生理学原理则探讨阅读过程中引发的心理和生理反应的交织效果。这方面的理论包括审美生理运动理论、冥想理论及情志相胜理论等。审美生理运动理论，由朱光潜提出，主张优秀的诗歌能够引发读者的生理变化，如语句节奏与人体生理系统节律的契合、诗歌情境的身临其境感，以及由此引起的本能身体反应等。冥想理论，则由春山茂雄提倡，强调结合西方医学与东方治疗方法，通过冥想等手段促进大脑分泌"脑内咖啡"，激活身体自我治愈能力，实现精神状态的正向转变和疾病的预防及治疗。情志相胜理论最早见于《黄帝内经》，后经过各代医学家不断深化和系统化研究而形成。成就最大的是金代的张子和与元代的朱丹溪。其基本理论：人体系统可归纳为肝木、心火、脾土、肺金、肾水五大体系，它们是依次相生的关系。人体五脏分别对应木、火、土、金、水5种元素，它们之间依次制约。人的精神情感因素也归于此，悲属肺金、怒属肝木、思属脾土、恐属肾水、喜属心火，情志相胜就是根据五行的制约关系，当一种情志过盛导致疾病时，用另一种与它相克的情志来冲淡、抵消、纠正之，从而达到治疗的目的。

阅读疗法的科学性不仅体现在阅读活动对于人类身心疾病的治疗上，更重要的是阅读过程既能带来共鸣、净化、平衡、暗示、领悟等各种复杂的心理活动，又可以调节五脏六腑的功能，达到调节情绪、锻炼器官机能的目的，从而收到保健祛病的效果。阅读能够治疗疾病，就是因为它带给读者的情感体验消除或减弱了读者郁藏于心中的不利于身心健康的情感，从而缓解读者的病情，这就是阅读疗法的作用机制。

阅读过程本身就是一个思考的过程，读者在书籍的引导下不断提高对人生、社会、生命、疾病的认识，提高对自身的认识。再加上书中美好、欢乐情绪的感染，读者的心态变得乐观、安详，从而收到意想不到的治疗效果。

三、阅读疗法的二元应用

（一）阅读疗法在图书馆的实践与创新

在国内，阅读疗法的实践已在多家图书馆中取得显著成效，特别是泰山医学院图书馆，该馆已成为阅读疗法研究和实践的重要基地。宫梅玲老师，作为该领域的知名专家，带领图书馆在服务创新、德育教育、学生工作及心理健康教育方面做出了积极探索，使之成为学校的特色项目。华北理工大学图书馆同样在馆长的带领下，积极推进阅读疗法的实践。然而在公共图书馆方面，杭州图书馆以其独特的"图书馆搭台、心理咨询师唱戏"模式，在高校图书馆实践中脱颖而出，展现了阅读疗法与心理咨询相结合的新路径。

（二）阅读保健与阅读疗愈

阅读疗法的类型主要分为阅读保健和临床阅读疗法两种。社会上对阅读疗法的理解往往偏向于阅读治疗，忽略了阅读保健的重要性。为了证明阅读疗法的科学性，许多图书馆员努力专业化自己，甚至取得心理咨询师资格，展现了图书馆服务的深度与广度[50]。然而，这种专业化倾向也引发了对阅读疗法作为阅读推广策略作用降低的担忧。

（三）科学性与欢愉性兼顾

图书馆在开展阅读疗法时应该"双轨并行"，既追求其在医学领域的科学性，也保持其在轻松、幽默、娱乐方面的特色。例如，对于不爱理发的儿童，图书馆可以推荐有助于接受理发过程的绘本，这既是阅读推广也是阅读疗法的一种创新应用。英国的"生命学院"通过出版《小说药丸》一书，在"失眠的阅读疗法"一节中以幽默的方式推荐书目，虽然带有调侃元素，但实质上促进了阅读的普及和推广。

（四）严肃性与活泼性并存

阅读疗法结合了深度与乐趣，既包括治愈心灵的严肃目的，也涵盖了提供乐趣的娱乐元素。当这种疗法以人文主义为依归，致力于普遍的阅读推广时，它展现出幽默与娱乐的特质；而一旦其立足于医学领域，追求治疗效果，阅读疗法则转化为一项需客观分析、严肃对待的科学实践。维持这一双重性质对于阅读疗法的完整价值至关重要，只有通过平衡这两方面，阅读疗法才能充分发挥其潜力。对于图书馆而言，阅读推广并非新任务。根据苏雷什·拉甘纳森提出的图书馆学五大定律——书籍的目的在于使用；每本书都有其读者；每位读者都能找到适合自己的书籍；节省读者的时间；图书馆是持续发展的实体——阅读推广的意义得到了明确的界定。这些原则不仅直接关联阅读推广，更构成了图书馆服务的基石，彰显图书馆的天职与其在图书馆事业中的重要地位。当前对阅读推广的强调，实际上是对图书馆初衷的回归和复兴，提醒我们继续秉承初心，不断前行。

第二节　阅读疗法宣传推广

宣传推广是一种沟通和传递方式，只有通过反复宣传，事物才能被人们所了解和熟知，才能得到重视和支持，阅读疗法也不例外。阅读疗法能够产生积极的治疗效果，这是显而易见的。只有在更大的范围内应用，才能使它发挥更大的作用。因此，要加大宣传力度，运用各种方式大力宣传阅读疗法的作用与基本知识，创造良好的舆论氛围，使更多的人了解阅读疗法，认识阅读疗法的重要性。这也是应用和推广阅读疗法的前提。

一、阅读疗法宣传推广的要素

宣传推广即扩大事物使用的范围或作用的范围，阅读疗法的宣传推广是将阅读疗法向更广的范围传播，使更多的人知晓并了解阅读疗法，成为阅读疗法的受益者。阅读活动从本质上可以归结为一种传播活动，在这里我们引入传播学的理论，对阅读疗法宣传推广的内涵进行分析。从传播学的角度讲，阅读疗法宣传推广活动包括5个要素：推广主体（Who）、推广内容（Say What）、推广渠道（in Which Channel)、推广对象（to Whom）和推广效果（with What Effects），即著名的拉斯韦尔5W模式理论。下面解析各要素的具体内容。

（一）推广主体

阅读疗法作为一种利用阅读活动进行心理治疗和情绪调节的方法，其推广主体多元化，涵盖了从政府部门到民间组织、从教育机构到医疗卫生单位等多个层面。政府及其相关部门是推广阅读疗法的重要力量。通过制定支持政策、提供资金支持、组织公共宣传活动等方式，为阅读疗法的推广创造有利的外部环境。政府可以通过教育、文化、卫生等部门联合发起全民阅读计划，将阅读疗法作为提升国民心理健康水平的重要措施之一。图书馆及各类阅读推广组织是阅读疗法推广的直接实施者。它们通过举办阅读活动、建立专题书架、提供阅读指导服务等方式，直接向公众推广阅读疗法。图书馆作为社会教育的重要基地，可以利用其丰富的书籍资源和专业的服务能力，为公众提供个性化的阅读疗法指导。学校和其他教育机构是阅读疗法推广的重要场所[51]。通过将阅读疗法融入学生的日常教育和心理健康教育中，帮助学生建立正确的阅读习惯，提高阅读兴趣，从而达到缓解压力、促进心理健康的目的。

此外，还有另外一些主体，例如，医院、心理咨询机构等医疗卫生单位在阅读疗法的推广中扮演着专业支持的角色。通过专业人员的推荐和指导，将阅读疗法作为心理治疗和康复治疗的辅助手段，为患者提供个性化的阅读建议和心理支持。在现代社会，媒体和网络平台是信息传播的重要渠道。通过新闻报道、专题讲座、在线论坛等形式，宣传阅读疗法的概念和效果，提高公众对阅读疗法的认知度和接受度。社区和各类民间组织通过组织社区阅读活动、成立阅读俱乐部、提供阅读分享平台等方式，将阅读疗法推广到日常生活中，使其成为提升居民生活质量和心理健康水平的有效手段。总之，阅读疗法的推广需要多方参与和合作，通过综合运用政策支持、专业指导、社会实践等手段，形成覆盖全社会的阅读疗法推广网络，使阅读疗法惠及更广泛的群体。

（二）推广内容

阅读疗法作为一种融合心理学与文学治疗的手段，旨在通过指导阅读来提升个体的心理健康和情感调适能力。为有效推广阅读疗法，其内容和渠道的选择需体现系统性和广泛性，以确保覆盖不同需求的受众群体。科普教育强调阅读疗法的科学基础和实践效果，普及其在缓解心理压力、治疗情绪障碍等方面的作用。提供经专业筛选的书籍清单，覆盖不同主题和类型，如自助提升、情感管理、心理治疗等，适合不同年龄和需求的读者[52]。分享有效的阅读方法和技巧，如深度阅读、感悟式阅读等，帮助读者更好地理解书籍内容和应用于个人成长。结合阅读疗法，提供心理健康知识的普及，增强公众的心理健康意识和自我调适能力。通过真实的阅读疗法应用案例，展示其在改善心理健康、促进个人成长方面的积极效果。

（三）推广渠道

利用社交媒体、官方网站、在线论坛等，发布阅读疗法相关的文章、视频和互动讨论，扩大影响力。在图书馆、学校、社区中心等公共场所举办阅读疗法的讲座和工作坊，提供现场互动和体验机会。与教育机构、医疗卫生单位、心理咨询中心等建立合作关系，共同推广阅读疗法的应用和研究。编撰和发布关于阅读疗法的书籍、期刊文章和宣传册，为专业人士和广大读者提供参考资料。通过电视、广播、报纸等传统媒体发布阅读疗法的专题报道，提高公众的关注度和接受度。通过上述渠道的综合运用，阅读疗法的推广活动能够更为有效地触及广泛受众，促进全民阅读文化的建设，同时提升公众的心理健康水平。

（四）推广对象

阅读疗法作为一种融合文学与心理治疗手段的全新方法，目的在于通过指导阅读活动促进个体心理健康和情绪调节。其推广对象广泛、效果多样，旨在满足不同群体的需求，促进心理健康的普及与提升。其重点在于促进学生的情感发展、压力管理和自我认识，特别是针对阅读能力和心理素质同步提升的需求。针对职场压力大、时间紧张的特点，提供快速阅读与心理减压相结合的方案，帮助其恢复精神活力，提升工作效率[53]。以提升生活质量、延缓认知衰退为目标，推广适合老年人的阅读材料，增加社交互动，减少孤独感。为有特定心理需求或心理健康问题的人群提供专业指导和书籍推荐，帮助他们通过阅读进行自我治疗和情绪调节。对普通阅读群体进行阅读推广，提高其阅读的深度和广度，促进心理健康和个人成长。

（五）推广效果

阅读疗法能有效减轻焦虑、抑郁等负面情绪，提升个体的心理韧性和应对压力的能力。系统的阅读活动有助于提高阅读理解能力、批判性思维能力以及创造性思维能力。通过组织阅读小组、研讨会等活动，增进参与者的社会交往能力，提高他们的社会适应性。阅读疗法通过引导阅读高质量的文学作品，丰富个体的文化生活，提高文化素养和审美能力。通过阅读带来的精神愉悦和心理满足，增强个体的生活满意度，提升整体生活质量。

总之，阅读疗法通过其广泛的推广对象和积极的推广效果，不仅能够改善个体的心理健康状态，提升认知与社会能力，还能够促进社会文化的发展和个人生活质量的提升，是一项具有深远影响的全民阅读推广活动。

二、阅读疗法宣传推广的必要性

在当今社会，随着生活节奏的加快和社会竞争的激烈，公众心理健康问题日益凸显，传统的治疗方法往往因时间、成本等因素受限。阅读疗法作为一种辅助治疗身心疾病的手段，其宣传和推广显得尤为必要。

（一）宣传和推广阅读疗法是辅助治疗身心疾病的现实需要

阅读疗法的宣传是心理健康普及教育的重要组成部分。通过介绍阅读疗法的原理、方法和实践效果，可以提高公众对心理健康问题的认识，改变社会对心理问题的误解和偏见，促进心理健康知识的普及和心理疾病的预防。相比于传统的医疗治疗，阅读疗法具有成本低廉、易于接受的优势。宣传和推广阅读疗法，可以使更多的人了解到这种无须药物、无副作用、可以自我实施的治疗方法，特别是对于经济条件有限的群体，阅读疗法提供了一种可行的自我帮助策略[54]。阅读疗法不仅能够辅助治疗心理疾病，还能促进个体的自我成长和自我治愈。通过阅读，个体能够获得知识、启迪思考、丰富情感，从而增强自我认知、自我调节能力，提高应对生活挑战的能力。宣传和推广阅读疗法，有助于激发公众对阅读的兴趣，引导公众通过阅读进行自我提升和心灵疗愈。在现代医疗体系中，心理治疗和药物治疗是主要的治疗方式。阅读疗法的推广，有助于建立更为多元化的治疗体系，为患者提供更多选择。特别是对于那些对传统治疗方法反应不佳或有顾虑的患者，阅读疗法可以作为辅助治疗或替代治疗手段，提高治疗效果。通过宣传和推广阅读疗法，可以鼓励家庭、学校、社区等社会组织参与到公众心理健康工作中来，形成全社会关注和支持心理健康的良好氛围。这种社会支持系统的强化，对于预防心理健康问题、提高公众心理素质、构建和谐社会具有重要意义。综上所述，宣传和推广阅读疗法是辅助治疗身心疾病的需要，不仅能够为公众提供一种安全、有效、易于接受的治疗方法，还能促进社会心理健康水平的整体提升，是值得持续推进的重要工作。

（二）宣传和推广阅读疗法是医生获取有效治疗方法的需要

随着社会对文化素养和健康意识的日益重视以及医疗模式的转型，公众不仅追求身体健康，心理健康的关注度亦显著提升。在医疗环境中，阅读疗法已成为一种通过阅读图书促进疾病治愈的手段。这种方法通过向病患推荐积极向上的读物，无论是独立阅读还是在专业指导下进行，旨在辅助患者进行心理调节及医疗治疗，以缓解心理问题，促进身心健康，从而提升生活与工作的质量。因此，阅读疗法本质上属于心理治疗的范畴，其核心功能在于有策略地强化患者的意志力，协助他们树立克服疾病的决心；同时，优化患者的情绪状态，消散因疾病引起的消极情绪，达到恢复健康的目的[55]。因而，在医院图书馆推行阅读疗法显得尤为重要。但在目前阶段，主流的疾病治疗方法仍旧以药物治疗为主，阅读疗法及其在治疗身心疾病中的潜力尚未被广泛认知（即便一些医生知晓，也可能轻视其效果），这限制了阅读疗法的广泛应用。因此，有必要在医疗机构和医疗人员中积极推广阅读疗法，扩大其在疾病治疗中的应用范围，让更多人认识并运用阅读疗法辅助治疗。

（三）宣传和推广阅读疗法是拓展图书馆服务功能的需要

图书馆的多功能性、本质、影响以及深层服务的认识还相对有限，同时，不少人对如何有效利用图书馆资源并不熟悉，导致公众对图书馆的认知存在误区。在知识经济的背景下，读者对信息资源的需求日益多样化，这对图书馆服务提出了更高的要求，促使其不断革新以满足读者的期待，主动推出多样化的创新服务。其中，阅读疗法的推广便是一种创新服务的体现。因此，图书馆员应当充分挖掘和利用图书馆丰富的资源，积极推介阅读疗法，不仅有助于公众正确理解图书馆的价值，还能拓宽图书馆的服务范畴，探索在数字化时代图书馆的新兴发展路径。

三、阅读疗法宣传推广的可行性

（一）阅读疗法的优势

阅读疗法展现了其在心理健康领域独特的优势，使之成为一种易于被广大读者（包括患者）接受的治疗方式，从而简化了推广过程。这种疗法的主要优点包括：成本效益高、操作简易且响应迅速。图书和期刊资源随时可供借阅，尤其随着数字资源的普及，使得获取心理健康信息不受时间、空间限制，同时大幅降低了传统心理咨询的费用；阅读疗法契合了中医"预防胜于治疗"的理念，实现了预防和治疗的一体化，既能针对疾病进行干预，也能在无病时强化心理健康，提升情绪调节和自我发展的能力；在医学图书馆中引入阅读疗法，能有效补充患者的心理健康教育，对于尚未设立心理咨询服务的医疗机构而言，这是一种理想的选择；此外，阅读疗法的研究成果及其在某些机构中的成功实践，为进一步推广这一疗法提供了坚实的理论与实践基础。

（二）图书馆的优势

图书馆作为阅读疗法宣传推广的核心实体，因其独特的优势而成为此项活动的理想场所。这些优势包括：（1）图书馆向所有人开放，提供一个隐私保护良好、尊重自尊、不泄露隐私的阅读环境，让参与者在宣传期间感到轻松且易于接受。（2）拥有涵盖心理学、文学、艺术等领域的丰富书籍资源，以及中外文数据库，为阅读疗法提供必要的知识支持，并帮助参与者获取与自身状况相关的最新医疗和康复信息。（3）图书馆提供的宁静而温馨的阅读环境，对于心理疗愈尤为重要，这种环境能帮助放松心情，受到参与者的偏爱，以期达到更佳的治疗效果。（4）图书馆聚集了一批经过专业培训、知识渊博、具备优秀工作态度和沟通技巧的图书管理专业人员，确保了阅读疗法宣传、推广与实施的成功。（5）位于医院内的医学图书馆能够便利地与医生建立联系，便于在医生和患者间宣传推广阅读疗法，并在实施过程中及时调整治疗方案，促进患者的迅速恢复。

（三）现代信息技术的有力加持

阅读疗法的顺利推广也得益于先进的计算机和网络技术支持。当代社会进入了新媒体时代，数字化技术的便捷性为人们所共赞。通过建立在线平台、虚拟社区、论坛、聊天室、博客等多样的互动形式，这些技术的应用使得阅读疗法的推广更为多元化、有效。这不仅赋予了阅读疗法新的活力，还突显了其前瞻性和时代感。同时，这些技术打破了传统宣传的局限，从而在空间和时间上扩大了阅读疗法宣传推广的范围，使其覆盖更广泛的受众。

四、阅读疗法宣传推广的目标

阅读疗法宣传推广的目标旨在通过全面的策略和措施，提升公众对阅读疗法作用与价值的认识，促进其在提高个体心理健康和生活质量中的应用。增强社会各界对阅读疗法的认知，明确其在促进心理健康、减轻心理压力、提升生活质量方面的重要作用。通过教育和宣传活动，向公众普及阅读疗法的基本理念、操作方法及其在日常生活中的应用，解答公众关于阅读疗法的疑问，消除误解。激发和培养公众的阅读兴趣和习惯，尤其是对有益心灵的文学、心理学和自助类书籍的阅读，促进个体通过阅读实现自我成长和自我疗愈。促进图书馆、教育机构、医疗机构、社区和家庭等社会各方面建立阅读疗法支持系统，为公众提供方便可及的阅读资源和心理健康支持。推广多元化的阅读材料，推广包括纸质书籍、电子书籍、有声读物在内的多种形式的阅读材料，满足不同人群的阅读偏好和需求。促进专业交流与研究，鼓励和支持阅读疗法的专业研究与实践交流，通过学术研讨会、工作坊、出版物等形式，分享阅读疗法的最新进展和成功案例，提高阅读疗法的专业性和有效性。推动政策支持，争取政府和相关部门的政策支持和资源投入，将阅读疗法纳入公共健康和教育促进的战略范畴，确保其可持续发展。通过实现这些目标，阅读疗法宣传推广旨在构建一个全社会参与的、支持心理健康的文化环境，使更多人受益于阅读的疗愈力量，共同促进社会的心理健康和文化繁荣。

五、阅读疗法宣传推广的原则

阅读疗法的宣传推广是一项复杂的、艰巨的工作，没有固定的工作模式。在宣传推广过程中会因推广主体、推广对象以及推广环境的不同而有千差万别的变化。但万变不离其宗，无论是何种情况，进行阅读疗法的宣传推广都要有科学的指导，应遵循以下6个原则：

（一）系统性原则

系统性原则强调阅读疗法宣传推广应作为一个整体系统来规划和实施，确保活动各环节相互关联、协调一致，形成合力。制订全面的阅读疗法推广计划，涵盖目标设定、资源分配、活动安排、评估反馈等各个方面，确保计划的全面性和可执行性。将推广计划细化为可操作的步骤和阶段，每一步骤都有明确的目标和执行标准，确保整个推广过程有序进行。充分整合图书馆资源、人力资源、技术资源等，避免资源浪费，提高宣传推广的效率和效果。建立有效的监测机制，对推广活动的进展和效果进行实时监控，及时调整策略，确保推广活动符合预定目标。

（二）创新性原则

阅读疗法宣传推广活动不能千篇一律，而应在形式、内容和技术手段上有所创新，尤其是对细节问题的把握更要遵循这一原则。阅读疗法宣传推广的内容和形式应立体化、多样化，有时甚至可以借鉴商业化活动运作模式。比如宣传资料的制作、展览以及讲座的筹划和组织，都要以方便宣传对象、满足宣传对象的需求为目的，突出特色和创新性；在推广媒介上，要充分利用现代化技术手段，引入Web3.0技术，体现阅读疗法推广工作的时代创新性。此外，创新还指推广主体服务方式的创新。在工作过程中，阅读疗法宣传推广人员要善于打破常规，借鉴其他领域的理念和服务模式（如营销理论和学科馆员服务模式），积极创造机会向更大范围的人群宣传推广阅读疗法。

（三）协同性原则

协同性原则强调在阅读疗法宣传推广过程中，不同主体、不同渠道、不同形式的活动应相互配合、相互支持，形成协同效应。跨部门合作，促进图书馆、教育机构、医疗机构、媒体等不同部门之间的合作，共同推进阅读疗法的宣传推广。鼓励社区和家庭参与阅读疗法的推广活动，形成从顶层到基层、从专业到生活的全覆盖推广网络。利用传统媒体和新媒体的各自优势，进行信息共享和内容互动，扩大宣传推广的覆盖面和影响力。汇聚心理学家、文学家、医学专家等不同领域的专业人士，为阅读疗法的宣传提供专业支持和咨询服务，提高内容的权威性和专业性。遵循协同性原则，不仅能够保证阅读疗法宣传推广活动的有效性和连贯性，还能最大限度地发挥各方资源和优势，共同促进阅读疗法在社会中的普及和应用，进而提升公众的心理健康水平和生活质量。

（四）层次性原则

阅读疗法宣传推广的层次性主要是指宣传推广服务的层次性。如前所述，阅读疗法推广的对象广泛，广义上包括所有人群，不同服务对象的需求有不同的侧重点。因此，在进行宣传推广时，应区别对待不同类型的服务对象，注意其年龄、性别、知识背景、身体状况等因素，针对不同人群，根据其不同需求，制订出不同的宣传推广方案。此外，作为宣传推广活动主体的图书馆发展迅速，各项服务不断推出，也为系统全面、层次分明、重点突出地推进阅读疗法的宣传和推广工作提供了保障。

（五）多样性原则

内容多样化表现在阅读疗法的宣传推广内容应涵盖各类文献和材料，包括但不限于文学作品、心理学书籍、自我帮助指南等，以满足不同读者的需求和兴趣。利用多种传播渠道进行宣传推广，如传统的图书馆阅读会、讲座，以及数字平台上的博客、社交媒体帖子、在线研讨会等，确保信息能够覆盖到更广泛的受众。结合实体书籍展览、互动式工作坊、经验分享会、专家讲座等多种形式，丰富阅读疗法的宣传推广活动，增加参与的趣味性和互动性。阅读疗法的宣传推广应关注不同年龄、性别、职业、文化背景的群体，设计符合各个群体特点的推广策略，以实现全民覆盖。

（六）长期性原则

阅读疗法宣传推广是一个长期的过程，需要持续不断地进行，以保持公众的高度关注和参与热情。定期更新宣传推广的内容和活动，引入最新的研究成果和实践案例，保持阅读疗法的新鲜感和吸引力。定期对宣传推广活动进行评估，收集参与者的反馈，以便及时调整和优化策略，确保宣传推广活动的有效性和针对性。保证阅读疗法宣传推广的持续性需要稳定的资源支持，包括财政投入、人力资源和物质资源等，确保活动的质量和影响力[56]。遵循长期性原则，能够确保阅读疗法宣传推广活动的广泛性、有效性和持续性，从而更好地促进公众的心理健康和阅读文化的繁荣发展。

六、阅读疗法宣传推广的媒介

（一）宣传推广媒介的分类

阅读疗法宣传推广所采用的媒介和大众传播媒介一致，主要有印刷型媒介和电子型媒介两大类。印刷型媒介即第一传媒，包括传统的期刊、报纸、宣传册、橱窗、展板等；电子型媒介包括第二传媒（广播）、第三传媒（电视）以及第四传媒（网络）。还有学者提出"第五媒体"的概念。"第五媒体"又称新媒体，它是新技术支撑体系下出现的媒体形态，包括数字杂志、数字报纸、数字广播、手机短信、移动电视、桌面视窗、数字电视、数字电影、触摸媒体等媒介形式。但仔细分析其内涵，我们认为"第五媒体"应该包括在第四传媒的概念范围内。

（二）宣传推广媒介的特点

媒介在宣传推广阅读疗法的过程中发挥着关键作用。不同媒介具有不同的特点，媒介的规模、媒介传播时间的连续性和持久性以及媒介传播的内容都是影响宣传推广效果的因素，因此，在阅读疗法宣传推广中不同的媒介会产生不同的效果。只有充分发挥各种媒介的优势功能，才能使阅读疗法的宣传推广工作更加有实效。这就需要我们在制订宣传推广方案时全面熟知各种媒介的功能特点，有针对性地加以选择、利用。

1. 第一传媒（纸质媒介）

传统的纸质媒介是应用历史最悠久的一种媒介类型，它比较符合读者的阅读习惯，有较强的阅读自由度，而且易于保存信息，便于信息的深度传达；但由于其存储介质的限制，这类媒介存储信息量小、时效性差，更缺乏与读者的互动，用户对信息的获得还要受到时间和空间的限制（如图书馆内的展板、橱窗等，只有到馆才能看到）。

2. 第二传媒（广播）

这类媒介是听觉媒介，它具有传播迅速、信息量大、覆盖面广、时效性强、可移动收听、收听成本低廉等优点；但其信息不易保存、可选择性差，听众对信息的理解容易产生歧义。

3. 第三传媒（电视）

电视（指数字移动电视之前的普通电视）作为一种普及的、广为大众所喜爱的媒介，在信息的传播中发挥了举足轻重的作用。它提供给观众声音加图像的二维信息资源，与第一、二传媒相比，具有信息量大、生动活泼、受众范围广等优点；不过电视的宣传信息仍然不易于保存，其节目受时间的限制，也不能实现与观众的互动。

4. 第四传媒（网络）

这一媒介是产生最晚但应用范围最广的媒介。它的时效性最强，信息量最大，信息的形式集图、文、像、声音等多种功能于一体，突破了时间和空间的限制，可有效地实现与用户之间的双向互动；网络媒介的宣传和推广需要有网络传播方式作为技术保障，还要注意网络安全等问题。

综上所述，各种宣传媒介都有自己的特点和一定的适用范围，但无论哪一种媒介，其功能都在于传播信息、引导舆论、教育大众，这与阅读疗法宣传推广所希望达到的目标一致。我们在选择宣传媒介时，应将宣传内容和各种宣传媒介的优缺点综合起来考虑，联合应用。

第三节　阅读疗法在大学生团体辅导中的应用

如今的大学生面临着空前的挑战和压力，他们因社会经验有限和人生经历较浅而常常无法准确地自我认知和定位，学习生涯中不可避免地会遭遇多种心理难题和烦恼，这些问题严重威胁到了他们的心理健康。当前，广大大学生普遍面临着社交障碍、情感问题、学习厌恶、性别认同困惑、职业发展压力、自我价值低落、焦虑感、孤独感及缺乏明确的人生目标等心理挑战，这导致部分学生陷入自卑、抑郁、孤立和焦虑的困境中。因此，高等教育机构的心理健康教育工作受到了社会各界的高度重视，寻求有效的心理健康教育方法以增强大学生的心理健康成为当务之急。阅读疗法，作为一门融合医学、信息科学、心理学和图书馆学等多学科知识的交叉领域，通过精心挑选阅读材料和提供指导性阅读，助力大学生克服心理难题，预防心理健康问题的发生。高校图书馆，凭借其丰富的藏书资源和优越的环境条件，一直在探索如何发挥其教育功能。在高校图书馆开展阅读疗法服务，不仅扩展了图书馆的教育功能，而且与学校的心理健康教育工作相互配合，有效弥补了当前及未来一段时间内高校心理咨询资源的不足。

一、阅读疗法助力大学生心灵成长

在当前社会环境下，大学生面临着多重压力，从社交难题到职业规划的焦虑，这些挑战频繁地考验着他们的心理承受能力。很多学生在这一过程中可能会经历自我价值的怀疑和心理健康的波动。与此同时，大学生心理健康教育成为社会关注的焦点，探索有效的心理支持方式显得尤为重要。阅读疗法，作为一个跨学科的领域，通过精选读物和导向阅读，为大学生提供心理疾病的预防和干预手段，已经成为心理健康教育的有力补充。

（一）主要方面

1. 深化自我认识与增强自我接纳

古希腊哲学中有句格言："认识你自己。"在快节奏的社会生活中，人们往往忽视了对内心世界的探索与认知。通过阅读，大学生能够深入探寻自我内心，更清晰地认识到自己的需要、优势和局限，进而接纳自我，构建积极的自我形象。

2. 培养自我价值与自信心

自我价值感的培育对于心灵的成长至关重要。通过阅读历史、传记、哲学等领域的作品，大学生能够从中汲取力量，增强自信心，为面对未来的挑战打下坚实的基础。

3. 提升共情能力与沟通技巧

共情，即能够理解并感受他人的情感，是构建健康人际关系的基石。通过阅读，学生能与书中人物产生情感共鸣，理解不同的人生观和价值观，从而在现实生活中更好地理解和沟通他人。

4. 促进人格完善与生命价值的实现

人格的完善和生命价值的实现是每个人追求的目标。阅读不仅能拓宽视野，还能促使个体反思自我行为和思想，进一步完善个性，实现生命的更大价值。

高校图书馆作为知识和文化的重要载体，通过开展阅读疗法服务，不仅扩展了其教育功能，还为大学生提供了丰富的心理健康资源。这种服务既补充了高校心理咨询资源的不足，又为大学生的全面发展提供了支持，是心理健康教育中不可或缺的一环。

(二) 机理

1. 认知重塑

认知是个体获取和处理信息的心理过程，构成智力发展的核心。阅读活动不仅是认知结构的构建过程，而且是培育智慧的关键途径。通过阅读，读者吸收书中观点，重塑认知模式，从而调节对事物的看法，平衡情绪，改变应对策略。阅读疗法实际上融入了认知治疗的元素，其中ABC理论解释了认知、情绪、行为之间的相互作用：认知影响情绪，情绪指导行为。读者通过阅读，调整对人和事的认识，有效管理情绪，引导积极行为。

2. 情感拓展

情感是个体对认识对象的态度和内在体验。阅读提供了一个重要途径来丰富情感。当前教育中存在对情感培育的忽视，而成长为一个情感丰富的人是基本人性需求之一。在社会对情感教育关注不足的背景下，通过阅读挖掘文学作品中的情感价值，读者可得到情感上的滋养，促进情感健康和谐发展，通过情感共鸣达到认知领悟，进而实现人格提升。

3. 意志培养

意志反映了人的主观能动性，不仅包括对世界的认识和情感体验，还涉及有目的、有计划地转变世界的能力。意志力的作用让我们在情绪泛滥时能找到合理的释放方式，在情绪消沉时能自我鼓励、坚持下去。当前一些大学生在遇到挑战时易感到无力，甚至采取极端措施。针对大学生加强意志力培养刻不容缓。阅读，特别是挑战性阅读，要求较强的意志力以完成任务，尤其是深度阅读需求更高的毅力。同时，通过接触经典和伟人传记，大学生能够接近伟大的心灵，被其品格所感染，被其行为所激励，建立正面的人生观和积极的行为动力。

二、阅读疗法应用于大学生全人格教育

全人格教育的理念肇始于20世纪初，由教育家林砺儒先生提出，教育即人格成长，而且是完整的人格成长。全人格教育的核心表现为通过构建知识间的关

系，培养人格的完整发展，实现人与自我、人与他人、人与社会的和谐。

（一）关怀生命人格的阅读疗法理念

关心他人并以专业知识回馈社会是阅读疗法研究的终极目标。在高校阅读疗法服务中，关怀与引导大学生思考生命与人格是其出发点。针对帮助大一新生适应大学环境及规划学业生涯的需求，《读大学究竟读什么》《做最好的自己》《今天怎样上大学》等著作提供了指导，让新生在校园中感受到温暖与支持。当大学生在学业或生活中遇到困难时，阅读疗法服务不仅提供周到细致的支持，还传递富有哲理的信息，并耐心热情地与大学生交流。通过将文献内容与大学生的心理状态相结合，建立知识链接，引导他们从阅读中汲取力量，战胜抑郁、孤独、焦虑、自卑等负面情绪。同时，交流场所的布置也十分重要，温馨舒适的环境、有序的书架，以及墙面上的励志语录和治愈图画，为大学生提供了一个安心倾诉的空间。阅读疗法服务通过这种温馨的氛围和个性化的交流方式，传递着"人性的完整与仁爱"的理念，抚慰着大学生的内心，让他们感受到深深的认同与归属。因此，很多受益者也成为阅读疗法社团的骨干成员，他们乐于回馈社会，帮助他人，将关爱与奉献作为自己的一种生活方式，从而在大学生群体中形成了爱的连锁效应。越来越多的人在这种互助与奉献中感受到了人性的无私与奉献的快乐。

（二）创建内涵丰富的阅读疗法学生社团

组织成立一个以图书管理员、心理顾问、学生服务人员、学生组织领导、特邀讲师以及学生领袖等为核心成员的多样化学生团体，对于利用阅读治疗手段进行大学生的全面人格培养扮演着至关重要的角色。在2006年，泰山医学院便迈出了这一步，创立了专门的阅读治疗研究部门，并聘请了全职的阅读治疗专家。这个团队专注于开发定制的阅读材料，旨在帮助学生明确人生方向、治愈情感伤痛、克服自卑和社交障碍、减轻就业压力、缓解抑郁情绪、解决孤独和痛苦、消除恐惧和自杀念头。通过举办读书分享会、心灵吐露会、演讲比赛、周末电影夜、书评和影评活动等，这一举措旨在培育大学生的心理健康和促进其全面发展。继泰山医学院之后，华北理工大学、江苏大学和郑州大学等院校也纷纷跟进，成立了类似的团体。这些活动不仅有助于提升学生的心理素质，还激励他们的意志力和创新能力，为他们营造了一个积极的成长环境。通过参与阅读相关活动，学生不仅能够提升自己的文化素养，还能在交流互动中学习他人，增强自己的沟通和社交技能，这对于和谐地融入社会和环境至关重要。阅读疗法注重在共鸣、净化和领悟三个层面上的深入体验，是一种从心灵触动到深刻理解的阅读过程。在这样一个充满友爱、亲密、热情和信任的社团环境中，大学生能够更好地发挥主体性，自主学习和自我发展成为现实。

（三）构建基于阅读疗法的大学生全人格素质指标体系

基于阅读疗法的大学生全人格素质指标体系主要分为心理素质、科学文化素质和思想品德素质三大部分，其中心理素质最为重要。人格是个性心理的总和，心理素质的全面发展是将大学生塑造成为完整个体的关键。高校阅读疗法服务团队通过调查大学生的心理需求，引领大学生通过深度阅读实现环境适应、自我认知、人际交往、挫折应对、个性完善、情绪调控等一系列的素质养成。伴随国家"全民阅读"战略的推广，阅读疗法在阅读推广的大军中独树一帜。引导、辅导、教导大学生以阅读调节心理的过程同时也是有效推广阅读，从科学文化素质、思想品德素质两方面帮助大学生形成完整人格的过程。每读一本书都是通过文字和作者对话，用心感受主人公的遭遇的过程。在阅读中，大学生能潜移默化地建立起正确的"三观"，增加自己的知识储备，提升自己的语言使用、理论联系实际的能力，进而能以创新意识和人文精神发展兴趣，完成自我健全人格的塑造。

（四）阅读疗法立体化运作模式是全人格教育的路径

1. 媒介多维化

在构建大学生全面人格发展的阅读疗法指标体系中，该体系被细分为心理素养、科学与文化知识以及思想道德三个核心领域，其中，心理素养的培养尤为关键。个体的人格实质上是其内在心理特质的集合，而心理素养的广泛提升是塑造学生成为一个圆满人格的决定性因素。通过对学生心理需求的细致调研，大学阅读疗法项目旨在引导学生通过精读深入地适应环境、增强自我认识、优化人际互动、有效应对挫折、完善个性特质及管理情绪等多方面素质的培养。

随着国家对"全民阅读"计划的积极推动，阅读疗法作为推广阅读的一股清流，显得尤为突出。通过引导和教育大学生利用阅读来调节心理状态的同时，也在科学文化知识和思想道德素养方面助力学生塑造一个全面的人格。在阅读过程中，每本书都成为与作者心灵对话的桥梁，使学生能够深切体验到主人公的生活，从而在不知不觉中建立起正确的价值观、世界观和人生观，丰富知识储备，提高语言表达及实际应用理论的能力。进一步地，学生将通过这一过程激发创新思维和人文关怀的精神，培养出一种健全的个人品格。

2. 主体与方法的立体化

在泰山医学院图书馆的倡议下，校领导的有效协调使得图书馆能够与学生事务办公室、学生组织、大学生心理健康教育中心以及宣传部门等共同合作。这一跨部门的合作成功地构建了一个综合性的大学生心理健康教育体系，该体系以阅读疗法为核心，同时融合了音乐疗法、同伴辅导和心理咨询等多元化方法，取得显著成效。经验表明，单一部门或方法难以全面满足大学生复杂的需求。因此，图书馆与其他校内部门的紧密合作，穿梭于不同教学院系，直接将服务带给学生，通过多样化的活动实施，确保了全人教育的深度与广度。

与此同时，创新的服务模式也在不断涌现。例如，天津大学仁爱学院图书馆通过组织唱歌和诗歌朗诵活动，引导学生体验歌词和旋律的治愈力量；山东理工大学图书馆通过情景剧的方式，让学生亲身感受故事人物的情绪变化；湖北文理学院图书馆则指导学生绘制出《论语》中能够安慰心灵的句子。这种灵活且多样的阅读疗法方式受到了广大学生的热烈欢迎，其寓教于乐的特质有效促进了学生的全面成长。

第四节　疗愈视角下的阅读推广案例

从因果关系的学术角度出发，假定某物的存在初由特定原因触发，则其固有本质便会持续体现，始终承担着服务于该原因的角色。远古时代的人类裸露于自然之中，面对极端恶劣的生存条件，常常体验到恐慌、恐惧、无助和迷惑等情绪。在劳作之余，他们还不得不应对天灾人祸带来的重大损失，肉体和精神上的双重打击让人难以承受。在这种背景下，人类开始不断地探问与思考，对依赖的自然环境形成基本的理解和最初的想象，进而孕育出宗教、文学、艺术等多样化的情绪发泄途径，用以表达诉求和稳定情绪。这些途径最终演变成我们今日所称的非物质文化遗产。

2011年颁布实施的《中华人民共和国非物质文化遗产法》明确指出，非物质文化遗产包含了各民族世代传承，认定为文化遗产一部分的传统文化表现形式，及其相关的物品和场所。这包括了传统的口头文学及其语言载体、传统的美术、书法、音乐、舞蹈、戏剧、曲艺和杂技、传统技艺、医学和历法，以及传统的礼仪、节庆民俗等。

在传统口头文学领域，民间故事如恒河之沙，它们不仅反映了民众的社会生活和理想愿景，还是口头文学中最具代表性的一种形式。图书馆作为收集、整理、保存和传播积极信息的中心，积极参与保护非物质文化遗产的任务被视为其神圣职责。尤其是民间故事，作为深受民众喜爱的非物质文化遗产资源，长期以来以书面形式被图书馆广泛收藏。本文以湖北地区的民间故事为例，探讨非物质文化遗产资源的治愈作用，旨在从促进身心健康的视角出发，更有效地保护和传承传统文化，同时也为图书馆的阅读推广活动提供新的思路。

一、湖北民间故事疗愈功能分析

湖北地处中原，是多种地域文化交汇融合的中心地带，被称作"九省通衢"，具有悠久灿烂的历史文化底蕴，非物质文化遗产资源丰富。截至2016年，湖北省公布的省级非物质文化遗产项目第一批98项、第二批66项、第三批106项、第四批56项，其中，民间文学类的项目共41项。在其他非物质文化遗产类别如戏曲、民间音乐及民俗活动中也存在民间文学的因子。湖北各地讲故事的风气十分盛行，民间称为"讲古话""讲瞎话""粉白""说古""日白"等。这些故事世世代代口头流传，古朴而生动，着眼于、立足于现实生活，折射出劳动人民朴素美好的心灵世界，其中蕴含着的丰富人生哲理对民众具有疗愈功能。

（一）叙事形态简练流畅、不受约束，具有满足想象与放松心情的功能

民间故事，以其天然、朴素的语言和纯粹、真挚的情感表达，成为人类文化中最质朴和最感人的元素。这些故事通常结构直白、语言简练，它们的形成并非出自精心构思，而是紧密连接着讲述者及其听众——普通民众，体现了其根植于日常生活并真实呈现生活面貌的本质。它们承载着创作者对生命的深刻感悟和内心世界的丰富情感。通过民间故事的叙述，人们能够直接感受到民众在喜怒哀乐中的真实体验，其质朴无华的叙事风格映射出生活中简单而深刻的道理，既满足了讲述者也满足了听众的情感需求。

《黑暗传》，这部被视为汉族最早的宇宙起源史诗，通过其绚丽的叙事风格，生动描绘了宇宙的形成和人类起源的故事，融合了盘古、混沌、女娲、伏羲、炎

黄二帝、浪荡子等众多神话人物和事件，充分展现了人类早期的激情和自由奔放的情感，堪称古代文化的"活化石"。故事的文风时而接地气至极，如同口头语，时而又显露出文雅，犹如文人墨客的高雅之作，它宛如山间的一股清泉，自由流淌，传递着湖北先民对未知世界的无限探索、丰富的想象力与表现力。在这一过程中，它不仅缓解了人们对于不断变化的生存环境的恐惧，还有效地调节了生活中的压力。

（二）传统民间故事幽默风趣，具有宣泄情感与调节矛盾的功能

"晏子使楚"的史实、"楚之乐人"的记载，以及流传下来的大量民间故事都是在较量中彰显智慧、在竞争中明辨事理、在嬉笑中传播知识。湖北兼具楚地的蛮气和灵气，聪慧精明的民风民俗沉淀出有着鲜明地域特色和民族风格的非物质文化遗产资源。在湖北西部地区，广为传讲的"三佬姨"故事有思想、有包袱、有笑料，是人们娱乐消遣、调和气氛的重要手段。"三佬姨"故事是中国民间广泛流传的有关"女婿"的故事的一种，"佬姨"是鄂西方言，故事讲述了三个人应该平等却又不平衡的关系纠葛，轻松调侃的风格适合劳动间歇的休闲娱乐，因而为群众喜闻乐见。大佬姨、二佬姨家境好，得丈人欢心，而三佬姨家境贫困、不被喜爱，他就常常以劳动人民的乡土智慧和率真机智的语言给嫌贫爱富者和社会上层人物有力的抨击。故事中三佬姨的胜利让生活中的底层弱势群体长出一口气，在阅读中情绪得到释放，宣泄出平时积压于心的郁闷；精神得到解脱，感到愉悦满足；心情得到放松，心态得到调整，不再纠结于社会贫富不均带来的愤怒与忧愁。幽默智巧地表达民众对幸福的憧憬，把严肃的事件活泼化、复杂的问题单纯化、平常的日子诗意化，达到现实与心理的平衡和满足，这是湖北民间故事的共性。

（三）大力宣扬伦理道德，具有传递知识与教育教化的功能

民间故事的叙述和流传，向人们展示了理解世界、顺应自然环境以及掌握生活技能和规律的重要性，同时为人们提供了心灵上的慰藉。这些故事中蕴含的高尚伦理道德观念有助于启迪人心，推广社会公正，成为社会和谐与稳定的关键因素。湖北地区的众多民间故事传递了丰富的思想精髓和卓越的文化遗产，包括尊老爱幼、赞颂爱情、仗义扶危、勤勉无畏、坚持信仰、奖善罚恶等价值观念，以及对精神力量的歌颂，反映了人民对一个安定和谐社会及美好生活的向往，构成

了人类精神文化财富的重要组成部分。

在《和氏璧》中，卞和的故事体现了对真理坚定不移的追求；《董永》讲述了感人至深的孝顺故事；《黄鹤楼》则传达了知恩图报的生活哲学。这类故事引领人们树立崇高的道德观和健康的价值观，激励人们向美好事物努力，为听众提供心灵的慰藉和快乐。通过这些故事的讲述，总结和传播生活经验，像《野人家家》这样的故事虽然与广为人知的《狼外婆》有相似之处，却独具湖北文化特色，其中"外婆"所坐的器物从通常的桶变为反映地方习俗的饭甑；而《早发的魔箭》则结合了湖北特有的山水地貌和风土人情，展现了独特的荆楚风水巫术特色，体现了对现实生活的深刻反思。

（四）讲述方式轻松诙谐，具有加强沟通与促进社会和谐的功能

民间故事的叙述与分享成为劳动群众重要的休憩和团结活动。起初，这是群体在劳作休息时刻聚集在田野之间，用生动而趣味盎然的言辞来减轻体力疲劳的方式，逐渐演变成饭后闲聊时聚在一起，逐步积累并形成了固定的故事文本。在这个"讲述"与"聆听"、"构思"与"评论"的互动过程中，不仅促进了思想的交流，还加深了彼此之间的情感，建立了稳固且紧密的社交网络。此类活动为民众的精神世界带来了丰富多彩的内容，吸引了众多参与者。大家欢聚一堂，轮流讲述故事，即便是日常生活中有矛盾的人，也常在这种愉快的氛围中达成和解。

此外，体现了互助合作、团结友好精神的民间故事层出不穷。例如，《抢爹》中的老汉，他虽生活贫困但乐于助人，在流浪乞讨中仍旧关照他人，如帮忙收拾衣物，发现金银财宝也不私藏，而是慷慨地分享给他人。由于他的善行，最终获得好心的兄弟二人及县官的认可，被视为父亲。同样，《千鸟袍》讲述了猎人殷小正救助小凤凰并与恶皇帝对抗的故事，百鸟为了救他，纷纷贡献自己的羽毛编织成千鸟袍。最后，他与这些鸟儿建立了深厚的友谊。这些故事展现了人与人、人与动物、人与自然和谐共生的美好图景，缓解了湖北民众心理上的压力和情感上的需要，表达了对和美人际关系的追求，起到了解决生活矛盾和调和社会关系的重要作用。

二、疗愈视角下的图书馆非物质文化遗产阅读推广

（一）营造轻松自然的阅读空间，收藏非物质文化遗产资源

随着网络技术的兴起和迅速发展，其已经渐渐取代了图书馆作为获取信息的主要途径。同时，互联网产生的各种"刺激性信息"引发了"碎片化阅读""浅层阅读""轻度阅读"等阅读模式的普遍流行。在这样的新时代背景下，代表着丰富文化传统的民间故事等非物质文化遗产面临生存的挑战，逐渐失去了它们在传统"纸质堆积"中的吸引力。在这种形势下，图书馆应该摒弃对用户的过多限制，转而采取"以用户需求为中心"的服务理念，从"限制"转向"引导"，吸引用户前来体验。

为了保持民间文化遗产的生机，创建一个流畅自由的收藏风格，确保功能区域设置得当、便于用户使用、环境光线与温度适宜，并充满浓郁的文化氛围，变得尤为重要。通过提升阅读环境的舒适度，使用户在一个宁静愉悦的空间中亲近和理解非物质文化遗产资源，这不仅符合现代用户的阅读偏好和资源的独特性，而且能有效地激发用户对图书馆阅读活动的兴趣。毕竟，兴趣是学习的最佳引导。

（二）用经典浸润灵魂，感悟非物质文化遗产资源之美

当前阅读推广的核心策略聚焦于经典作品的推广，旨在从非物质文化遗产中提炼出经典内容，这不仅能吸引用户的关注，还能提升他们的文化素养，并在此过程中促进中国文化软实力的展示。开发疗愈功能这一创新举措，正好满足了网络时代用户对新鲜、独特信息的渴望。顾颉刚先生在20世纪初便强调，我们的"经典"应当涵盖民间文化。非物质文化遗产的经典化有着悠久的历史，《诗经》的民谣、《山海经》和《楚辞》的神话等，被历史学家记录并被文人广泛引用，其生动、富有生活气息的表现方式避免了教条式的传播，而成为中国文学的经典，深受大众喜爱，滋养了中国人一代代的心灵。

民间故事承载着自由、坚韧、乐观、进取的精神，使人们在流畅优美的文字中净化心灵、领悟生活的哲理，进一步体验到传统文化的伟大与美好。这种强烈的民族自豪感激发用户深入阅读相关书籍和文献，这不仅有助于保护和传承非物质文化遗产资源，还促使用户培养阅读习惯，提升阅读技能。

（三）注重体验参与的交流方式，传播非物质文化遗产资源

在推广阅读的过程中，互动交流扮演着关键角色。这与传统的阅读方式——在静谧的书房中，专注而孤独地沉浸于书籍的体验——形成鲜明对比。在专业图书馆工作人员的引导下，倾听、对话和朗诵成为促进阅读疗愈的三项核心技巧。民间故事等非物质文化遗产的传递，正是建立在这些基本原则之上的。这些故事所包含的生动内容、趣味横生的表达和愉快的叙述环境，以及情感的自由表达，共同塑造了我们今天所珍视的非物质文化遗产的审美体验，这些体验对于现代人来说依旧具有重要的欣赏和传承价值。

保存非物质文化遗产的场所已经转变成了一个开放的、综合性的空间，结合了教育科研、休闲娱乐及学术讨论等功能。在这样的环境下，馆员与访客之间可以有组织、有目的地参与到研讨和茶话会式的学习交流中。幽默风趣的故事有助于缓解阅读过程中的疲劳，热情的讨论可以消除学习的疲乏。参与者认真聆听他人的观点，相互评议，激发创意，深化理解，并且可以即兴朗诵传统文化的精华。在这种活泼的氛围中，参与者能够深刻体验到文化的美好，仿佛回到了非物质文化遗产的起源时刻，自然而然地形成了紧密的兴趣共同体，从而加深了对阅读的热爱。

（四）借助情感纽带的教育作用，推广非物质文化遗产资源

亚里士多德曾指出，相比于理智的说服，情感更有力量去触动人心。非物质文化遗产所承载的千年民间智慧，在今天的社会背景下仍展现出其深厚的文化和经济价值。采用叙述故事的形式，能有效地绕过刻板的逻辑推理，通过情感共鸣来建立人与人之间的深层连接，以此传达知识，解决问题，这正是民间故事等非物质文化遗产的独特优势所在。故事内涵的力量是巨大的，它们结合了写实与想象，歌颂了对真、善、美的追求和对幸福生活的向往，覆盖了人生的诸多经验。听故事本身就是一种自我疗愈过程，听众在故事情节的引领下，仿佛置身其境，经历一系列心理反应如共鸣、净化、平衡、启示和领悟，情绪得到调整和安慰，自然而然地吸收了故事中的信息。

在阅读推广活动中，图书馆工作人员不仅需要具备专业能力，还应对读者充满热情，采取积极、全心全意、真诚的态度。通过强有力的语言表达和真挚的关怀，让读者感受到温暖，将他们视为朋友进行沟通和交流。这种减少心理距离的情感服务，无疑会受到读者的热烈欢迎。

（五）开展真人图书的系列活动，传承非物质文化遗产资源

非物质文化遗产被视为一种生动的遗产，其中，传承人扮演着至关重要的角色。他们掌握着由中国先辈们留下的熟练技能和文化传统，成为民间文化的宝贵资源，展现出无限的创造潜力。在阅读推广的活动中，图书馆通过邀请这些传承人参与，组织讲座、对话等直接的情感互动，极大地促进了非物质文化遗产中隐含知识的发掘。对于民间故事而言，通过"真人图书馆"这一形式，恢复了其最原始的传播方式。

在传承人和读者的面对面交流中，分享经验和情感，提供了一种无法通过阅读纸质资料获得的宝贵体验。读者能够直接体验到传承人的语言魅力、情感表达和独特的思想观点。这种互动的环境，允许读者全情投入，聆听"活书"的故事，容易激发情感上的共鸣和思想上的火花，对于深入理解和认识非物质文化遗产极为有效。通过这种形式的活动，不仅传递了文化智慧，还激励了观众与传承人之间的精神共振，显著提升了人们对非物质文化遗产的兴趣。

例如，传承人如孙家香、刘德培和刘德方作为"活书"参与阅读推广活动，成功吸引了众多学者对湖北宜昌地区民间故事的收集、整理、加工和研究，成为图书馆传统文化阅读推广的一大亮点，有效地促进了文化遗产的持续传承。

三、结语

以民间故事为代表的非物质文化遗产资源是人民大众共同创造的文化产物，是一种名副其实的大众文化。德国法兰克福学派理论家列奥·洛文塔尔（Leo Lowenthal，1900—1993）认为大众文化的三个导向性能是"消遣"（distraction）、"逃避"（escape）和"虚构的情感"（borrowed-emotions），这与阅读疗法理论中的"消遣娱乐"、"逃避现实"和"情感发泄"三大特性如出一辙。正如弗洛伊德所说："文艺的价值在于为人类的本能欲望提供了一种合理的宣泄和满足的途径。我们的身上经常存在压抑的作用，而当我们听到天真的言辞，抑制的作用就会骤然解除，从而产生笑。"图书馆深入挖掘民间故事等非物质文化遗产资源的疗愈功能，可以使其在新时代里焕发新光彩，重新赋予其生机与活力，从而延续非物质文化遗产资源的生命力，同时为发扬光大阅读推广工作开拓出新的领域。

第五章
全民阅读视域下的高校阅读推广人

阅读推广人是高校图书馆阅读推广服务的组织者和执行者，阅读推广人的能力及其对阅读推广工作的推动，直接关乎阅读活动的成效。本节结合上海师范大学图书馆阅读推广活动的一些实际案例，从基础综合能力、文献服务能力、新技术应用能力以及学科专业能力等几个方面探讨阅读推广人所应具备的能力素养，进而进一步探讨在这些能力要求下，阅读推广人及其团队的人员构成。

第一节　高校阅读推广人的能力素养及其构成

成功的阅读推广依赖于推广团队的综合能力，这不仅涉及业务和专业技能的高标准要求，但在高校环境中，阅读推广更是一项依靠团队协作的任务。因此，并非每位成员都需全面掌握所有技能；团队中的每个人应各司其职，发挥各自的特长。高校图书馆的阅读推广团队应当具备多样化和多层次的构成，成员不限于图书馆内的专业推广人员，还包括学校各部门的支持人员、学生组织的积极分子，甚至包括赞助商的参与者，通过这样多方面的组合，共同努力完成阅读推广的任务。

一、阅读推广人的能力素养

（一）基础综合能力

首先，有效的阅读推广依赖于推广者的优秀组织和策划技巧。这涉及对阅读推广活动的全面考虑，包括设定具体的推广主题、设计推广活动、制定详尽的进度和预算计划，并进行场地选择与布置的前期准备。其次，推广者需要具备出色的沟通和协调技能。阅读推广活动的成功实施需要获得校内各部门的支持，协调图书馆内部的合作，以及动员学生和教师的积极参与[57]。这一切都要求推广者能够有效沟通，分享图书馆的实践经验，并能创新地将这些经验应用到学校的阅读推广中。同时，推广者还应密切关注国家政策动向、新闻热点，具有对时政和政策变化的敏感度。

例如，上海师范大学图书馆每年举办的读者服务月活动，都会根据学校的教学规划和对文化热点的关注来选择主题，如2016年聚焦于青春成长，2017年专注于诗词推广，2018年突出海派文化。这些主题的挑选及活动的策划反映了阅读推广团队与学校教学规划的协同以及对社会文化趋势的敏锐洞察。在这个基础上，团队策划了包括创新项目和传统项目在内的一系列活动，比如海派摄影比赛、朗读大赛以及阅读达人秀和文化讲座等。这些活动的成功举办得到了学校团委、教务处、工会等部门的大力支持，并基于跨部门的紧密合作而实施。这一过程体现了阅读推广者必须具备的高度综合能力，确保活动策划的实施性和达成既定目标的效果。

（二）文献服务能力

1. 熟悉馆藏资源

图书馆资源的丰富性使得阅读推广的过程实质上是在宣扬自身资源，并通过活动策划引导读者有效利用这些资源。因此，图书馆的阅读推广工作人员的首要任务是深入了解本馆的各项资源，包括藏书布局、规模以及特色等。这样一来，他们才能有针对性地策划和实施活动。

首先，必须全面了解图书馆的资源和结构。以每年开学季为例，我们举办了"探秘Library"活动，设计了多项任务要求学生在图书馆完成。这些任务涉及到找特定阅览室、根据索书号找到指定图书、借还书流程以及熟悉寄包箱、自助复印机等设施的使用方法。这需要活动策划者对整个图书馆的藏书布局、资源种类以及服务类型有全面了解，以确保参与活动的学生在完成任务后对图书馆有初步认识。

其次，需要深入了解拟推广的资源馆藏情况和借阅情况。比如，在进行党史党建资源的阅读推广时，就需要对该类文献的实际需求和借阅习惯进行充分调研，同时分析馆藏图书的结构和利用率。通过分析我们发现，在拥有1万余册的该类型纸质图书中，可外借量不足70%，新书的借阅比例仅15%，且借阅量呈逐年下降趋势。相比之下，期刊方面的数字资源覆盖了全国80%以上的正式出版物，基本能满足读者的阅读需求。因此，我们采取有针对性的措施，如增加可外借图书、补充缺失的藏书、建立专门书架，并向相关部门和学院推送书目和图书，同时制定相应的活动策略，加大数据库的宣传和培训力度，告知师生可以从数据库中获取哪些资源，并鼓励他们使用电子资源。

最后，需要充分了解重点和特色馆藏。图书馆的重点馆藏通常与学校的重点学科密切相关。因此，了解学校的重点学科也就意味着了解了图书馆需要重点建设和推广的资源。然而特色馆藏则是在长期积累中形成的具有一定规模和特色优势的馆藏，如复旦大学图书馆的线装古籍、民国书刊，上海交通大学图书馆的李政道先生特色资源、契约文书，上海中医药大学的中医药古籍以及上海师范大学的古籍特藏、民国文献等。在充分了解重点和特色馆藏的基础上，开展阅读推广工作不仅能组织丰富的资源，还能更有效地服务于学校的学科建设和教学任务。若能对现有资源进行进一步深入挖掘，并制定相应活动，将有助于提升推广活动的品质。

2. 熟练掌握业务

主要资源，用于图书馆的阅读推广活动，涵盖了从传统的纸本书籍到电子资源的广泛馆藏。为了有效地宣传这些宝贵资源，并确保其得到最佳利用，推广人员需深入了解图书馆的各项服务。这些活动不仅包括借阅和归还，还扩展到推荐购买、用户培训、科研信息查询、跨馆借阅以及信息检索等服务。

推广工作从根本上要求推广者对教育机构的课程设置、教学规划及用户需求有透彻的理解，以便在采购资源时，确保所选材料与教学需求紧密相连，最大限度地满足用户对资源的需求。在数字资源的采购方面，推广人员需要了解这些资源的内容及其应用方式，这样才能有效地向用户宣传和提供培训，使用户能够熟练地利用这些数据库资源[58]。除了定期举办的数据库使用咨询和培训会议外，例如上海师范大学图书馆联合校工会每年一次的"青年教工检索大赛"就是一个极好的推广数字资源的实例。通过为此大赛编写的教程，有针对性地对数字资源进行了简明扼要的示范讲解，并且确保比赛内容聚焦于基础的检索技巧，避免出现偏离主题或过于复杂的问题，其主要目的是激发教职工参与的热情，让他们对图书馆的数字资源及其检索方法有一个基本的了解，为将来深入使用打下基础。

至于纸质资源的推广，则依赖于资源建设团队的积极行动。以上海师范大学为例，2017年单年就成功举办了11次书展，这些书展紧扣时事热点，如春节期间举办的以"中国诗词大会"为主题的书展引发了社会对诗词的广泛兴趣；诺贝尔文学奖揭晓后立即举办了以诺贝尔文学为主题的书展；响应国家"一带一路"倡议，推出了相关主题书展；以及"十九大"召开当天举办的同主题书展等，还包括针对海派文化、学术著作、畅销书等不同领域的主题书展。这些书展在形式上也富有创新，基本遵循"即看即借"的模式，所有新书都是未经处理，拆封即可借阅，目的是缩短借阅时间，扩大借阅量，确保读者能够即时接触到最新出版的图书。这种做法已经证明了其效果，如传统文化和畅销书展，图书馆组织的图书约2000册，外借量达到近1000册，借阅率高达50%。这一借阅率是单纯将书籍收藏于书库所无法达到的。

（三）新技术应用能力

数字化时代的到来为大学图书馆提供了推行数字服务的有力支撑。随着数字阅读的普及，阅读形式变得更加多样化，使得高等教育机构的图书馆推广人员需要紧密跟随技术发展的步伐，探索并掌握新兴技术及策略[59]。现代推广策略已经融入了各种新媒体平台，例如微信和微博，然而，还需进一步深入移动联网、物联网、大数据分析、云技术和人工智能等领域的研究与应用中去。只有深入理解和运用这些前沿技术，推广工作者才能超越传统的经验方法，推动阅读推广工作朝着更高效、更精确和更智能的方向发展。

具体来说，物联网技术的应用已经从最初的条码识别发展到能够通过二维码将读者与图书馆的导航服务连接起来。利用这项技术，读者可以通过手机扫描二维码来获取图书馆内的导航服务或参与互动咨询，同时，系统能够根据读者在图书馆内的移动轨迹为其推荐可能感兴趣的图书。大数据技术使得推广人员能够通过数据挖掘技术对庞大的数据集进行分析整理，全面而深入地了解读者的阅读习惯和偏好，为精确地划分读者群体并制定推广策略提供了数据支持。此外，根据读者的专业背景和个性化需求进行定制化的内容推送[60]。云计算技术的引入，为读者提供了一个灵活的阅读环境，使他们能够自主选择阅读材料、安排阅读计划，并在海量的互联网信息中进行有效筛选，支持探索未知领域，激发创新思维。

尽管清华大学、上海交通大学和厦门大学等学府的图书馆已经推出了自己的

APP服务，并且微信和微博等常见社交平台已经被广泛应用于阅读推广，但是云计算和大数据分析等更为高级的技术在推广中的应用仍然受到推广人员技术掌握程度的限制。因此，图书馆的阅读推广人员需要加倍努力，提升自己对这些新技术的理解和应用能力，以充分利用这些技术的潜力，推广阅读。

（四）学科专业能力

对于综合性大学的学生而言，阅读推广领域十分广泛，既包括旨在提升个人素养的广泛阅读材料，也涉及更具专业性的领域特定读物。从文学、艺术、音乐、法学、建筑学、历史学、语言学等广受关注的学科，到古籍、民国时期文献、港台文献等特定种类的文献，均构成了阅读推广的潜在方向。无论目标领域的具体学科还是文献种类，执行推广任务的人员都需要具备相应的学科知识和专业能力。

以海派文化的推广为例，推广者需深入理解海派文化的根源、演进过程、传承方式、核心价值及其标志性人物和作品。在实施系列推广活动之前，通过制作并推送一期专题微信文章——"海尚朗读：海派文学的探索之旅"，旨在帮助读者对海派文学及其背后的文化有一个初步的理解。推文不仅介绍了海派文学的起源和精神内涵，还通过介绍关键人物和代表作品来展示其风采。这要求推广者不仅对"海派文学"有深刻见解，还需要对其发展历程有清晰的梳理，从19世纪末的经典作品到20世纪各个阶段的重要文学作品及其作者，如郁达夫、叶灵凤、刘呐鸥、张爱玲等，都应进行深度探讨。在推广内容中详细介绍这些作品的主题、风格、特色以及它们在海派文学中的地位，以此为读者提供明确的导向，促使他们探索海派文学，并激发参与更多相关活动的兴趣。

当推广的焦点放在特定类型的文献上时，对推广人员的专业要求更为严格。不仅需要他们对选定的文献类型有深入的文献学研究，还要求他们对这些文献的出版历史和数字化进程有详细的了解。以敦煌学研究文献在民国时期的推广为案例，那时敦煌学刚刚起步，学者们主要依靠敦煌资料来探索学科问题，而相关研究成果散见于多种出版物中，未有专门期刊。推广这类文献需要统计和分析发表敦煌学研究最频繁、最集中的期刊，如《燕京学报》《图书季刊》等，同时考虑到民国文献的脆弱性，推广活动不建议直接使用原版，而是应全面调研这些期刊的重印版和数据库检索情况，向读者推荐新版或数字化形式的资源。

二、阅读推广人的构成

传统上，高等教育机构的图书馆通过其内部团队主导阅读推广活动。然而，随着推广活动内容的丰富及其专业化的深化，阅读推广专家需要具备广泛的知识背景、专业的技能，以及在新技术掌握和学科知识方面的高度能力[61]。依靠有限的推广人员或仅仅是图书馆自身的团队，已不足以有效推进阅读推广的各项任务。因此，构建一个多元化和多维度的推广团队变得至关重要。这不意味着每个团队成员必须是全能型的，而是指每位成员应有其独特的专长和贡献。大学图书馆的阅读推广应当结合图书馆专业人士的努力，得到校内各部门的支持，并且与学生组织乃至赞助商的合作，共同推进阅读文化的发展。

(一) 图书馆专业推广人

为了有效开展阅读推广活动，图书馆成立了以图书馆员为骨干的专业推广团队。2018年在上海市高等教育图书馆工作委员会进行的阅读推广调查显示，仅有少数上海市的高校图书馆设立了专门负责阅读推广的部门和专职推广人员，大多数图书馆更倾向于采用兼职的推广模式。上海师范大学图书馆通过多年的实践，建立了一个跨部门合作的专业团队，这种团队模式比单纯依赖专职人员进行推广更能发挥集体智慧和团队的综合优势。在此模式中，资源建设部、展览宣传中心、读者服务部门和办公室等多个部门互相协作，形成了一种分工明确、合作紧密的推广模式[62]。资源建设部和展览宣传中心主要负责策划活动和与校内外组织协调，读者服务部门则专注于与学生团体的接洽及活动的实施。

这种跨部门协作模式最大限度地利用了各个部门的专长和团队成员的个人技能，使得图书馆的每位成员都有潜力成为阅读推广的积极参与者。例如，在推广教育资源时，拥有相关教育学背景的图书馆员可以主导活动的策划；资源建设部门负责与出版商和数据库提供商直接交流，安排书展和数据库培训；读者服务部门直接与学生群体沟通，负责活动的组织和执行；而展览宣传中心在微信推广、微展览制作等新媒体技术应用方面发挥关键作用。这种模式不仅强化了各部门的作用，而且确保了阅读推广活动的有效实施和广泛参与。

(二) 馆外辅助推广人

尽管图书馆为阅读推广精心策划了多样化的活动并准备了吸引人的奖励，但单凭图书馆自身的宣传力度往往难以激发学生的广泛参与和兴趣。因此，成功的阅读推广策略需要图书馆主动寻求与校内不同学生管理机构的合作，例如团委、学生事务部、研究生管理部门、教职工工会等。通过与这些部门的联合通知发布，可以将阅读推广活动提升为校级事件，吸引更多学生的关注；同时，与教学部门和研究生管理部门合作，采用授予社会活动学分的方法鼓励学生参加，有效地将这些部门的成员转化为阅读推广的辅助力量[63]。此外，加强与各学院的合作，让学院辅导员参与成为推广活动的外部支持力量也极为重要。

在实践中，上海师范大学图书馆的尝试显示了合作模式的显著成效。例如，在"抗战文化展"的自制展览中，利用9月新生入学的机会，图书馆与教务处合作，使展览成为新生军训课程的一部分。通过辅导员引导学生参观，展览不仅展示了抗战时期的文化遗产，而且成功传递了抗战文化激发的爱国情感和民族精神，鼓励学生铭记历史，珍视和平。在每年的读者服务月活动中，图书馆与团委共同举办"读书文化节"，其中包括"阅读达人秀""师大朗读者"等大型项目，都得到了团委老师和学院辅导员的大力支持。针对教师群体的活动，如教工检索大赛、阅读马拉松以及教工阅读互助活动，通过与校工会的合作，得到了额外的宣传和支持，活动受欢迎程度显著，有时甚至出现现场座无虚席，老师们排队借阅图书的热烈场面。

（三）学生社团推广人

在历史上，图书馆的专业推广团队虽然设计了许多创新活动并进行了充分的宣传预热，却面临着学生参与度低和参与人数少的挑战，这一问题持续影响着阅读推广活动的效果，甚至减弱了团队的推广热情。

为克服这个难题，我们采取了策略，积极引入校内的学生组织，如学生会、读书协会、英语俱乐部、图书管理协会等，让他们从参与者转变为活动的策划和执行者，成为图书馆推广团队的合作伙伴。例如，读书协会在开幕式上安排了绘本剧和汉服演出，组织了海派主题书展和文化讲座；图书管理协会帮助策划并执行了朗读和摄影比赛；学生会负责阅读达人秀的筹备和现场管理；英语俱乐部则负责组织"陪你读完一本书"的活动。这些改变不仅获得了学生社团的热烈响应，还显著提高了活动的宣传效果和参与率。阅读达人秀吸引了70%以上的学院参与，文化讲座座无虚席，海派微展览的点击量迅速突破200万次，书展上学生排队借书的场面也格外热闹。

通过这种方式，高校的阅读推广活动直接面向学生，利用学生社团的组织力和动员力，以及学生领袖的示范作用，有效提升了学生的参与积极性，同时也大幅扩展了活动的参与范围和深度。

（四）协作推广人

合作伙伴，包括阅读推广活动的赞助商和合作方，在阅读推广中虽然不能严格定义为推广人员，但他们的加入对于确保活动顺畅进行至关重要。例如，在2018年的前半部分，由上海市图书馆学会新媒体委员会策划的"绘声绘色"朗读大赛，获得了博看公司的大力支持。博看公司不仅为各个比赛区域提供了专用的朗读亭，还负责统一的赛事宣传海报设计，并通过微信推广朗读技巧等方式为大赛预热。作为非正式的推广团队成员，博看公司为大赛的成功举办和影响力的扩散贡献了巨大的力量。同时，通过"绘声绘色"朗读亭的使用，学校在推广阅读的同时，也为博看公司的产品提供了宣传平台。

图书馆组织的书展活动，通过与书商合作，利用其丰富的书籍资源和进书渠道，不仅丰富了图书馆的藏书，还为书商带来了更多的订单机会。同样，数据库培训活动充分利用了数据库供应商的培训资源，供应商为了产品的宣传和推广，通常也会主动提出在学校进行使用培训和咨询服务[64]。这种企业与学校的合作模式，实现了双方的互惠共赢，不仅推动了阅读推广活动的顺利开展，同时也为企业提供了展示和推广自身产品的机会。

三、结语

在开展阅读推广活动时，图书馆的主要目标是促进其资源和服务的广泛利用。为了实现这一目标，图书馆工作人员需要具备何种能力，以及如何构建一个有效的阅读推广团队，是关键所在。基于上海师范大学图书馆在阅读推广方面的丰富经验，以下是对这些问题的解答。

推广人员不仅需要具备策划、组织、协调和学习的基本能力，还需要加强对图书馆业务的了解和掌握，包括对藏书的熟悉度、业务技能的精炼、新信息技术的应用以及专业知识的不断更新和提升。在构建阅读推广团队时，关键在于引入多方面的人才，包括辅助和合作推广人员，而不必局限于是否专职或兼职，或是否存在专门的阅读推广部门。因为在能力要求上，即使设立了专职人员，其角色也主要是协调各相关部门的协作，个人难以独立承担所有任务，需要团队的协作和共同努力。从操作层面来看，无论是否有专设的阅读推广部门，阅读推广的任务都需要图书馆内部各部门、学校其他部门乃至校外合作机构的紧密合作，这不是单一部门能够独立完成的任务。因此，强化阅读推广团队的能力建设和优化团队成员的组成，是顺利开展图书馆阅读推广活动的基础和关键。

第二节　高校阅读推广人的角色变迁及启示

随着国家对"推动全民阅读、营造书香社会"策略的日益关注，高等教育机构的图书馆迅速反应，推动了一系列丰富多彩的校园阅读促进活动。尽管如此，目前许多活动还是仅限于组织活动和提供场地的基本层面，迫切需要与时俱进，利用自身庞大的馆藏资源和逐渐完善的知识服务模式，探索阅读推广的新途径和方法。高校的阅读推广工作者是这一变革的中心和关键力量，他们负有推动阅读活动健康发展的重要任务，并且承担着理论上与时俱进，完成自我角色定位的使命。因此，研究他们角色的变化轨迹对于未来阅读推广工作者的角色发展乃至于高校阅读推广工作的整体进步具有重要意义。

一、高校阅读推广人理论及实践现状

通过分析"阅读推广人"作为主题和关键词在中国知网上检索到的文献，我们发现以下趋势：最早的文献发表于2013年，而到了2016年，相关论文的数量急剧增加，这些研究主要集中在阅读推广人的素养结构和培养体系上，且经常关注于公共图书馆和儿童阅读推广人的角色。2015年，由王余光和霍瑞娟主编的"阅读推广人"系列书籍出版，这些书籍在综述现有的理论框架和实践案例的基础上，讨论了许多具体问题，旨在为深入的理论研究和规范化的实践提供参考材料。然而，对高等教育阅读推广人的研究在现有的文献和教材中相对较少，专门探讨其角色变化的研究更是稀缺。

在实践领域，2012年，上海市图书馆学会成立了阅读推广委员会及其下属的大学生阅读推广委员会，通过组织学术研讨、工作交流、案例竞赛、评选活动和案例征集等，推动了上海地区高校阅读推广人才的培养。2014年，中国图书馆学会发起了"全民阅读推广峰会及阅读推广人才培养行动"，紧接着举行了针对高校图书馆的阅读推广理论与实践高级研修班和首届大学生阅读推广高峰论坛等活动，激发了高校图书馆阅读推广人才培养的新热潮。这表明，在高校阅读推广人

才的实际推广中，虽然已经有了一些成熟的实践模式和运作机制，但这些都还处于发展阶段。

二、高校阅读推广人角色变迁的影响因素

角色，定义为社会中特定身份个体所承担的行为期望，每个角色都携带其独有的功能和一套行为规范与模式。高校阅读推广人的行为规范和模式，受到众多因素的影响，其变化路径可追溯和分析。基于主观能动性和"胜任力模型"等理论成果，结合阅读推广活动的相关要素，我们可以从主观和客观两个角度总结影响因素。

（一）主观因素

1. 个性和性格

指个人的行为倾向和性格情绪，涵盖自信、同理心、责任感、忠诚、交流和沟通能力、团队合作、主动性、领导力、服务意识等，这些是个体从出生起逐渐形成的稳定特征，变化不大。

2. 经验和偏好

个人适应社会环境过程中形成的认知偏好和经验积累，如工作经历、国际视野、职业规划等，是个人适应社会环境过程中形成的思维倾向，这部分具有一定的可塑性。

3. 信息处理能力

涉及信息的识别、理解、检索、整合、应用和创新，是通过实践积累并能通过持续学习提高的能力。

4. 知识体系

推广人掌握的计算机、外语、图书馆学、读者心理学等领域的知识，这些知识可以通过目标培训快速提升。

（二）客观因素

1. 推广对象的同质性和稳定性

与一般社会读者相比，高校读者群体在信息素养和知识结构上表现出一定的

同质性和稳定性。

2. 推广对象的专业性和层次性

高校图书馆的专业藏书是选择推广内容的主要依据，不同类型学院的藏书重点不同，反映出内容的层次性。

3. 推广媒介的互动性和移动性

数字化阅读媒介的发展趋势对读者阅读习惯产生了深远影响，为阅读推广方式的创新提供了机会。

4. 推广形式的多样性和趋势性

为吸引更多读者，高校图书馆不断尝试新形式、关注新趋势，如"地铁图书"活动的变体等，有效吸引学生注意。

5. 培育活动的频繁性和系统性

全国高校阅读推广人培育活动的频繁举办，催生了一套课程体系、管理平台、认证模式、师资团队等较为完善的培育机制。

三、高校阅读推广人的角色变迁轨迹

高校阅读推广人员的角色演变，本质上是其角色与校园阅读活动在当代信息技术背景下持续融合的过程。这个演变过程受到了众多因素的影响，这些因素为推广人员镌刻了深刻的时代特征，赋予其更加丰富的含义，展现了角色的多维扩散[65]。通过分析阅读推广人员培养行动和高校图书馆的推广实践案例，我们可以追踪到推广人员角色向协作伙伴、媒介者、支持者以及评价者、内容开发者等多方向的演变轨迹。

（一）从全能角色到团队协作者的转变

随着高校阅读推广活动的演进，它们日益变成了包含众多活动系列和子系列的主题集合。在这个过程中，阅读推广人根据自己的性格、兴趣以及信息处理和知识体系的优势，在自己擅长的领域担任如"活动策划""宣传代表""效果评估"等多样化角色，以分工明确的协作取代了之前对个人全能的期待。在上海市图书馆学会的阅读推广人才培养实践中，采纳了"3+X"的课程体系模型，即通过固定和灵活的课程组合，针对学员的不同需求进行专门化培训，实施个性化的资质评定标准，旨在提升每位成员的专业技能，从而更有效地利用高校图书馆丰富的人力资源，促进团队成员间的协作。

（二）从被动服务者到主动介入者的转变

阅读推广中充满了推广人的主观判断，尤其在推荐活动中，要求推广人从传统服务的被动态度转变为主动提出建议，主动介入读者的阅读选择过程，从简单执行规章制度的被动服务者转变为提供阅读指导的主动介入者[66]。以华东政法大学图书馆为例，针对学生在选择图书时可能遇到的困惑，通过深入的资料调研并结合当前热点，通过馆长推荐等多种方式制定推荐书目，利用展览板、公告栏、网络平台、图书管理系统等多种渠道开展书目推荐活动，将优秀的书目选择建议传递给学生，从而引导学生的书目选择行为。

（三）活动初期的引导者到支持者的转变

根据生命周期理论，将阅读推广活动分为起始和成长的初期阶段以及成熟和再生的后期阶段。在初期，推广人由策划引导者转变为支持读者自行设计活动的辅助者；而在后期，推广人从袖手旁观转变为主动进行自我反省和评价[67]。在华东理工大学图书馆的"读伴计划"中，图书馆工作人员最初确定阅读主题，鼓励学生提出活动方案；随着活动的进展，工作人员转为辅助角色，将重点放在学生自发的阅读互助和分享上；活动的后期阶段，图书馆工作人员总结活动的经验教训，制作电子杂志，记录并评估整个活动的过程和成果，逐步从活动的前台转向幕后角色。

（四）从形式革新者转向内容挖掘者

图书馆的核心价值一直是业界热议的话题，虽然观点各异，但无论是关注读者、服务还是馆藏，内容都是不可分割的核心。推广活动的质量和深度依赖于内容的深度探索。尽管新技术和新媒介为活动带来了新颖的表现形式，但形式仅仅是达到目的的手段，不应成为活动的焦点。推广人员应致力于分析读者的阅读偏好，发掘具有高专业和学术价值的馆藏资源，将师生的注意力从阅读媒介转移到内容上[68]。例如，上海对外经贸大学图书馆通过"放飞心灵，共享青春"系列活动，以心理健康为主题，通过读书会、观影会等方式，为学生提供一个心灵解放、充满活力的阅读体验；华东政法大学则结合其政法学科特色，通过司法案例和学术论文为切入点，举办文献搜索大赛，鼓励学生关注中外文数据库的搜索技能，培养学术研究甚至从法律职业所需的核心技能，实现了基于内容的创新推广。

四、角色变迁的启示

（一）结合角色协作与组织文化，引领阅读风气

提升高校阅读推广人员对角色分工的理解，并利用多样化的评估标准促进角色的有效重组，充分利用推广人员的信息素养差异，积极分析学生和教师的阅读需求。通过挖掘每位成员的独特能力，针对不同的活动提供分级指导。构建校内外多方参与的协作模式，包括与学校不同部门、其他学校区域合作，以及与行业协会和政府机构的跨界合作，以提升协同推广活动的效率。

创建一个健康、积极的工作环境至关重要，推广人员应增强彼此间的认同感和归属感，注重组织文化的培养。面对挑战时，保持积极态度，成为正能量的源泉，通过阅读为读者提供支持和慰藉，不断扩散阅读的影响力和感染力，营造校园阅读文化氛围，成为校园阅读风尚的引领者。如上海大学图书馆在"书香校园，馆员先行"活动中，馆员主动参与征文活动，积极推动健康阅读风气。

（二）结合推广人的主动服务与读者的自主管理，培养独立阅读者

受到高校环境的启发，推广人应从被动的信息提供者转变为主动的阅读指导者，根据实际需求和科学的知识体系，客观审视和精心筛选推广内容。核心在于推广人打破传统的中立角色，将个人意志融入活动之中，而读者自我管理则是让推广人在活动中逐步淡出，保持中立价值观，尽管这似乎与图书馆价值中立性相矛盾，但科学合理的介入式服务实际上能帮助读者解决阅读难题，符合阅读推广服务的根本目的[69]。

通过广泛动员校内资源，将活动主动权交给读者，激励教职员工和学生利用自身专业优势和创造力，自发开展校园阅读推广。同时，依托微博、微信等新媒介不断完善服务方式，实现线上互动与线下活动的有效结合。推广人通过不断探索服务与自我管理的平衡点，在活动中有效地进行引导和监督，逐步将初级读者培养成为能够自主选择阅读材料的独立阅读者。

（三）结合辅助与评估，实现高校阅读推广人的现代角色转变

在活动中，以"读者优先，内容为核心"的理念为指导，强调高校师生的主体作用，推广人扮演连接者、顾问、示范者和补充者的角色，成为教学的助手、科研的协助者、知识的百科。同时，注重活动内容的梳理和评估，从宏观上把握推广方向，微观上关注数据收集，通过基础指标、特色指标和品牌潜力等多维度对活动进行评估。根据评估结果和活动数据，建立案例数据库，逐步向评估专家的角色演变，促使高校阅读推广人在自我定位上完成现代性的转变。

实证图书馆学理念强调，实践效果反馈到实践本身，重视论据性的实践活动，即活动方案需基于科学理论并有充分证据支持。遵循这一理论，结合实践不断寻找新的角色定位，推动高校推广人向辅助和评估的综合角色转变，展现更为丰富的角色维度，形成具有行业价值的角色实践模式和运作机制，引导推广实践向现代性发展。

（四）融合图书馆文化与学术特色，打造专业化、分化的知识体系

阅读推广，根植于公共图书馆传统优势，吸收优秀经验并关注社会热点，已成为高校推广的一股风潮。当前，大学生阅读行为的功利性和娱乐性特点越发显著，迫切需要高校阅读推广人创新思维，弃旧从新，结合本校师生需求和馆藏特色，专注于提炼具有学术深度的资源，深化内容逻辑，将图书馆的文化特色与学术研究相结合，不仅传承文化，还促进学术探索[70]。

针对不同校内群体的需求，推广人从馆藏中筛选出高价值知识内容，形成能够融入阅读和广泛传播的主题集合。引导学生将学习应用于实践，协助教师教学发展，持续优化和丰富知识结构，向更高层次的知识引领方向迈进，建立高校阅读推广人的专业化、分化知识体系。如上海交通大学将图书推荐活动融入致远学院数学系的课程，基于学术资源进行深入合作，展现了将书目推荐与教学相结合的优势，联合教师专业与图书馆员信息搜集的双重优势，帮助学生直接深入学习和研究，有效缩短资源寻找时间和努力，同时促进馆藏资源的建设和推广人知识体系的优化。

五、结语

本文所探讨的角色演变及其启示需要进一步深入研究，并经过实践的验证，

目的是更有效地指导高校阅读推广人的实际工作。通过整合高校图书馆的有序馆藏资源、发达的知识服务体系和培养文化导向的教育力量，基于符合实际工作规律的前提下，不断更新和进步高校阅读推广人的角色理论，使之成为阅读推广理论体系中突出的一部分。同时，不断地推动角色实践能力的逐级提高，这是高校阅读推广人在理论研究和实际应用两方面的共同责任。

第六章
高校图书馆阅读推广活动的基本构成

本章主要论述全民阅读视域下高校图书馆阅读推广活动，主要内容包括高校图书馆阅读推广主体作用的发挥、高校图书馆阅读推广活动的重要前提、高校图书馆阅读推广内容和高校图书馆阅读推广策划，以及上海外国语大学图书馆小而美的阅读推广案例。

第一节　高校图书馆阅读推广主体作用的发挥

高等教育机构中阅读推广的组织与规划依赖于一个有力的组织体系。通常，高校阅读推广的指导由学校的相关机构与部门负责，而图书馆承担着核心的组织和执行角色，学生社团及志愿者团队则是阅读推广活动不可或缺的力量。阅读活动在高校的成功实施，依靠学校各相关部门、图书馆以及学生社团和志愿者的紧密协作，这种合作模式确保了阅读推广活动的主动推进，激发了参与者的热情，有效地利用了图书馆资源，并保证了阅读推广工作的持续性与效果[71]。图书馆作为高校阅读推广的核心力量，占据着至关重要的位置和作用。图书馆在推广阅读活动中的关键作用，主要表现在以下几个方面。

一、建设舒适优良的馆舍环境和阅读环境

（一）高品质阅读环境能够激发阅读兴趣

为读者提供一个舒适和优质的阅读环境对于激发其阅读兴趣具有极大的影响。当读者置身于一个舒适的阅读空间，享受高品质的图书馆环境时，他们会感

受到如同家一般的温馨，这不仅能够促进阅读兴趣的提升，还能增加他们在图书馆中阅读和学习的时间。在一个充满乐趣、舒适和浓厚阅读氛围的图书馆中，学习者往往能够在不知不觉中培养出对阅读的爱好，这正是图书馆创造阅读氛围的重要目标之一。通过精心的布置和设计，图书馆能够成为一个令人向往的空间，激发读者探索知识的欲望。

（二）文化建设与环境优化双轮驱动

高等院校的图书馆应当重视文化建设与环境优化并重，许多经典作品需要读者在静谧中细细品味其深层含义，这样才能真正领会经典的魅力。因此，高校图书馆应当集中精选经典著作，设立专门的经典阅读区域和共享空间，营造良好的阅读文化氛围，进而激发读者的阅读热情。此外，设立专门的阅读交流区域也是必要的，以便读者之间可以方便地分享心得和体会。

（三）营造书香氛围

图书馆环境应该是明亮、宽敞的，可以通过摆放一些复古风格的家具、古典台灯，悬挂名人字画，甚至设置一些盆景来展现自然美景，营造出充满古色古香的氛围。同时，通过适当种植花草植物等美化环境，将精选的书籍放置在易于获取的地方，为读者营造一个充满书香的阅读环境。在这样的环境下，学生的阅读意识和兴趣将得到提升，更容易沉浸在知识的海洋之中。

（四）环球视野下的舒适型图书馆阅读环境建设

全球范围内，众多高校都在努力创建一个舒适的图书馆阅读环境。例如，深圳图书馆通过创建"南书房"服务区来鼓励经典阅读，郑州大学图书馆设立了"经典阅读素质教育"阅览室；国际上，如美国芝加哥大学和英国牛津大学的图书馆均设有专门的文献阅览室，提供固定的开放时间以满足广大读者的阅读需求。

二、制定馆藏发展政策

（一）馆藏发展政策的必要性

图书馆之根本在于其丰富的馆藏资源，这些资源构成了阅读推广活动的基石。缺乏馆藏资源，阅读推广便无从展开。因此，图书馆必须构建一个合理的文献资源配置体系，利用自身的特点和优势，同时顾及读者的阅读偏好，确保在推广阅读时所提供的图书能够满足不同读者的多样化需求[72]。为此，图书馆不仅需要积累高质量的资源，还应该制定和完善馆藏发展的策略。这不仅有助于资源的扩充和优化，还为高校的阅读推广活动打下坚实的基础。

（二）馆藏发展政策的一致性与持续性

馆藏发展政策作为指导图书馆资源增长的战略性文档，对确保馆藏的一致性和持续性至关重要。这种政策有助于实现学校整体发展目标。高校的资源建设应与学校的发展战略相协调，重视构建关键学科的文献资源，并广泛收集各学科的文献，确保学科建设与文献资源的同步甚至超前发展，满足学术研究和学生学习的需求。

（三）制定馆藏发展政策的依据

在中国，尚未在国家级别上制定统一的馆藏发展政策规范。然而，《普通高等学校图书馆文献资源发展政策编制指南》和《普通高等学校图书馆电子文献发展政策编制指南》由教育部高等学校图书情报工作指导委员会提供，为馆藏发展提供了参考。尽管我国在这一领域的国家级规范尚待完善，但该问题在图书馆界并未受到足够的关注。相比之下，许多发达国家的图书馆已将制定馆藏发展政策作为常规工作之一，美国在1993年就有超过70%的高校图书馆制定了具体的馆藏发展政策。

（四）提高馆藏发展政策的重视

近年来，随着研究的加深，中国在图书馆馆藏发展政策的理论探索上已经取得了一些成果。然而，这一领域仍缺乏图书馆界的充分重视和广泛实践。目前，仅有部分高等教育机构，例如厦门大学和武汉大学等，制定了自己的馆藏发展政策，而多数高校图书馆尚未建立起指导图书采购工作的规范体系。鉴于此，各高校应当依据自身的实际情况，制定具有独特特色的馆藏发展政策，旨在为全民阅读提供策略支持，促进读者的阅读进步，引导大众阅读。对于高等院校来说，制定馆藏发展政策是一项关键任务，无论是为了满足教学和研究的需求，还是为了鼓励学生阅读，这都是极为重要的。高校图书馆应当实施需求驱动的采购制度，在选购图书时应全面考虑学科馆员的建议、书商提供的新书目录以及读者的推荐和书评等多方面信息[73]。若经费条件允许，还应重视图书的质量，确保所采购图书的高质量、系统性，以满足读者的多样化需求。

总之，为了有效开展和提升阅读推广活动的质量，高校图书馆需要强化资源建设和整合，不断改善阅读平台。同时，还应努力构建具有明确特色、高质量、突出重点、结构合理的文献资源体系。这既是高校图书馆发展的必然要求，也是高等教育发展的重要方向，目的是实现资源载体与文献形态的协调健康发展。

三、规范借阅制度

（一）建立完善规章制度

诚如古语所言，规矩是秩序和成果的基石。图书馆的实践经验、总结归纳主要体现于其规章制度，这些规定不仅展现了图书馆发展的客观规律，而且构成了读者和馆员必须遵循的行为准则。图书馆的规章制度对于组织和规划图书馆的工作至关重要，能够确保各项职能得以有效实施。显然，图书馆的科学管理基础就是这套规章体系，它还有助于优化图书馆内部关系，激发员工的积极性与主动性，促进创新，同时确保服务质量的提升和图书馆的顺畅运作。

（二）完善专门制度

在读者服务方面，图书馆制定了一系列专门的制度，如完善的借阅系统，包括预约、借阅、召回、续借、逾期罚款、馆际互借和豁免等规定。为了满足读者需求，确保阅读活动的顺利进行，一个有序、健康、便捷的借阅系统是不可或缺的。然而，当前我国的图书馆借阅制度面临一些挑战，因此，我们可以学习国外大学图书馆的借阅系统和规章制度进行优化。例如，美国一些大学图书馆就实施了一套完备的借阅规定，它们在管理上保持一致性，同时展现出明显的特色。虽然这些借阅规定可能看似复杂，增加了管理成本，但它们的优点也非常显著：首先，规定可操作性强；其次，管理措施考虑了人性化，促进了工作人员与读者间的良好关系，并在资源、读者与管理者间形成了良性循环。这些规定的核心目的是以读者为中心，提升文献利用效率。为了贯彻以读者为中心的服务理念，图书馆服务需要更加人性化，使得这一理念更加深入人心，增强了可操作性。

（三）提升制度框架的完整性和标准化

在中国，众多高等教育机构的管理制度展现出许多共同特点，包括图书馆的规章体系。这些规章制度应当追求内容的完整性、格式的统一性、形式的规范性以及语言的标准化，建立起一套全面且一致的制度框架[74]。基于此框架，每个高校图书馆应结合自己的优势和独特性，发展出适合自己特点的规章规范。值得一提的是，目前我国一些图书馆的借阅规定使用了较为刚硬和权威的语言，这可能削弱读者的阅读热情与兴趣。鉴于阅读本身是一项应受到鼓励和尊重的行为，图书馆管理者应通过更加积极和温和的方式来激励和尊重这种行为，同时对读者的不当行为采取适当的沟通方式。

综上所述，图书馆的借阅规定需要保持更新，紧跟时代的脚步，从读者的角度出发，充分利用图书馆的优势，以满足借阅者的实际需求，推出更加人性化的借阅体系。这不仅能够持续提升图书馆的服务品质和水平，还应使图书馆在支持教学和科研方面发挥其独特作用，充分体现图书馆在教育、学术研究和信息服务等领域的关键职能。

四、加强阅读推广的宣传工作

（一）图书馆阅读推广宣传工作的作用

图书馆的宣传活动是其核心职责之一，这对于推广阅读尤为关键。高等院校图书馆的宣传工作主要旨在向读者展示其提供的各项产品和服务。宣传的实施扮演着至关重要的角色：首先，它能够增加文献资源的使用频率。通过向读者介绍图书馆的在线资源和馆藏，作为传递信息的有效渠道，这不仅让读者全面了解图书馆资源，还促使他们深入了解图书馆的规章制度、服务内容及其作用和职责，进而激发他们的阅读兴趣。其次，宣传对图书馆的发展起到了推动作用。通过公开宣传，增强了公众对图书馆重要性的认识，展示了图书馆工作人员的无私奉献精神和专业形象，这有助于提升公众对图书馆工作者的尊重，鼓励社会更加重视阅读，同时增强图书馆工作者的工作热情和荣誉感，推动图书馆向更好的方向发展[75]。

（二）图书馆阅读推广的主要宣传渠道

高等院校图书馆的宣传渠道主要分为三类：一是传统媒体，包括海报、横幅、展览等；二是多媒体渠道，如教育平台、电子显示屏、电视、报纸和网站等；三是社交媒体，涵盖QQ群、社交网络、微博、博客和微信等。高校图书馆应根据自身条件和需求，综合考虑管理和技术水平，选取适宜的宣传手段和渠道，确保宣传的广泛覆盖。同时，在宣传过程中，保证信息的准确性、真实性、可用性、创新性和计划性至关重要。高校图书馆的宣传活动应根据不同时间段和目标群体的需求进行调整，以创造积极的阅读环境，提供创新服务，赢得读者的信任，形成良性的互动循环。

（三）将宣传对象转化为宣传员

高等院校图书馆可以积极邀请大学生加入其宣传活动。在高校环境下，图书馆的主要读者群体为学生，吸纳他们参与宣传活动能极大提升宣传的效果。通过融入学生社团，如学生会或读书会等，高校图书馆能够深入了解读者对图书的反馈，据此制订目标明确的宣传计划。利用学生的网络和口碑，可以有效扩散图书馆的宣传信息，实现优异的宣传成效。

（四）强化自身宣传能力建设

随着外部环境的不断变化，图书馆应持续提升宣传能力，创新服务的质量和水平，以吸引更多学生参与阅读。在宣传过程中，图书馆应重点介绍自身的服务，以满足读者需求。从长远角度看，宣传是图书馆不可或缺且需高度重视的任务。虽然某些图书馆可能会受到人力、财力等限制，影响宣传效果，但仍需寻找突破点，根据自身实际情况策划宣传工作，致力于向读者提供卓越的服务。

五、建立稳定的阅读服务团队

确保高校阅读推广活动的稳定性、连续性和高质量，关键在于成立专业的推广机构和组织一支专业、稳定的服务团队。多数高等教育机构已经认识到这一点，因此在图书馆内设立了专门负责阅读推广的人员乃至部门。为了有效进行阅读推广，高校图书馆的推广人员需要具备以下几个方面的素质：

（一）具备良好的职业素养

高校图书馆的推广人员应该具有卓越的职业素养。这包括对职业的价值观、职业内涵的深刻理解及认同，以及由此衍生出的职业态度。良好的职业素养既与个人的社会道德标准相关，如自我奉献精神和对他人的尊重态度，也受到职业培训、职业修养和个人职业意识的影响。这是开展阅读推广活动的重要基础。

（二）坚守以读者为中心的服务理念

高校图书馆的推广人员应坚守以读者为中心的服务理念。这意味着一切行动都以服务读者为目标，致力于满足所有读者的需求。落实这一服务宗旨，高校图书馆应提供随时可获得的资料、信息共享空间、随时可得的咨询服务、技术支持、馆员的学科深入以及推动科研发展等措施，确保图书馆资源的无障碍利用，打破时间和空间的限制。

（三）充分的知识储备

高校图书馆的推广人员需要具备专业的图书管理知识和扎实的图书馆学及管理学基础。这包括清晰地理解图书馆的基本要素，熟悉图书分类体系，掌握图书馆的工作内容和方法以及明确组织架构。同时，还需了解管理学的相关理论，灵活应用管理原则和方法解决实际问题，有效管理资源、读者和服务团队。

（四）高校图书馆阅读推广人员的能力储备

高校图书馆推广人员的角色涉及多个关键能力，以确保阅读推广活动的效果和质量。这些能力包括：

1. 策划能力、组织能力及评估能力

推广人员需具备出色的策划、组织和评估技能。这意味着能够设计和实施阅读推广计划、预算编制、进度安排、任务分配以及选择和布置活动场所。此外，组织能力表现在确保接待、后勤保障、联络和现场服务与管理工作的顺利进行。评估能力则是在活动结束后，进行效果分析，识别改进点，为未来的活动提供参考。

2. 较强的公关能力

强大的公共关系（公关）技能是必不可少的。这包括适应性、介入性、协调性和控制能力，以及与读者和其他部门有效沟通的能力。了解沟通技巧和原则，把握读者行为和特征，建立与不同读者的稳定联系，进行友好交流。

3. 撰写书评和推荐书目的能力

作为高校的阅读推广者，应该具备的能力之一就是撰写书评的能力，这是推广人应尽的职责，可以对读者服务进行深化，体现推广者的爱岗敬业精神。在撰写书评的时候应该尽可能从各个方面和角度对书籍进行介绍、分析以及评论，如

从思想内容、审美价值、科学水平、政治观点、理论意义和实践意义等角度入手进行评价，这样可以使读者对书籍有一个全面的、系统的认识，明确书籍的主题。

综上所述，高校图书馆不仅是图书资源的仓库，更是引导读者如何阅读的阵地。为了有效推进阅读工作，应当设立专门的阅读推广职位或部门，负责调研读者需求，审视图书馆现状和面临的挑战，寻找解决方案并提供建议。通过建立阅读推广部门，高校图书馆能够更专业、系统地推广阅读活动，增强活动的专业性和程序化。

第二节　高校图书馆阅读推广活动的重要前提

高校图书馆的阅读推广活动主要针对的是师生读者群体。为了满足不同用户的需求，图书馆应当基于详细的研究，开发适合各个目标群体的阅读推广计划。新入学的大学生通常对图书馆尚未熟悉，缺乏明确的阅读目标，他们倾向于通过新书推荐等栏目寻找感兴趣的读物；而对于资深学生，由于他们已经积累了一定的阅读经验和信息检索技能，对于图书馆与学生组织联合举办的专题活动和名师讲座显示出更高的热情。相较于学生，教师具有更高的文化水平和研究深度，他们访问图书馆主要是寻找专业文献，对于阅读推广活动的兴趣较低，他们更加关注于深度的学科服务和研究项目支持。

基于这些观察，高校图书馆的阅读推广主要聚焦在大学生群体上。因此，图书馆管理者必须深入理解大学生的阅读偏好和需求，通过与学生组织的合作，确保阅读推广活动的有效实施。这种对学生阅读特性的认知和对合作机会的利用，构成了成功推广策略的关键基础。

一、识别大学生读者的潜在阅读需求

为了确保阅读推广活动顺畅举行，提升图书馆的持续发展和读者满意度，高校图书馆应深入探究读者的阅读需求。通过收集和分析信息，细分读者群体，并根据不同读者特征实施分层管理策略，图书馆能更精准地满足潜在读者的需求。

（一）大学生的阶段性特征

大学生，既是学习者也是青年，正处于关键的生理、心理，以及世界观和人

生观形成阶段。这个时期的学生展现出独立性和强烈的自我意识，拥有活跃的思维和提升的认知能力。作为学生，他们需要接触广泛的知识领域，深化专业理论学习，增强阅读兴趣，并考虑毕业后的职业发展方向，这些因素共同影响他们的阅读目的和偏好[76]。为培育全面发展的人才，大学教育不仅要涵盖专业理论和知识的系统学习，还要包括科学文化知识的综合学习，以培养学生的知识储备、文化素养和合理的知识结构，使他们成为综合型、创新型、应用型人才。

(二) 大学生不同维度的差异性

在不同学年阶段，大学生的阅读偏好、规律和知识积累表现出显著差异。高校图书馆需认识到这一点，并据此开展针对性的阅读咨询和指导活动。对于刚结束高考、步入大学的新生而言，他们可能因适应新环境而感到迷茫，对图书馆的了解不足，显示出阅读选择的不确定性和随机性，主要阅读动机可能仅仅是休闲消遣。面对这一群体，图书馆应综合考虑上述因素，有效地引导他们融入阅读生活，发现个人的阅读兴趣，学会高效利用图书馆资源，建立正确和明确的阅读动机。

(三) 大学生阅读习惯的动态性演化

通过经历了第一年的学习和生活调整，大二和大三学生已经习惯了大学的学习节奏和阅读模式。这一阶段，他们开始深入探索专业知识，频繁阅读专业书籍以解决学业中遭遇的挑战。此外，积极的阅读习惯有助于他们扩宽知识领域，为将来的职业生涯奠定坚实的基础。面对激烈的就业竞争，一些学生会利用大学时间考取各类职业资格证书，这可能会分散他们对专业学习的注意力，影响专业知识的掌握。为了应对这一挑战，图书馆需与学校内其他单位协作，采取措施鼓励学生加强专业知识的学习，为未来就业打好基础。

(四) 高年级大学生阅读的实用性与目的性

对于即将毕业的大四学生，他们的阅读目标具有明显的目的性和实用性。在这个关键阶段，学生们需要为撰写毕业论文做大量的文献阅读，积累所需资料。同时，部分学生可能会投入研究生考试或公务员考试的准备中，专注于相关考试资料的阅读。基于这些需求，高校图书馆应提供针对性的咨询服务和文献检索服务，满足学生的特定阅读需求。此外，面对就业挑战，图书馆可以举办由就业专家主讲的职业规划讲座，为毕业生提供指导和建议。

（五）基于阅读大数据分析掌握大学生的阅读心理与偏好

图书馆还可以通过跟踪读者的检索记录、借阅历史和浏览习惯，进行问卷调查，深入了解读者的心理状态和阅读偏好。通过分析图书馆论坛上的提问和讨论，图书馆能够精确把握读者的阅读趋势，进而构建针对性和个性化的阅读档案，为读者提供定制化的阅读服务。

二、针对大学生读者的阅读特点提供相应的阅读推广服务

美国哈佛大学教育学专家珍妮·查尔提出的阅读素养"五阶段模型"强调，在大学阶段，学生应进入"构建与批判"的阶段。这意味着学生通过整合新旧知识构建个人知识体系，并持续完善之；同时，批判性阅读使他们能够用已有知识体系审视阅读材料的思想和逻辑，吸收精华、剔除糟粕，从而提升个人修养和素质。

（一）大学生群体阅读目标选择的迷茫性

在这一发展阶段，大学生显示出寻求知识的强烈愿望和对新奇事物的好奇，但这种特性有时会使他们在选择阅读材料时感到迷茫。长期以来，阅读习惯倾向于实用性，限制了他们的思维广度和视野。加之专业知识的局限，缺乏深度阅读的能力，导致在阅读时无法进行深层次的理解和思考。当前，许多学生偏向于碎片化的网络阅读，尽管他们认识到阅读的重要性，却缺乏持续的阅读动力，使得阅读行为不够主动。

（二）大学生群体阅读视域的有限性

普遍而言，大多数学生的阅读范围相对狭窄，通常只选择个人感兴趣的书籍，而忽略了那些不感兴趣的经典和专业文献。这个阶段的阅读特征还包括随机性和盲目性，缺乏明确的阅读目标和良好的阅读习惯。互联网的普及使得大学生更倾向于轻松理解和篇幅较短的网络文学，即所谓的"轻阅读"，这种阅读方式虽然便捷，但难以有效提升阅读深度或增强思考能力。

（三）高品质阅读指导与咨询服务供给

在当前背景下，大学生的阅读状况显示出一些挑战，包括有限的阅读范围、

较低的阅读量、明显的阅读目的性、对网络阅读的偏好、对纸质阅读的忽视以及阅读内容趋向于快餐化和低俗化。这些趋势限制了大学生深度阅读和阅读兴趣的培养，可能导致他们对阅读失去热情。尽管存在这些问题，许多学生仍然意识到阅读的价值，对提高自己的阅读技巧和素养抱有高度的期望，并且希望通过包括专家辅导在内的多种途径来增强自身的竞争力。鉴于此，高校图书馆在推广阅读时应主动探索有效的解决策略，为不同背景和兴趣的读者提供定制化、科学和个性化的阅读指导及咨询服务。

（四）策划组织趣味性活动吸引大学生群体积极参与阅读推广

图书馆可策划和组织各种能引发学生兴趣的活动，通过招募热爱阅读的学生参与阅读推广活动，利用学生群体的特性进行有效的推广和宣传，这种方法的好处包括但不限于以下几点：学生阅读推广者能够缩短与其他学生的距离，使用共通的语言，对大学生的阅读需求有更深刻和具体的理解；通过活动参与，更多学生能够深入了解图书馆及其资源，从而增加大学生对阅读的兴趣；学生推广者通过自己的实践行为影响和激励同伴参与阅读活动，从而提高阅读推广活动的整体效果[77]。总之，图书馆应采用灵活多样的方式来激发学生的阅读兴趣和参与度，促进一个更加积极和丰富的校园阅读文化。

三、图书馆与大学生社团合作共促阅读推广

高校图书馆推广阅读的策略通常采取活动组织的形式，其核心目的在于通过影响学生的阅读选择来激发其阅读兴趣。鉴于图书馆资源及人力的局限性，有效地扩大阅读推广活动的范围和深度就显得尤为重要。在这种情况下，学生社团成为图书馆一个理想的合作伙伴。

（一）大学生社团的多维能力构成

学生社团，以其丰富多彩的活动、内容的多元化以及独有的组织结构，成为校园中一个生机勃勃的群体。这些社团不仅为学生提供了展示自我、发展兴趣的平台，还成为高校图书馆推广阅读的有力支撑。通过与学生社团建立紧密的合作关系，图书馆能够深入了解学生群体的内心世界、阅读偏好及期待，从而提供更加个性化、针对性强的阅读指导和服务。

举例来说，一项针对大学生阅读习惯的调查研究显示，大多数学生偏好于阅

读与其专业或兴趣相关的书籍，但往往因为信息获取渠道有限或不知如何选择合适的阅读材料而感到困惑。此时，图书馆通过与文学社、科技创新社等学生社团的合作，可以根据社团成员的专业背景和兴趣爱好，推荐相应的书目和资源，同时举办主题阅读会、作家讲座等活动，引导学生深入阅读，拓宽知识视野。

（二）大学生社团高品质的信息反馈

社团成员在参与图书馆组织的阅读推广活动中，能够将自己的阅读体验和建议通过社团反馈给图书馆。比如，某社团成员在参加图书馆举办的"经典文学作品深度解读"系列讲座后，建议增加更多关于世界文学的内容，以满足广大文学爱好者的需求。图书馆据此调整活动内容，增设"世界文学巡礼"专题，受到了广泛欢迎。这种互动不仅丰富了图书馆的阅读推广活动，还让学生感受到自己的意见被重视，从而更加积极地参与到阅读和图书馆活动中来。

通过这样的合作模式，图书馆不仅能够准确把握学生的阅读需求，还能够根据学生的反馈不断优化和调整阅读推广活动，确保活动内容的新颖性和吸引力，提高图书馆服务的质量和效果。这不仅促进了图书馆与学生社团的良性互动，还为构建校园书香氛围、培养学生的阅读兴趣和习惯提供了有力保障。通过这种方式，图书馆的阅读推广工作能够更加深入人心，实现阅读文化在校园的广泛传播和深入发展。

在这个互动过程中，学生社团扮演着连接桥梁和沟通纽带的角色，使得图书馆能直接洞察学生的实际需求，而学生也能通过社团将自己的想法和感受传达给图书馆，促使图书馆服务得以优化和提升。这样的合作模式不仅促进了图书馆服务的创新发展，还为构建一个更加活跃和富有成效的校园阅读文化奠定了基础。

（三）阅读服务需求与供给之间的桥梁作用

合作于高校图书馆和学生社团之间建立了桥梁，加深了图书馆对学生阅读偏好的理解，从而更加精准地服务于学生群体。图书馆借助学生社团的力量，不仅能够促进读者之间的知识分享和交流，还能够激发学生的阅读热情，提高他们的文学素养，同时吸引更广泛的学生参与，逐步改变当前学生群体的阅读态势，促进校园内广泛传播阅读的正能量[78]。此外，学生社团通过与校内外的组织建立合作，形成了强大的阅读推广网络，有助于营造积极向上的阅读文化氛围。学生社团的参与不仅使阅读推广活动更加生动有趣，还能通过其成员的积极传播作用，鼓励更多学生加入阅读中来，进一步扩大阅读推广的影响范围。为此，高校图书馆应当给予学生社团充分的支持和认可，赞赏其在连接图书馆与学生群体中发挥的桥梁作用，同时优化和完善推广活动，与学生社团共同成长，实现互利共赢的局面。

在推广阅读的过程中，大学生社团承担着不可或缺的角色，作为校园文化的重要组成部分，每个社团都代表着校园文化的一个独特面貌，而每位参与者都是活生生的阅读推广者，是图书馆珍贵的资源。对于这些充满活力的社团，高校图书馆应该给予足够的重视和支持，通过组织多元化的阅读推广活动，利用学生社团的自我驱动力和创新能力，共同工作于提升学生的阅读兴趣和习惯，共同致力于改善和提升校园阅读文化。

四、建立大学生读者阅读激励机制

在现代社会，互联网和数字媒体的迅猛发展对大学生的阅读习惯产生了深远的影响。尽管网络为学生提供了便捷的信息获取途径，但同时也导致了大学生纸质书籍阅读量的急剧下降，阅读行为趋向于碎片化、浅层次，以及功利性。这种趋势不仅削弱了学生对传统图书馆资源的利用，也影响了他们深度阅读和批判性思维能力的培养。针对这一现状，高校图书馆有必要通过建立有效的阅读激励机制来引导学生进行深度阅读，培养良好的阅读习惯，从而提升学生的综合素质和学术水平。

（一）设立阅读学分制

在当前数字化时代背景下，大学生的阅读习惯呈现出多样化与碎片化的特点，纸质阅读逐渐减少，阅读深度和广度受到挑战。为了应对这一现象，高校图书馆可通过设立阅读学分制这一创新机制，有效激发大学生的阅读积极性，培养其深度阅读习惯，进而提升综合素质。

1. 阅读学分制的定义与实施步骤

阅读学分制是指将大学生的阅读行为量化，通过积累一定的阅读学分来获取奖励或学分的一种激励制度。该制度旨在通过物质或精神奖励的方式，调动学生的阅读热情，促使其主动、深入地参与到阅读活动中。实施步骤包括：制度设计，高校图书馆需首先制定明确、合理的阅读学分标准，包括阅读材料的选择范围、阅读量与学分的换算方式、学分的使用途径等；阅读材料选择，在材料选择上应多样化，既包括专业书籍，也包括人文社科、自然科学等非专业领域的书籍，以满足不同学生的阅读需求；学分积累与使用，学生通过阅读指定书目、撰写读后感或参加阅读讨论会等方式积累学分。积累到一定学分后，可用于兑换图书馆提供的服务或奖品，甚至作为学业成绩的一部分。

2. 阅读学分制的功能与优势

阅读学分制的功能与优势包括：提升阅读积极性，通过物质和精神奖励，直接刺激大学生的阅读兴趣，激发其主动阅读的动力；丰富阅读内容，鼓励学生跨专业、跨领域阅读，拓宽知识视野，促进全面素质的提高；培养深度阅读习惯，通过撰写读后感、参与讨论等方式，引导学生进行深度思考和理解，逐步培养深度阅读习惯；形成良好的校园阅读文化，阅读学分制的推广有助于形成校园内鼓励阅读、分享阅读的良好氛围，提升整个校园的文化氛围。

设立阅读学分制是激发大学生阅读积极性的有效途径，不仅能够促进学生的主动阅读，还能培养其深度阅读能力和终身学习的习惯。高校图书馆应积极探索和完善阅读学分制的实施细节，为构建书香校园、提升学生综合素质贡献力量。

（二）评选阅读之星

在当前数字化与信息化时代背景下，大学生面临着丰富多样的信息资源，同时也面对着阅读选择的多元化和阅读方式的变革。在这种背景下，如何有效激发大学生的阅读积极性，成为高校图书馆和教育工作者亟待解决的问题。评选"阅读之星"作为一种有效的阅读激励机制，能够显著提升大学生的阅读热情和参与度，本文将系统阐释其实施策略及意义。

1. 评选"阅读之星"的定义与目的

评选"阅读之星"是指通过设定一定的评选标准和程序，定期从参与阅读活动的大学生中选出表现优秀者，并给予一定的荣誉和奖励。该机制旨在通过公正、透明的评选过程，鼓励和表彰大学生的阅读行为，激发其内在的阅读动力，进而形成积极向上的校园阅读文化。

2. 评选"阅读之星"的实施策略

制定评选标准，明确评选"阅读之星"的标准，如阅读量、阅读深度、参与度、读后感质量等，确保标准全面、公正，能够真实反映学生的阅读情况。宣传动员，通过校园网、公告栏、社交媒体等多种渠道广泛宣传，确保每位学生都了解评选活动的存在和参与方式，激发学生的参与热情。建立评选机制，设立专门的评选委员会，包括图书馆工作人员、教师和学生代表等，确保评选过程的公正性和透明度。定期评选与表彰，定期进行评选，及时公布评选结果，并通过颁奖仪式、荣誉证书、实物奖励等形式对获奖者进行表彰，提高获奖的荣誉感。

3. 评选"阅读之星"的意义与价值

提升阅读兴趣，通过评选"阅读之星"，能够有效提升大学生的阅读兴趣，激发他们探索知识、深入阅读的热情。培养阅读习惯，定期的评选活动能够鼓励学生持续阅读，逐步形成良好的阅读习惯，对个人终身学习能力的提升具有重要意义。优化阅读环境，评选"阅读之星"的活动能够促进校园阅读文化的形成，为大学生营造一个更加积极向上、鼓励阅读的学习环境。促进个人成长，通过阅读深入探索知识，大学生不仅能够丰富自己的知识储备，还能通过阅读提升自己的思考能力、批判能力和创新能力，促进个人全面发展。

评选"阅读之星"作为一种有效的阅读激励机制，不仅能够激发大学生的阅读积极性，还能够促进校园阅读文化的形成和个人综合素质的提升。高校图书馆和教育工作者应积极探索和完善评选机制，为大学生提供更多阅读的机会和平台，共同营造书香校园，培养具有丰富知识储备和高度文化素养的现代青年。

（三）搜书技能大比拼

在数字化时代背景下，高校图书馆面临着传统阅读方式和数字阅读方式并存的新挑战。随着电子资源的丰富和网络信息的快速更新，大学生在获取信息资源的能力尤其是搜书技能方面呈现出不同程度的差异。为了提升大学生的信息检索能力，激发其探索知识的热情，同时优化图书馆资源的利用，"搜书技能大比拼"活动应运而生，成为高校图书馆重要的阅读推广和教育活动之一。

1. 搜书技能大比拼的设计与目的

"搜书技能大比拼"旨在通过竞赛的形式，检验和提升大学生利用图书馆资源进行信息检索的能力。该活动不仅注重学生对图书馆藏书目的搜索能力，还包括电子资源的检索、利用各种数据库和索引的能力，以及对获取信息的评估、整合和应用能力的考察。通过这一活动，旨在培养学生的信息素养，提高其自主学习和科研的能力，同时也为图书馆资源的优化配置和服务提供指导。

2. 搜书技能大比拼的实施策略

活动前的准备，包括设计比赛规则、准备比赛题目、设立评审团队和宣传推广等。题目设计应覆盖不同类型的图书馆资源，确保比赛的全面性和挑战性。技能培训，在比赛前，举办信息检索技能的培训班，有针对性地讲解图书馆资源利用、高级检索技巧、数据资源分析等内容，确保所有参赛者在同一起跑线上。比赛过程，参赛者在规定时间内完成一系列检索任务，包括但不限于查找特定主题的书籍、论文、专利等，以及利用数据库解决实际问题。成果展示与评审，参赛者将检索过程和结果进行整理，以报告或展示的形式提交。评审团根据检索的准确性、快速性、创新性和信息的应用能力进行评分。

3. 搜书技能大比拼的意义与价值

提升信息素养，参与"搜书技能大比拼"能够显著提高大学生的信息检索能力，培养其批判性思维和问题解决能力。优化资源利用，通过竞赛活动，大学生能更深入地了解和掌握图书馆丰富的资源，优化资源的利用效率。促进学术交流，活动为学生提供了一个展示自己信息检索能力的平台，激励学生间的学术交流和分享，促进学术氛围的形成。引导图书馆服务创新，活动反馈有助于图书馆了解学生的需求和搜书技能的现状，为图书馆服务的改进和创新提供方向。

"搜书技能大比拼"作为一种新型的图书馆阅读推广活动，不仅能够有效提升大学生的信息检索能力和信息素养，还能促进图书馆资源的高效利用和学术交流的活跃，对于培养适应21世纪信息社会需要的高素质人才具有重要意义。高校图书馆应持续举办此类活动，不断探索和完善，为大学生的全面发展提供坚实的信息支撑。

（四）爱心图书漂流

"爱心图书漂流"作为一种新型的图书共享和传递方式，在全球范围内逐渐流行起来。这一活动不仅是图书循环利用的一种创新模式，更是传递知识、分享爱心、促进阅读文化交流的重要途径。在高等教育机构中，尤其是大学校园里，"爱心图书漂流"活动能够有效地促进校园内外的文化交流，激发学生的阅读兴趣和爱心奉献精神。

1. 爱心图书漂流的设计与目标

"爱心图书漂流"通常由图书馆、学生社团或教育机构发起，旨在鼓励人们将自己已经阅读过的书籍，通过特定的方式传递给下一位读者。该活动不仅限于纸质图书的共享，还包括电子书籍的交换和分享。通过这种方式，图书得以在读者之间自由流动，从而延长图书的使用寿命，实现资源的最大化利用。

2. 爱心图书漂流的实施策略

活动宣传与动员，通过校园广播、海报、社交媒体等渠道广泛宣传"爱心图书漂流"的理念和操作方式，动员校园内外的广大读者参与其中。设置漂流点，在校园内设置固定的图书漂流点，如图书馆入口、学生活动中心、宿舍区等易于人们取书和放书的地点。图书管理与追踪，为每本参与漂流的图书贴上专门的标签，记录图书的基本信息和漂流路径，同时鼓励读者阅读后在标签上留言或分享读书感受。活动反馈与展示，定期收集和展示"爱心图书漂流"活动的成果和读者反馈，通过校园网站、图书馆公告板等方式对外公布，以此激励更多人参与。

3. 爱心图书漂流的意义与价值

促进资源共享，"爱心图书漂流"活动能有效地促进图书资源的共享，减少资源浪费，提高图书利用率。丰富校园文化生活，该活动为大学生提供了一个自由交流、共享知识的平台，有助于丰富校园文化生活，营造书香校园氛围。培养学生综合素质，通过参与"爱心图书漂流"，学生不仅可以拓宽知识视野，还能培养其社会责任感、奉献精神和团队协作能力。推广绿色阅读，"爱心图书漂流"倡导图书循环利用，符合绿色环保的理念，有助于提高学生的环保意识。

"爱心图书漂流"作为一种创新的阅读推广活动，不仅能够有效利用图书资源，还能促进知识的传播和文化的交流，对于提升大学生的阅读兴趣和文化素养具有重要作用。高校图书馆应积极推广和实施"爱心图书漂流"活动，通过持续的努力和创新，将其发展成为校园文化的一个重要组成部分。

第三节　高校图书馆阅读推广内容

现阶段，高校图书馆阅读推广活动主要采取的组织方式有读书征文比赛、图书推介、讲座、图书捐赠、读书有奖知识竞赛、图书漂流、图书展览、经典视频展播、读书箴言征集、名著影视欣赏、馆徽设计征集、名著名篇朗诵、品茗书香思辨赛、评选优秀读者、读书会（读书俱乐部、读者协会）和微书评等活动。通过调研发现，讲座、书展、微书评、读书会和图书漂流五种活动是高校图书馆阅读推广的主要形式和未来发展趋势，所以本节将对这五项活动逐一进行讨论。

一、高校图书馆讲座活动

（一）讲座的定义

高等院校图书馆讲座，作为一种教育和学术交流活动，旨在通过专题讲解、知识分享等形式，为师生提供扩展学术视野、深化专业知识、提升研究能力和培养终身学习习惯的机会。这种讲座通常由图书馆组织，邀请学术界、行业内的专家学者或图书馆工作人员担任讲者，围绕特定主题展开，内容涵盖科学研究、文化艺术、前沿技术、学术规范、信息素养等多个领域。

高等院校图书馆讲座注重知识的传播和学术的普及，通过系统的讲解和深入的讨论，加强学术社群成员的教育和自我提升。讲座主题通常具有明确的专业指向，由具有高度专业知识和丰富实践经验的讲者主讲，确保内容的权威性和前瞻性。在讲座过程中，鼓励参与者与讲者之间进行思想碰撞和知识交流，通过问答、讨论等形式，提高学术互动和沟通能力[79]。讲座对所有师生开放，甚至部分讲座对社会公众开放，旨在打破学术界与社会的界限，推广学术成果与文化知识。

高等院校图书馆讲座，作为一种重要的学术推广和教育活动，不仅丰富了校园文化生活，还为高校师生提供了持续学习和个人成长的机会。通过这些活动，图书馆不仅展示了其作为信息资源中心的功能，更彰显了其作为学术交流平台和文化传播中心的重要角色。在信息爆炸和知识更新迅速的当代社会，高等院校图书馆讲座的作用和影响力愈发显著，成为促进学术发展和文化建设的重要力量。

（二）讲座的类型

高等院校图书馆讲座，作为学术文化交流的重要平台，依据其内容、目标群体和功能定位的不同，可以划分为以下几类类型，每种类型都旨在满足高校师生的不同需求，促进知识的传播与学术的发展。

1. 学术研究讲座

这类讲座主要面向高校的学术研究人员和学生，由专家学者就某一学科领域的前沿进展、研究方法、理论创新等内容进行深入探讨和分享。目的在于推动学科交叉融合，促进学术创新，提高研究水平。

2. 信息素养与技能培训讲座

针对师生的信息检索、评价、利用和管理等能力的提升，这类讲座内容包括数据库使用、文献检索技巧、学术写作规范、版权知识等。目的是提高师生的信息素养，优化学术研究和学习效率。

3. 职业规划与发展讲座

关注学生的职业生涯规划和个人发展，内容涵盖就业指导、职业道德、创业指导等。这类讲座旨在帮助学生明确职业目标，提升就业竞争力。

4. 文化素质教育讲座

围绕人文社科、自然科学等领域的知识普及和文化传承，通过对经典文化、历史事件、自然现象等的介绍和解读，旨在提高学生的人文素养和科学素质，丰富精神文化生活。

5. 主题教育讲座

针对国家大事、社会热点、历史纪念日等，通过讲座形式进行主题教育和价值引导。这类讲座旨在培养学生的国家观念、社会责任感和历史使命感。

6. 读者服务讲座

专门针对图书馆服务和资源利用的讲座，包括图书馆资源介绍、特色服务展示、数字资源利用等，旨在提高图书馆服务的可见度和利用率，促进读者与图书馆资源的有效连接。

通过上述分类，可以看出高等院校图书馆讲座不仅仅是知识传播的途径，更是文化、学术、职业和技能培养的多维平台，对于提升大学生的综合素质和学术研究能力具有重要意义。

（三）讲座的组织

1. 成立工作团队

高等院校图书馆讲座工作团队的成立是为了更好地实施知识传播、文化交流、技能培训及学术讨论等活动，以提升图书馆服务质量和满足广大师生的多元化需求。成立这一工作团队，旨在通过组织系列讲座活动，促进学术氛围建设，增强学生的学习能力和职业竞争力，同时丰富校园文化生活。以下是高等院校图书馆讲座工作团队成立的系统阐释：

（1）团队构成

领导小组，由图书馆馆长或副馆长担任组长，负责整体规划和方向指导。学术顾问团，组建由校内外专家、教授组成的学术顾问团，负责提供讲座主题建议、讲者推荐及学术支持。执行团队，包括项目管理、市场宣传、技术支持和行政后勤等部门，成员由图书馆专业人员及志愿者组成，负责讲座活动的日常组织与实施。

（2）工作职责

市场调研与需求分析，定期收集和分析师生对讲座的需求和兴趣，确保讲座内容的时效性和吸引力。讲座策划与组织，负责讲座主题的策划、讲者的邀请、活动的组织和实施等。宣传推广，利用校园网、社交媒体、宣传海报等多种渠道进行讲座活动的宣传推广，扩大影响力。技术支持与后勤保障，提供讲座现场的技术支持和行政后勤服务，确保活动的顺利进行。效果评估与反馈，对讲座活动进行效果评估，收集师生反馈，不断优化改进工作流程和内容设置。

（3）成立流程

需求调研，通过问卷调查、访谈等方式了解师生对讲座活动的需求和建议。团队组建，根据调研结果和图书馆实际情况，确定工作团队的组织结构和人员配置。制订计划，明确年度讲座计划，包括讲座主题、时间表、预算安排等。培训与准备，对工作团队成员进行培训，确保各自了解工作职责和执行标准。试运行，初期可选择小范围或特定主题进行试运行，根据反馈调整优化。正式运作，在确保各项准备工作就绪后，正式启动讲座工作团队，开展系列讲座活动。

高等院校图书馆讲座工作团队的成立，不仅能够提升图书馆的服务功能，同时也是高校知识传播和文化建设的重要力量。通过有效的组织与管理，可以极大地丰富校园文化生活，激发师生的学习热情和创新精神。

2. 重视选题内容

为了满足不同读者的阅读需求，高校图书馆讲座的选题需要内容广泛，但又不能分散、凌乱。为了达到这一目的，针对活动的不同目标和功能，选题需要进行科学的整体规划。在选择主题内容时，应该坚持以下几个原则：首先，讲座内容要有宽度，覆盖范围应该从中国优秀传统文化到国外经典艺术，从当下时政热点到世界政治和经济格局，再到大学生心理健康、青少年道德修养和老年人保健养生等领域，以确保每位读者都能找到感兴趣的话题。其次，讲座内容要有纵深，即不仅要涵盖科学知识普及类的内容，还要包括专业科学研究类的讲解，以满足不同文化水平的听众需求，同时保证讲座内容的丰富多样，使得听众能够从中获得深入的思考和收获[80]。最后，讲座内容要有体系，即各个主题之间既要有相对独立性，又要具有一定的内在关联性。系列讲座中每个分讲座的主题应该简洁明了，与其他分讲座紧密相连，使得整个系列讲座呈现出清晰的逻辑结构和连贯的内容线索，让听众能够在听完每场讲座后都获得全面的知识体验和启发。

3. 选择合适的主讲人

主讲者是一场讲座的核心，出色的主讲者不仅在宣传推广方面功不可没，而且是一场成功讲座的基础保证。讲座内容的多样性要求主讲者也具备多样化特点，一般来说，高校图书馆阅读推广讲座的主讲者包括图书馆员、数据库培训员、专家学者、社会名流以及学生代表等。图书馆员和数据库培训员常常扮演着主讲者的角色，而专家学者和社会名流则是提升讲座学术水平和文化内涵的重要支柱。此外，一些高校图书馆还会邀请具有代表性的学生担任主讲者，这样做可以使讲座更贴近学生的学习和生活实际，拉近主讲者与听众之间的距离。例如，武汉大学图书馆长期举办"90分钟专题系列讲座"，其中有关图书馆资源使用技巧的讲座就由熟练掌握图书馆资源的学生代表担任主讲者，旨在帮助其他同学更好地了解和利用图书馆资源。

4. 讲座时间与地点的选择

高等院校的工作时间与其他机构相似，但也有其独特之处。除了常规的工作日外，还有长期的寒暑假期。针对校内师生以及校内外不同的读者群体，讲座的时间和地点选择应具备一定的灵活性，以满足不同读者在时间和地点上的需求。在针对校内师生的活动安排时，需充分考虑到大学生的课外时间及学校教学时间的安排，以及教师周末难以前来学校参与讲座活动的情况。因此，可以考虑将面向学生的讲座安排在周末或工作日的晚间，将面向教师的讲座安排在学校规定的教学时间或节假日期间。至于针对校外读者的讲座，则应尽量避开校内教学时间，可以充分利用节假日，或者考虑利用工作日下班后的时间段。此外，为了方便社会读者参与，可将讲座地点设置在社会公共场所或居民社区内。

5. 讲座的宣传与推广

随着计算机网络技术的不断进步，高校图书馆在宣传讲座时需要兼顾传统媒体和新兴网络媒体的运用。除了利用传统的电视、报纸、横幅和海报等宣传方式外，还应充分利用图书馆官方网站、微博、微信、论坛等网络平台，以确保信息的广泛传播。为解决读者与讲座时间地点的冲突，讲座的举办不仅要选择合适的时间和场地，还可以考虑通过网络直播等方式进行传播。例如，2016年10月29日，四川省图书馆与网易直播合作，对"首席小提琴演奏家教你如何听懂古典音乐"的讲座进行了网络直播，取得了良好的宣传效果。在短短的时间内，直播视频获得了超过58000次的播放量。随后，图书馆又开展了2场讲座的网络直播，观看人数分别达到了13万人次和17万人次。讲座结束后，图书馆还应指定专人负责收集整理讲座视频等资料，以便进行后期宣传推广和共享。

二、高校图书馆书展活动

（一）书展的定义

书展，亦称图书展览，是图书馆服务中的一项传统活动。随着读者阅读偏好的演变，单纯依赖书目推荐已无法充分吸引读者注意，反观书展通过展现图书馆的丰富藏书、创造浓厚的阅读氛围以及促进图书借阅，显示出其独特的价值。因应这种变化，近期高等教育机构的图书馆倾向于借助特定的纪念日、假期或其他重要时刻，在校园的关键地点或图书馆内部设立定期的书展活动，使之成为推广阅读文化的关键策略。

（二）书展的类型

图书展览活动可按照图书的来源划分为三个主要类别：首先，展览可以专注于图书馆自有的藏书资源，通常采取主题式的展览形式。在这种类型的书展中，会根据特定主题精选相关图书进行展出，旨在吸引读者的阅读兴趣和增加图书的借阅率，同时向读者传递特定的价值观和思想理念。例如，庆祝中国共产党成立的书展、纪念伟大人物的书展，或是展出诺贝尔文学奖得主莫言作品的书展等。其次，第二种类型的书展涉及展出图书馆之外的资源，这通常是由大学图书馆与出版社、书店或其他图书供应商合作举办的[81]。在这种合作模式下，图书馆提供展览空间，而合作伙伴则提供图书。这类书展不仅展示图书，还可能包括现场选书、推荐购买或直接销售图书的活动，有助于缩短图书的采购和流通周期。最后，第三种类型是由多个图书馆联合举办的展览，特别是当单个图书馆面临资源不足时，拥有共同目标和互补藏书的图书馆会通过联合展览来扩大活动的影响力和提高效果。这种联合办展不仅增加了展览的规模和范围，还促进了图书馆间的互借和协作交流。

（三）书展的主题

高校图书馆举办的书展，作为推广阅读的一种形式，具有其特殊性，不仅因为其由高等教育图书馆主办，更因其精选的主题内容而显著。这些书展主要面向大学的教师和学生群体，旨在通过充分利用图书馆藏书资源，精心挑选与读者需求相符的书展主题，以促进阅读兴趣和知识的探索。书展的主题可能涵盖来自特定学科领域专家推荐的书目，或由图书馆工作人员与师生共同选出的高质量、高使用频次的图书，甚至围绕原创且富有创意的主题进行。

在挑选书展主题时，组织者需慎重考虑，既避免选取难以理解的专业性理工科书籍，又需根据学科发展和图书馆的藏书特色来拓展主题的广度与深入度。此外，书展应定期举办，并在保持系列主题新鲜感的同时，注意不同主题之间应有适当的时间间隔。书展旨在满足校园内学术研究的需求，比如专门的教科书主题展览，同时也致力于覆盖更广泛的读者群体，提供易于理解且与日常生活紧密相关的主题，如科普知识和基本法律常识展览，以此吸引不同背景和兴趣的读者。

（四）书展的组织

1. 人员配置

书展的策划与执行涵盖了从初步的规划和宣传策略的制定、资源和场地的挑选，到活动的组织管理，以及后续的收尾工作和效果评估。这一过程中涉及多个角色，包括总策划人、执行团队、宣传团队和安全管理团队等。总策划人需要全面监控项目进展，并负责跨部门的协调与项目成果的汇总分析。对于规模较大的书展，建议成立一个专项领导小组，其成员可能来自图书馆、学校管理部门、教师团队及学生社团，每个成员都应承担特定的职责，并以团队精神共同推进项目。

执行团队的职责主要包括展览的布置、书籍的搬运、技术设备的操作以及展览结束后的撤场等实务工作，这些任务通常由图书馆工作人员领导下的学生社团成员和志愿教师及学生负责。宣传团队则负责制定并执行书展的线上与线下宣传计划，包括制作宣传资料、横幅和海报等，这一角色通常由具备相关专长的师生担任，并在图书馆工作人员的协调下进行。

2. 展厅选址和布置

书展的成功举办不仅依赖于丰富的图书资源和精心的活动策划，还需重视展厅的选址与布置，这关系到参观者的体验和书展的整体效果。本文旨在综合阐述书展展厅选址与布置的关键要素和实施策略，提供一套系统化的指导思想。

（1）选址原则

交通与可达性，优先选择交通便利、易于大众到达的地点，确保参观者能够方便快捷地访问。环境与氛围，选址应在安静、舒适的环境中，有利于营造阅读和学习的氛围。空间适应性，展厅空间需具备一定的适应性，既能满足图书展示的需要，也能适应不同形式的互动活动。安全与设施，确保选址地点具备良好的安全条件和完备的基础设施，包括消防、疏散和紧急响应设施。

（2）布置策略

布局合理化，在布置上追求合理的动线规划，确保参观者能够自然流畅地穿行于各个展区之间，避免出现拥挤或混乱。主题突出，通过视觉设计强化书展主题，利用标识、海报和多媒体等元素，创造引人入胜的展览环境。互动与参与，设置互动体验区或阅读角，邀请参观者参与讨论、分享，增加书展的参与度和互动性。信息清晰，布置时应注意信息的清晰传递，包括图书分类、指示标识和活动信息等，使参观者能够轻松获取所需信息。灯光与色彩，合理运用灯光和色彩设计，以营造温馨舒适的阅读环境，同时注意展品的照明需求，保证图书和资料的易读性。安全优先，在布置过程中，始终将安全放在首位，确保所有布置材料的稳定性和安全性，避免任何可能导致的安全隐患。

综上所述，书展的展厅选址和布置是一个系统工程，需要综合考虑多方面的因素和细节。通过科学合理的选址与精心周到的布置，可以极大地提升书展的吸引力和影响力，为公众提供更加丰富、高效、安全的阅读体验。

3. 线上与线下相结合

在数字化时代背景下，线上与线下相结合的书展形式成为推广阅读文化的新趋势。这种模式不仅扩大了书展的影响力，还为参与者提供了更加灵活多样的阅读体验。本文旨在系统地探讨这一新型书展形式的实施策略和效益，为全民阅读和阅读推广提供参考和启示。

（1）实施策略

整合资源配置，充分利用线上平台的资源和技术优势，与传统的线下书展资源进行整合，实现资源共享和优势互补。创新互动方式，结合线上社交媒体、直播技术等新兴工具，设计互动性强的活动，如在线作者签名、虚拟研讨会等，增强参与者的互动体验。内容多元化，线上平台提供更加丰富多样的内容展示形式，包括电子图书、有声读物、视频访谈等，满足不同阅读群体的需求。优化用户体验，通过用户友好的界面设计和个性化推荐算法，提升用户的浏览和阅读体验，促进用户参与和内容分享。强化数据分析，利用线上平台的数据分析能力，对用户行为和偏好进行分析，以指导书展内容的优化和营销策略的调整。

（2）效益分析

扩大影响范围，线上平台打破了地域限制，使书展活动能够覆盖到更广泛的受众，提高了书展的参与度和影响力。丰富阅读形式，线上与线下相结合的书展为参与者提供了更加多元和便捷的阅读方式，满足了不同阅读偏好的需求。促进知识共享，线上讨论和分享机制促进了阅读体验和知识的共享，有助于形成积极向上的阅读文化氛围。提高运营效率，数字化管理和运营手段降低了书展的组织成本，提高了运营效率和效果的可量化。

综上所述，线上与线下相结合的书展形式是适应数字化时代发展的重要趋势。通过科学合理地设计实施策略，充分发挥线上线下各自的优势，可以有效地促进全民阅读，丰富阅读推广的形式和内容，为构建学习型社会贡献力量。

三、高校图书馆微书评活动

近年来随着新媒体的兴起和读者数字化阅读率的增长，微阅读已经成为大学生的主流阅读方式。微书评以它"短小精悍"的特点深受大学生读者欢迎，已经成为高校图书馆阅读推广的重要形式之一。

（一）微书评的定义

书评，一种专门对图书进行深度分析和评价的文体，旨在通过细致的介绍与评论，为读者、作者及出版方之间搭建一个有效的信息交流桥梁。在进行书评时，评论家们应秉承客观公正的原则，对作品的内容、结构及其所体现的学术价值、艺术魅力、思想深度和知识丰富性进行细致探讨。这不仅有助于读者在众多图书中作出明智的选择，提供了重要的参考依据，还能引导他们进行目的性阅读。众多图书销售平台，如京东、当当、亚马逊等，均设有书评功能，使读者能够更加便捷地获取书籍信息。除了提供信息，书评还承担着导读的职能，通过反映书籍的核心思想和主旨，为读者阅读前的了解提供便利，同时在阅读过程中作为评价书籍价值的重要参考。知名的书评网站，如中国的豆瓣网和美国的开放维基版联合目录（OCLC），都为读者提供了这样的服务。

在文学界，不乏作家身兼书评人的例子，他们的评论不仅涉猎广泛，而且见解独到。例如，爱尔兰的科尔姆·托宾（Colm Tóibín）、美国的苏珊·桑塔格（Susan Sontag）和约翰·厄普代克（John Updike）等，都以其精彩的书评见诸报端。19世纪的英籍美裔作家亨利·詹姆斯（Henry James）的评论文章几乎覆盖了他所处时代的所有重要作家，为后人留下了宝贵的文学评论资料。同时，日本作家村上春树的《无比芜杂的心绪》集也是以书评为主的杂文集。随着社交媒体的兴起，微书评成为一种新兴的书评形式，其特点是言简意赅，通常不超过140字，但能够精准捕捉书籍的精髓，为读者提供快速的阅读指南。

（二）微书评的特征

在图书馆环境下的微书评，继承了传统书评的核心价值和功能，同时展现出独有的五大特性。

1. 短小精悍

精炼简洁是显著特点，能够用几句话精准捕捉并展现书籍的精髓，例如鲁迅对《史记》的评价——"史家之绝唱，无韵之《离骚》"便是其代表。

2. 参与性强

微书评易于参与，相较于传统书评的学术性和专业门槛，微书评降低了参与难度，鼓励了更广泛的作者和读者群体的积极参与。

3. 操作简便

微书评不要求作者必须彻底阅读并深度分析全书，而是侧重于捕捉阅读瞬间的感悟和灵感，无须复杂的论证支持。这种即时性和便捷性，得益于微博等新媒体的传播方式，为作者和读者提供了实时互动的平台。

4. 轻松的意境

微书评呈现一种轻松的意境，打破了传统书评在结构、逻辑和字数上的种种限制，以简洁、直接的方式迎合了现代人的碎片化阅读需求。

5. 影响力大

最后，微书评具有广泛的影响力。由于作者和读者群体庞大，加之新媒体的高度互动性，微书评能够覆盖和推广各类图书，促进了读者之间的深度交流，使得一些较少人知的"长尾"图书逐渐受到关注并流行起来。

总的来说，图书馆微书评以其独特的形式和特性，不仅促进了阅读文化的普及，还增强了读者之间的互动交流，对于推动图书的多元化发展和阅读方式的创新具有重要作用。

（三）微书评的组织

1. 构建综合微书评资源库

高等院校图书馆通过创建一个既全面又细致的微书评资源库，为推动微书评活动和阅读文化的发展奠定基础。此库的建设首先依赖于激励图书馆工作人员、教师与学生群体积极撰写微书评，同时吸引领域专家加入撰稿行列。此外，整合图书馆现有资源、网络资源以及其他图书馆的微书评，通过购买或与作者及出版商协商，以获得微书评的使用授权，从而扩展资源库的内容。其次，需对这些微书评进行归类整理，确保它们能够满足不同读者群体的需求，并便于检索。最后，开发一套便于用户检索、阅览、下载及分享微书评的系统，使得用户不仅能够发现新的书籍评论，还能分享自己的观点和感受。

2. 打造微书评互动平台

为了促进读者之间的阅读交流，高校图书馆应当建立一个微书评互动平台。这可以通过在图书馆主页设置专门的微书评博客来实现，其中详细介绍各种图书的出版信息，并附上相应的微书评，以便于读者和图书馆进行互动。此外，在网站上创建一个读者微书评交流中心，该中心将不同的媒体平台如微信、微博及图书馆的官方信息平台整合在一起，将这一交流中心转化为一个移动阅读互动中心[82]。同时，鼓励读者积极参与，加强他们与图书馆、作者及其他读者之间的互动。这种互动不仅能激发新的思想火花，还能提高读者的阅读和鉴赏水平。此外，将微书评数据库与交流中心相连接，可以进一步促进图书馆与读者之间的互动，使读者不仅能够查阅微书评，还能自由发表自己的评论。建立的这一平台，旨在展示批判性思维同时兼顾理想主义风貌；内容不仅限于旅行、美食、推理小说等轻松主题，还应覆盖人物传记等深度内容；在尊重不同学术观点的同时，也应鼓励多元化的声音，通过微书评审美功能的发挥，引导读者积极阅读，对书籍内容进行全面的理解和批判。

3. 举办微书评大赛

在2010年10月至12月，"榕树下文学在路上"首次微书评大赛成功举行；紧接着，"书香羊城"微博书评大赛于2011年8月启动，利用新浪、腾讯等多个微博平台开设专栏，吸引了超过900万次的点击与阅读，并收集了超过12万份微书评。这些活动不仅促进了高质量微书评的产生，还为广大读者提供了挑选图书的新途径。借鉴此类活动的成功，高等院校图书馆可依托自身资源和能力，定期举行微书评比赛，旨在激发读者的阅读热情和参与度，进而培养他们的阅读兴趣。同时，图书馆可开发专属的书评平台，结合网站资源，引入创新的积分激励制度，鼓励广大读者积极参与阅读与书评撰写，如重庆大学图书馆的"书评中心"便是一例。

4. 建立微书评服务共享机制

为了提升微书评工作的质量与效率，高校图书馆可实行微书评服务的共享机制。通过加强院校图书馆间的协作与信息交流，借鉴彼此的成功经验，可实现资源共享和优势互补。此外，强化与书店、出版社、在线平台及行业协会等的合作关系，也是构建微书评生态圈的关键。这样不仅能为图书馆的微书评收藏注入持续的新鲜血液，还能满足不同读者群体对微书评的多样化需求，形成一个互助共赢的微书评交流网络。

四、高校图书馆读书会活动

（一）读书会的定义

读书会是一个集体性的阅读活动，旨在通过分享与讨论促进成员间的知识交流与个人思想的成长。它通常由一群有共同阅读兴趣或目标的人组成，成员可以定期聚会，共同阅读特定的书籍或文献，并就阅读内容进行深入的交流和讨论。读书会的形式灵活多变，可以是面对面的聚会，也可以是通过网络平台进行的虚拟交流。

读书会的核心目的在于通过集体讨论激发个人思考，拓宽视野，增进理解，提升批判性思维能力。它不仅仅是阅读活动的一种社会化形式，更是一种促进文化传播、知识共享和个人发展的有效机制。在读书会中，成员们通过互相分享自己的阅读体验、观点见解和解读方式，有助于增进相互理解，促进思想碰撞，激发创新思维。此外，读书会还具有重要的社交功能。它为成员提供了一个相互学习、交流和建立联系的平台，有助于建立起基于共同兴趣和目标的社群。通过定期的聚会和活动，读书会加深了成员之间的联系，形成了具有凝聚力的社区，进而为成员提供了情感支持和专业成长的可能。

总之，读书会是一个综合性的文化实践活动，它通过集体阅读和讨论，不仅促进了知识的传播和思想的交流，还强化了社会联系，对个人成长和社区发展都具有积极的促进作用。

（二）读书会的模式与类型

随着时代的演进与阅读趋势的演变，读书会经历了显著的发展，展现出了丰富多彩的模式与形态。在全球范围内，读书会可分为九大类别：第一类是专注单一主题的读书会；第二类是促进信息交换的互流通读书会；第三类为覆盖多种主题的读书会；第四类是图书漂流式的读书会，增加了书籍流转的趣味；第五类是借助互联网平台进行的在线读书会；第六类是图书馆主办的读书会；第七类是通过广播形式进行的读书讨论；第八类专门研讨特定作者的作品；第九类是书店举办的读书活动。根据组织者的不同，读书会主要分为：公共图书馆举办的、民间自发形成的以及高校图书馆发起的。此外，读书会还可以基于活动的需求、目标、主题、地区、参与者的性别和年龄、是否收费等因素进行更细致的分类。总的来说，高校内部的读书会模式较为单一，种类不如外部活动丰富。高等教育机构内部的读书会大体上分为三类：学生自主组织的、由学校图书馆领导的以及教学管理部门发起的。此外，也有一些校外的阅读爱好者利用高校的资源和平台组织读书活动。

具体到高校图书馆读书会，其呈现两种主要模式：一种是由图书馆主动发起并运营的读书会，如华中师范大学图书馆的"风雅读书会"、重庆大学图书馆的"书香重大"读书会，以及天津财经大学图书馆的"思扬读书会"等；另一种模式是学生自主创建、自我管理的读书社团，这些社团通常在其章程中规定图书馆为指导或主管单位，例如华东政法大学和合肥工业大学的"春风读书会"。高校图书馆在读书会活动的组织中扮演着多样化的角色：一方面作为发起者直接举办活动，另一方面则作为指导单位辅导读者协会等学生社团，还包括图书馆工作人员个人发起的读书活动。目前，我国大多数高等教育机构的读书会活动是由图书馆自行组织，旨在推进阅读文化的普及与阅读活动的广泛开展。

（三）读书会的作用

1. 有利于阅读推广实施与普及

对于阅读文化的扩散与推广，读书会的组织不仅构成了图书馆阅读促进活动的一部分，而且成为支持这些活动的强大后盾。读书会的活动质量直接关联到其自身的持续发展以及对图书馆其他阅读促进活动成效的影响。因此，有效地策划与执行读书会活动不仅对高等教育机构图书馆的阅读促进事业有益，还能补充图书馆那些时间较短或间隔较长的阅读促进活动，使得读书会成为图书馆阅读促进的一项常态化机制和活动。

2. 有利于拓展读者阅读的深度和广度

读书会的本质使得其成员能够在活动中进行深入、互动、积极且平等的交流。这类交流促使读者能在快节奏的日常中细致地欣赏到正面且有益的读物，进而持续培养对阅读的热爱，不断地扩大阅读的范围。这样的过程有助于读者避免碎片化阅读、浅层阅读以及以功利为目的的阅读。

3. 有利于提升图书馆及其资源的利用率

图书馆作为拥有丰富资源、专业场地、优良环境及阅读氛围的机构，为读书会提供了理想的举办地点。定期举办的大型读书会活动也有助于提升图书馆资源的使用效率。比如，读书会所需的扩展阅读材料和相关文献资源能够不断引入会员的关注范围，甚至那些长期未被发掘的资源也能通过读书会的活动得到有效利用。

4. 有利于图书馆整体服务水平的提升

通过读书会举办的各类活动，如阅读分享、沙龙对话等，读书会不仅限于传统的交流形式，而且扩展至书评撰写、专题讲座、影视作品赏析、诗歌朗诵、作文竞赛和推荐阅读等多元化活动。这些丰富的活动不仅增强了图书的流通、资源的丰富性、咨询服务以及信息素养的教育，而且显著提升了图书馆的服务质量和业务能力。

5. 对相关活动的引领和带动

读书会所引领的多样化活动，包括但不限于阅读交流、书评创作、学术讲座、文艺欣赏、创意写作和精选书目的推荐，对促进会员借阅行为、丰富图书资源、提供专业咨询和培养信息处理技能等方面产生了积极影响。这些活动的综合效应不仅优化了图书馆的整体服务水平，还促进了其业务范围的拓展。

6. 对特定专业领域学术的积极影响

针对特定专业领域的读书会对会员的学术提升具有明显效果。即便是涉及非专业主题的读书会，其活动也能有效地激发成员的阅读兴趣和思考能力，对改善学习观念、态度和成效具有正面推动作用。例如，在中国台湾地区，高校推行读书会的目的之一便是通过提高教学水平，达到"教学卓越"的目标。

7. 促进学习共同体的形成与发展

读书会作为一种集体阅读形式，对于促进学习共同体的形成和发展具有重要作用。大量积极向上的读书活动集中于图书馆及校园，能够营造出浓厚的阅读文化氛围。这种积极的阅读环境不仅是校园文化建设的关键要素，还为校园文化的深层次发展提供了坚实基础。

（四）读书会的组织

1. 确立清晰的目标，增强会员的主动阅读意愿

读书会的自由和平等精神既是其吸引力所在，也可能成为其稳定性的弱点。为了克服这一挑战，高校图书馆需制定严格的规章制度，设定明确的目标和活动准则，确保读书会的方向性。关键在于精确界定读书会及其活动的目标，对新会员进行初步教育，不仅要突出组织的开放性和包容性，还需强调参与和互动的重要性。在活动策划时，应避免长期单一模式的活动如阅读分享或讲座，以免降低阅读交流和促进的效果，从而提升会员的独立阅读频率。

2. 强化管理，增强读书会的社会影响

读书会的局限性在于其较为小众和分散的特点，这可能导致组织的持久性和活动频率受限。高校图书馆可以通过自主创建或积极指导的方式，扩大校内读书会的组织和成员规模，实现读书会的多样化和特色化。通过举办系列化、多样

化的精炼活动，可以提升读书会的影响力及其阅读推广的知名度、参与度和支持度。相较于传统阅读推广方式，图书馆组织的读书会显得更为创新，但读者对其可能了解不足，对活动的形式和内容缺乏深入理解。因此，高校图书馆需结合传统与新媒体宣传手段，借鉴营销等商业管理理念，加大对读书会及其活动的宣传力度。

3. 持续性支持与合作促进的重要性

从国际读书会的成功案例中学习，我们了解到，读书会活动的顺利进行依赖于充足的资金支持、资源分配、场地安排和必要的设备配备。以中国台湾地区的高等教育机构为例，读书会的蓬勃发展和广泛影响得益于当地教育管理部门实施的"奖励大学教学卓越计划"等政策支持，以及高校与图书馆共同制定的详尽的读书会推广策略和执行细则，这些因素为读书会提供了坚实的规划基础和资源保障。此外，读书会的持续发展不仅需要高校图书馆的积极引领和支援，还依赖于校园内外其他部门的配合与关照。图书馆应当建立合作交流的桥梁，促成与其他读书团体、行业协会、文化媒体和书籍发行商之间的协作，通过这样的合作网络获取更广泛的支持和经验，进而促进读书会及其活动的健康成长。

五、高校图馆图书漂流活动

（一）图书漂流简介

图书漂流，这一文化现象，描绘了一次书籍的奇妙之旅，始于20世纪60—70年代的欧洲。爱书之人会在阅读完毕后，为这些书籍贴上标识（通常选用黄色标签），并将它们随意置于公共空间，例如公园的长椅上。这样，任何偶遇这些书籍的人都可以自由地带走并享受阅读，读毕之后，人们往往会附上自己的读后感或故事，再次将书放回公共空间，让书继续其漂流旅程[83]。这一做法无须图书证、无须押金，更没有归还期限，体现了一种分享精神："知识变得美丽因为它被传播。"随着时间的推移，图书漂流变得更加多元和创新，参与者纷纷制定了各式各样的漂流规则，使得图书漂流不仅限于户外。互联网的广泛应用使得图书漂流活动更加高效和普及。

在中国，图书漂流的活动起步于2004年，由春风文艺出版社倡议，首次在国内举办了一场大规模的公益图书漂流活动。同年3月，深圳的一位记者首次进行了个人的图书漂流尝试。紧接着在2004年5月，南开大学见证了首个大学生发起的图书漂流实例。到了2006年5月，吉林大学图书馆成为首个在高等教育机构中启动图书漂流的案例。目前，全国各地的图书馆、出版社、书店、社区以及个人都在积极参与图书漂流活动，其中，资源丰富、具有特色优势的高校图书馆更是将其视为推广阅读文化的关键方式之一。

（二）图书漂流注意事项

高校图书馆首先应该厘清以下三个问题，才能有效开展图书漂流活动，实现活动目标。

1. 图书漂流的性质

图书馆开展的图书漂流活动，既不同于传统的借阅工作，也不是好书推荐活动。它是一种具有独特宗旨、目标和方式的阅读推广活动，具有"乌托邦"式的既新鲜又神秘的阅读体验交流。图书馆应该摒弃传统的读者服务理念的影响，在具体的活动过程中要注意以下三个环节。一是在漂流物的选择上，既要善于选择读者喜欢的、流动性强的、积极向上的图书、期刊、光盘等资源，也要了解读者的漂流喜好，并注重发挥读者在漂流书选择过程中的主体作用。二是在漂流形式的选择上，既要积极采用更自由、更时尚、更浪漫、更有趣的方式开展活动，也要确保活动和漂流物处于有效控制范围内，避免活动处于无组织、无秩序的状态。三是在漂流目标的定位上，既要保证活动推广阅读的效益和活动持漂率，也要注意对参与活动读者的文明诚信教育和活动回漂率。

2. 图书漂流的管理

图书漂流作为一种创新的阅读推广模式，其管理不仅关乎活动的有效开展，还是确保其持续性和扩展性的关键。本文旨在探讨图书漂流活动的管理策略，以促进其健康发展和广泛传播。

（1）规划与目标设定

图书漂流活动的首要步骤是明确规划与目标设定。组织者应确定活动的主要目的，如促进社区阅读、文化交流或知识分享等。明确目标有助于设计活动的具体形式，制定相应的管理策略，并衡量活动的成效。

（2）资源整合与分配

有效的资源整合是图书漂流管理的核心。这包括图书资源的筹集、场地的选择、志愿者的招募与培训等。图书的来源可以多样化，如个人捐赠、出版社支持或公共图书馆合作。场地选择需考虑公共性和便利性，确保参与者容易访问。此外，组织志愿者团队，负责图书的登记、分类和维护，是保证活动顺利进行的关键。

（3）系统建设与信息化管理

随着技术的发展，信息化管理成为图书漂流活动中不可或缺的一环。建立专门的管理系统或利用社交媒体平台，可以有效追踪图书漂流的路径，收集参与者的反馈，以及发布最新的漂流信息。信息化管理提升了活动的透明度和参与度，促进了更广泛的社会参与。

（4）参与者引导与教育

为了确保图书漂流活动的秩序和效果，对参与者的引导和教育尤为重要。这包括制定明确的参与规则、鼓励分享读后感、培养责任感和尊重他人的阅读权利。通过举办培训会、分享会等方式，增强参与者的活动意识和参与热情。

（5）持续监督与评估

持续的监督和评估是图书漂流活动成功的关键。组织者应定期检查图书的状态、分析参与数据、评估活动影响，以便及时调整管理策略。通过收集参与者的意见和建议，不断优化活动内容和管理方式，确保图书漂流活动的持续性和活力。

图书漂流的管理不仅是一种行政行为，更是一种文化实践。通过有效的管理，图书漂流可以成为连接人与书、人与人之间的桥梁，促进知识的传播和文化的交流。随着管理策略的不断优化和参与群体的扩大，图书漂流有望成为推广阅读文化的重要方式之一。

3. 图书漂流的范围

图书漂流在高等教育机构中的实施主要针对校园内的读者群体，这一现象部分原因在于组织挑战、资源限制以及有效管理的需求。观察那些回流率超过80%的高校图书馆，我们发现尽管参与度高，但活动的实际成效并未达到预期。这一现象深刻反映出图书漂流在推广阅读方面的成效，与持续漂流的比率及图书漂流路径的广度紧密相关[84]。随着高校图书馆服务逐步向社会开放，有必要将图书漂流活动扩展至更广泛的社会领域，以惠及更多的公众。通过扩大漂流范围和方向，不仅能提升漂流率和路径的广度，还能增强活动的宣传效果、参与度和整体收益。此外，主动吸引社会各界读者参与图书漂流，将对全民阅读的推广起到积极作用，同时促进图书资源的增加和校内外读者交流的扩展。通过这种方式，图书漂流不仅能够增进校园内外的文化互动，还有助于提升整个社会的阅读文化。

（三）图书漂流实效的提升策略

1. 转变工作理念

近期，高等教育机构图书馆面临的一个挑战是如何有效地利用其馆藏资源，尤其是纸质资源，以阻止使用率的持续下降。在这方面，图书漂流，作为一种创新的阅读促进方式，提供了一个可能的解决方案。图书馆需要积极建立开展图书漂流的新理念，并改变过去那种"藏书于馆"的传统思维。为了丰富漂流图书的数量和种类，图书馆应当鼓励广泛的书籍捐赠，同时将馆内的精选图书纳入漂流序列，并在年度财务预算中专门设立用于支持图书漂流的经费项目。在活动的初期阶段，转变传统的观念尤为关键，避免仅将部分书籍视为漂流资源的同时忽略其他馆藏的潜在价值；同时，也不应该将那些无人问津的资源简单地归入漂流项目[85]。目标是将有价值的书籍送到读者手中，让阅读的魅力深入人心，通过最大化资源的利用，激发读者的阅读兴趣和分享精神。

2. 转变角色定位

为了持续推进图书漂流活动并实现其核心目的，高校图书馆需重新定位其在活动中的角色。图书馆应主要负责活动的整体规划，包括制定规则、筹集资源、争取资金支持，以及与校内外各部门合作等。具体的执行过程应遵循以读者为中心、图书馆提供辅助的原则，采取一种半开放的运行模式，鼓励读者直接参与图书的漂流过程。通过明确图书馆与读者的职责，合作推进活动，可以充分利用双方的优势，提升活动的成效。在活动启动前，基于已有的读者协会或学生社团，应成立专门负责图书漂流的工作小组或委员会，以确保活动的顺利进行。只有通过激发读者的参与热情，才能确保图书漂流活动的质量和成功率。

3. 加强活动宣传

成功推广阅读的关键在于持续而全面的宣传努力。尤其对于创新的图书漂流这样的活动，广泛的宣传尤为关键，以确保其顺利执行和进一步的成长。宣传内容应涵盖活动细节、规则及其深层意义，并强调参与者的诚信重要性。宣传手段应结合传统途径与新媒体的力量，同时建立在线平台和实体漂流点以便接触更广泛的受众[86]。宣传的目标群体应扩散至校园外的潜在参与者，宣传时机应覆盖活动的前期、进行中和后期阶段。此外，宣传方式要多样化，结合图书评选、读者贡献榜单和心得分享等互动元素，进行更为动态和激励性的推广。在强化宣传的同时，重视活动经验的梳理和优化，提升细节处理的水平。图书的选取不仅需注重内容的丰富性，还要通过精心设计的封面和标签，提升图书的吸引力。

4. 增强合作与交流

图书漂流活动的影响力及其成功，很大程度上依赖于图书质量和流动效率。尽管图书漂流被广泛认为是促进全民阅读和资源共享的积极举措，但许多社会机构和个体仍持观望或冷漠态度[87]。因此，高校图书馆在推进图书漂流时，需加强与外界的联系和协作，争取更广泛的关注和支持。首先，与出版社和书籍发行机构建立合作，获取高质量的图书资源。其次，与校内的学生事务部门、宣传部、学生组织等合作，提升宣传效果和吸引更多读者参与。再次，与其他高校图书馆建立联系，通过区域性合作增强图书的流通率和扩大漂流距离。最后，与社会机构建立合作伙伴关系，借此扩大活动的影响力和覆盖范围，实现校园与社会的书籍互动漂流。通过这些策略，不仅能提升图书漂流的质量和效率，还能够构建校内外阅读共享的良性循环。

第四节　高校图书馆阅读推广策划

一、阅读推广受众目标

高校图书馆阅读推广活动是培养学生阅读兴趣、提升信息素养和构建学术氛围的重要手段。本文旨在探讨高校图书馆阅读推广的目标受众，以实现更有效的阅读促进策略。

（一）主要目标受众

高校图书馆阅读推广的主要目标受众包括：本科生，作为高校图书馆阅读推广的主要对象，本科生群体具有广泛的学科背景和多样的阅读需求，推广活动旨在提升其学术阅读能力和人文素养；研究生，针对研究生的推广活动更侧重于专业深度阅读和研究技能的培养，以支持其学术研究和职业发展；留学生，特别设计的阅读推广活动可以帮助留学生更好地融入学校文化，同时提供跨文化阅读材料，促进文化交流和理解；教师和研究人员，通过专业书目推荐、学术研讨会等形式，支持教师和研究人员的教学和研究工作，同时鼓励他们参与阅读推广活动，发挥示范作用；行政人员和技术支持人员，提供与工作相关的阅读材料和资源，增强其专业能力和服务水平，同时培养其个人兴趣和终身学习习惯。

（二）扩展目标受众

高校图书馆阅读推广的扩展目标受众包括：校园外社区成员，通过开放图书馆资源和组织公共阅读活动，吸引校园外的社区成员参与，促进校园与社区的文化交流；校友和远程教育学生，为校友和远程教育学生提供数字阅读资源和在线阅读推广活动，使他们即使身处校园之外，也能持续受益于图书馆的资源和服务。

高校图书馆阅读推广活动的目标受众不仅限于校内学生和教职工，还应涵盖校外社区成员、校友等更广泛的群体。通过精心设计的推广活动和服务，高校图书馆可以有效地满足不同受众的阅读需求，促进知识的传播和文化的交流，进而提升整个社会的阅读文化和学术氛围。

二、阅读推广主要形式

高校图书馆作为知识传播和学术研究的重要基地，其阅读推广活动对于培养学生的阅读兴趣、提升信息素养以及构建丰富的学术文化氛围具有重要意义。

1. 主题阅读活动

主题阅读活动是高校图书馆常见的阅读推广形式之一，通过设置特定的主题，如历史、科技、文学等，组织系列阅读材料和活动，吸引学生参与。这种形式有助于学生深入探索特定领域的知识，拓宽视野。

2. 阅读讲座与研讨会

高校图书馆定期邀请学者、作家或专业人士举办阅读讲座和研讨会，分享其研究成果、创作经验或阅读心得。这些活动不仅为学生提供了学习和交流的平台，还能激发学生的阅读兴趣和学术探索热情。

3. 图书推荐与展览

通过图书推荐与展览，高校图书馆向学生展示新购入的书籍、特色藏书或特定主题的文献资源。这些活动可以引导学生了解最新学术动态，发现阅读兴趣点。

4. 阅读竞赛与挑战

组织阅读竞赛或挑战活动，鼓励学生在规定时间内阅读一定数量或类别的书籍，并分享阅读心得。通过设置奖励机制，增加阅读活动的趣味性和参与度。

5. 数字阅读平台

利用数字技术建立阅读平台，提供电子书籍、在线期刊等数字资源，支持学生随时随地进行阅读学习。此外，还可通过社交媒体等网络平台进行阅读推广，增强互动性和覆盖范围。

6. 图书漂流与交换

鼓励学生之间进行图书漂流或交换，通过自由的书籍流通，分享阅读资源和心得。这种形式有助于构建校园内的阅读共享文化，促进学生之间的交流与合作。

高校图书馆阅读推广活动的多样化形式，旨在满足不同学生的阅读需求，促进学术交流和文化建设。通过有效地实施这些活动，高校图书馆不仅能够提升学生的阅读兴趣和学术素养，还能为构建学术共同体和知识共享环境做出贡献。

三、阅读推广策划原则

高校图书馆开展阅读推广活动的目的是吸引大学生的注意及参与，详尽细致的策划方案是阅读推广活动顺利开展的保证。

（一）针对性与整体性的协调

针对性与整体性的平衡是高校图书馆阅读推广活动成功的关键。针对性意味着活动应聚焦特定的受众群体，考虑到不同学生群体在年级、阅读习惯、兴趣爱好及学科专业方面的差异。因此，高校图书馆应细分目标受众，如本科生、研究生（硕士与博士）等，根据他们的具体需求设计相应的阅读推广策略。例如，对于初入大学的新生，重点在于引导他们熟悉图书馆资源，提高信息检索能力；而对于即将毕业的学生，更应着重于提供论文写作、就业准备等方面的阅读材料和指导。此外，考虑到不同学科背景的学生可能对阅读内容有不同偏好，图书馆也应根据学科特点进行有针对性的推广活动。

同时，阅读推广也需保持整体性，确保活动与图书馆的服务宗旨相一致，并兼顾不同读者群体的需求。在规划活动时，应全面考虑各个群体的利益，平衡不同年级学生的需求，以实现全面覆盖而非单一偏向。例如，秋季针对新生开展的活动，春季则可适当调整重点，以满足高年级学生的需求，同时不忽视低年级学生的参与。

（二）科学性与前瞻性的结合

科学性与前瞻性的结合是阅读推广活动策划的另一要素。活动不仅需要有明确的目标和正确的导向，引导学生发展持续的阅读习惯，还必须确保活动具有实际可行性，即在人力和物力资源上可持续执行。同时，高校图书馆应紧跟数字化阅读环境下的技术进步和读者阅读偏好的变化，积极探索包括数字阅读、移动阅读和新媒体阅读等新形式的推广活动，以创新的方式吸引学生参与，确保阅读推广活动的时代感和吸引力。通过不断地更新活动主题和形式，高校图书馆可以更有效地促进学生的阅读兴趣和文化参与。

（三）兼顾计划性与可持续性

每次阅读推广活动的成功实施都离不开充分的前期准备。确保活动的高效和高质量执行，需要从资源配置、资金保障、人员安排到地点选择和时间安排等多方面进行综合考虑和周密规划。通过精心的准备工作，为计划中的活动创造良好的条件。实施阅读推广活动旨在培养参与者的阅读习惯，并通过这些活动助力高校构建丰富的阅读文化。这是一项长期工作，短期内难以见到明显效果，因此，高校图书馆的阅读推广不应局限于偶发性或节日性活动，而应建立起持续性的发展机制。这不仅涉及资源和资金的长期规划，还包括人员的有效调配。在策划阅读推广活动时，应考虑将某些可持续开展的活动打造成品牌，从而树立良好的社会声誉。经过连续的参与和影响，参与者的阅读兴趣和参与热情将逐步提升。例如，高校可以定期举办"一城一书"的活动，不仅提高书籍利用率，还有助于学生形成积极的阅读习惯。此外，"一校一书"的立体阅读模式也是一个有效的推广策略。

（四）创意性与常规性的平衡

在创意与常规之间寻求平衡是高校阅读推广活动的另一重要方面。目的是吸引更多人参与，激发他们的阅读兴趣，同时通过创意活动提升宣传效果。一个具有创意的活动能否引起学生的广泛共鸣，给读者留下深刻印象，以及获得广泛关注，是评估其创新性的关键指标。因此，在策划时，高校图书馆应确保活动方案具备趣味性、新颖性和个性，以及一定的挑战性，以此吸引学生的注意。然而，创意性活动往往对资源、资金和技术要求较高，不是所有活动都能够创新。图书馆阅读推广活动既包括常规活动也有非常规活动。常规活动便于在图书馆内定期开展，有利于品牌和声誉的建立。在策划时，重要的是找到创意性与常规性之间的平衡点，使常规活动形成品牌，在条件允许的情况下开展创意性活动，以达到锦上添花的效果。

四、阅读推广策划模式

阅读推广活动的策划应该具有创新性，要开展精准化、多样化的阅读推广活动。高校图书馆的阅读推广活动还需要内外合作才能获得最好的效果。

（一）头脑风暴法

创新性思维是推广阅读活动中不可或缺的元素，尤其在高校图书馆的阅读推广中，创新不仅体现在内容更新上，还要在活动形式上寻求突破。为了激发创新精神和开拓新思维，图书馆可在确定推广主题后，邀请来自不同学科背景和工作岗位的人员，形成多元化团队进行头脑风暴。在这一过程中，团队成员在开放和友好的讨论氛围中自由发表意见，这种无界限的思维碰撞可以极大激发个人的创造力和思维潜力，从而促发新的创意火花。

（二）众包模式

众包模式，作为一种利用互联网集合智慧的新型工作方式，已在2006年被引入。该模式通过将传统由内部人员完成的任务开放给广大网民，旨在集合众人的智慧和力量完成特定目标。高校图书馆可以借助众包模式提升服务质量，推动教学和科研工作的进展。通过引入具有不同文化背景的参与者，图书馆能够建立一个多元化的阅读推广网络，从而增强活动的包容性和创新性。通过吸纳外部的新鲜视角和人才参与，图书馆能够更好地从读者的需求出发，吸引更广泛的参与者，打开阅读推广活动的新局面。高校图书馆实施众包模式于阅读推广活动显示了其前瞻性和实践性。利用高校丰富的学生资源和与各部门的合作关系，为众包服务提供了坚实的基础。志愿者群体可以包括学生组织成员和网络粉丝，他们的主要任务是协助图书馆完成项目并推进合作事项。此外，图书馆在策划推广活动时也可采用众包模式，借此汇聚集体智慧，促进创新思维，进一步丰富和完善阅读推广活动的内容和形式。

五、阅读推广策划流程

（一）"知己知彼"，做好前期调研

1."知己"——对图书馆的资源与服务特色进行梳理与整理

对于高校图书馆而言，精准地识别并利用自身资源和服务特点对于策划有效的阅读推广活动至关重要。策划团队必须深入理解图书馆的资源和服务，以便精准推广。一种策略是利用图书馆广受欢迎的资源和服务作为推广基础，例如，通过组织与热门书籍榜单或获奖作品相关的展览和阅读会。另一种策略则是挖掘图书馆独有的资源和服务，举办特定主题的活动。例如，清华大学图书馆在其校庆日推出了"清华人与清华大学"主题书架，展示了包括官方校史、校友回忆录、校史研究等多种类型的图书。武汉大学图书馆则根据自身的馆藏特色，举办了涵盖民国文献、港台文献等多个专题的特色文献推介展。

2."知彼"了解读者才能进行有针对性的推介

了解目标读者群体是制定有针对性推广策略的前提。首先，通过综合运用调查问卷、个别访谈、小组座谈等方法，并结合图书馆借阅数据分析等手段，全面掌握高校读者的阅读偏好和需求。其次，根据大学生的阅读类别进行细分推广，这些类别包括有明确阅读目的的读者、受众体阅读的读者和随机阅读的读者。针对有明确阅读目的的读者，图书馆可以根据他们的需求调整馆藏，为从众阅读的读者提供推荐服务，而对于随机阅读的读者，则可通过提供书单来引导其阅读。

选择合适的阅读推广时机也是成功的关键。如对新生推荐论文写作相关书籍可能时机不当，因此，图书馆应根据学年节奏和学生需求的变化适时开展推广活动。例如，9月迎新时期关注新生的阅读引导，11月可为研究生提供专业书目推荐，而每年春季则可为即将毕业的学生提供创业相关的资源和讲座。通过深入了解和精准定位图书馆资源及服务、认真分析读者需求和特点，并根据学年节奏灵活安排推广活动，高校图书馆能够有效地开展阅读推广活动，促进校园内阅读文化的建设和发展。

（二）确定活动意向

图书馆阅读推广的总体目标是推广资源与服务，但一项具体活动的开展需要有一个清晰的意向，这样策划才有方向。从近几年阅读推广活动的开展来看，可初步将活动意向归纳为以下几种。

1. 引导阅读

引导阅读主要是开展专题书目推广或书展活动。这类活动的策划主要围绕大学生读者进行阅读推广，倡导健康的阅读风气，兼具知识性、思想性和趣味性。

2. 学术、思想、文化的交流和分享

（1）大型讲座。举办各类型文化讲座，促进文化传承和创新。

（2）小型读书沙龙。设立欣赏文艺作品、分享阅读感悟、培养人文素养的阅读交流平台，强调交流分享。

（3）真人阅读。以面对面的形式沟通，分享多样人生经历和感悟。人即是书，书即是人，人书合一。

3. 阅读感悟和分享

（1）读书征文。强调以阅读感想和阅读思考为中心，写出自己不同的见解和真情实感，可读性强，对同龄人有启发。

（2）书评大赛。可以是不同主题的书评大赛或网上微书评活动，字数不限，强调感悟。

4. 提升资源的推广利用率

针对电子资源推广可举行"学术搜索之星"挑战赛或数据库有奖竞答等活动。针对纸本资源可举行"找书达人——图书搜寻大赛"或书山寻宝类活动，让新生通过游戏比赛的方式学习书号知识，更快速、更准确地找到所需图书。

5. 加强阅读资源的循环传递

图书互换会、图书漂流活动可以让读者各取所需，让书籍流动到最有求的人手上。

6. 加强阅读的示范效应

"借阅之星评奖""读书之星比赛"等活动可以用身边的实例激发学生的阅读兴趣。

（三）确定选题

在阅读推广策划实践中，要初步确定开展哪方面的活动，如书展或读书征文，但选题往往又是一个难点。如果不想落入俗套，使活动接地气且具有学术性、时事性、知识性、趣味性，可参考以下方法：

1. 关注社会热点

在当前的社会环境中，大学生有着广泛的信息获取渠道，包括但不限于微博、微信及其他主要新闻媒体，这些平台每日都会发布众多新闻资讯。若图书馆能够巧妙地将其活动与这些社会热点相结合，便能立即吸引大学生们的注意。举个例子，当莫言荣获诺贝尔文学奖时，图书馆推广该奖项得主的作品，这样的做法无疑会吸引大量学生的关注。再如，2015年屠呦呦因其对中医药的贡献获得诺贝尔生理学或医学奖，武汉大学图书馆不仅举办了中医药专题书展，还在一项信息搜索竞赛中通过微博发起抢答活动，询问屠呦呦的一篇关于中药青蒿化学成分研究的文章的引用次数，此举立即吸引了众多关注者，并获得了积极的反响。

2. 关注文化机构的热点

对于阅读推广人员而言，持续关注文化机构如出版社、学校、书店等举办的活动及其网站信息是至关重要的。通过关注这些机构发布的年度优秀图书榜单、文学奖项评选等，可以挖掘出许多有价值的活动主题，进而策划一系列相关活动。比如，上海交通大学图书馆就成功举办了以"精选佳作"为主题的书展，而华中科技大学图书馆则利用新浪读书和凤凰读书网发布的优秀图书榜单来推荐书目，这些都是极佳的实践案例。

3. 结合节日或纪念日进行选题

利用节日或纪念日的举办活动是一个深入挖掘和传承历史文化精神的有效手段，它不仅关联着重要的历史时刻，而且有助于加深对传统文化的理解，增强文化认同感，并提升文化素质。比如，举行端午节的屈原诗歌朗诵比赛。上海交通大学图书馆曾经创办了"与图书馆共度元宵节，解谜留言，享受传统美食"的活动；清华大学图书馆推出了"探索女性主题书籍"的展览；北京师范大学图书馆组织了"向大师致敬：探索汤显祖与莎士比亚"的综合性阅读活动，集合了专家讲座、书籍展示与影视展播。这类活动能够激发学生的兴趣，增加他们的参与感。

4. 结合本校特色、重大活动和校友等进行选题

结合学校的独特属性、标志性活动（如校庆、图书馆纪念日等）、校友资源等进行阅读推广，能够有效地吸引学生群体的关注。例如，清华大学在校庆之际推出的"清华人与清华大学"主题书展，以及图书馆在其百年庆典上开展的多项活动，如"岁月的印记、清华的珍藏、庆祝系列书籍及系列展览"等；北京大学图书馆则是在秋季迎新季推出书目展览，围绕"深入了解北大、爱上北大、适应北大生活、享受北大"以及"接近大师、培养高尚素养"等主题，挑选了适合新生阅读的书籍，引起了积极反响。这些活动不仅促进了学生对学校文化的理解和归属感，还增强了他们的文化素养和阅读兴趣。

（四）实施策划

1. 整体规划

在制定高校图书馆活动策划时，应充分考虑学校的独特性质和学生利用图书馆的常规行为，从而将活动划分为日常阅读促进、特定主题阅读以及创新性推广活动。根据图书馆的特点，可以开展各种不同级别的活动。在整体规划中，需清晰界定若干关键要素：活动的核心理念、具体主题、持续时间、组织及合作伙伴、主要内容、进度安排、各个子项目的具体任务分配、预算安排、预期成效及成效评估方法等。这种规划旨在全面协调阅读推广活动所需的人力资源、财务、物资、技术支持及时间和空间安排，确保每一环节都经过深思熟虑，从活动的必要性与实施可能性两方面作出合理规划。特别是在创意构思与现实条件之间找到平衡，避免因条件限制而导致活动计划流产。

2. 设计活动方案

在总体规划指导下，各个阅读推广项目需进一步制订细化的执行方案。这些执行方案通常由项目负责人负责起草，并根据统一的标准来制定，以解决更具体的问题。这包括明确活动的核心主题、目标受众、内容及形式。执行策略的确定涉及活动的管理模式、人员配置、时间规划、奖励机制、合作模式以及通过各种渠道进行的宣传策略，例如传统纸质媒体和新媒体渠道如微博、微信、图书馆官网及合作伙伴网站等。这样的方案设计旨在确保活动的有序进行，并通过精确的规划实现既定目标。

第五节　上海外国语大学图书馆小而美的阅读推广案例

在最近几年，随着观念的形成和发展，高等教育机构的图书馆逐渐开始认识到"阅读推广"的重要性，并开始尝试开展相关活动。然而，经过长时间的实际工作、访问研究以及与同行的交流后，我们注意到还有相当一部分高校图书馆在推广阅读方面感到力不从心，甚至不知从何着手。本部分将概述在高校图书馆阅读推广中遇到的主要挑战，并提出一种"小而美"的阅读推广方法。此外，我们将通过对上海外国语大学虹口校区图书馆的具体案例进行深入分析，旨在为其他高校图书馆提供实用、易实施的阅读推广策略。

一、阅读推广面临的困境

许多高校图书馆在执行阅读推广活动时遭遇了一系列客观困难，包括但不限于人员短缺、空间限制以及财务约束等问题。具体来说，人员短缺涉及图书馆工作人员和读者两个方面。从图书馆员工角度看，由于专业知识背景的差异或缺乏系统的阅读推广培训，他们可能不太能够有效地规划和创新阅读推广项目；从读者角度看，除了考试期间，许多高校图书馆的访问量通常呈现下降趋势，这自然降低了潜在积极参与者的数量，进而减少了受益于阅读推广活动的读者群体。关于空间限制，一些高校图书馆因为建筑年代久远和装潢过时，在短期内难以进行大规模的更新改造，与之相比，现代商业书店和独立书店更容易营造出一种吸引年轻读者的文艺氛围。在财务方面，作为非营利机构的高校图书馆面临资金紧张的现实，特别是在这一新兴领域，由于缺乏成熟的评估机制，短期内很难争取到足够的专项资金支持。鉴于人员、空间和财务上的这些挑战，许多高校图书馆在开展阅读推广活动时难以取得预期效果。尽管人员增加、设施改善和资金支持是必要的，但依赖长期解决方案可能阻碍图书馆短期内改善阅读服务。因此，设计和实施既适合现有条件又内涵丰富的阅读推广活动，以有限的资源取得更大的成效，显得尤为重要。

二、"小而美的阅读推广"思路

（一）理念的起源和实施思路

"小而美"的概念最初由阿里巴巴集团的创始人马云在2019年的APEC峰会上提出。该理念在电商行业内被解释为更深层次满足消费者需求，通过针对性的局部创新来实现。它与"大而全"的策略形成对比，强调情感连接、多样性与个性化的重要性，以及对可持续发展的关注。进一步的研究表明，"小而美"代表了服务的差异化、产品的多样化以及个性化定制的趋势。

在这一概念的启发下，本研究将"小而美"的思路应用于阅读推广活动中，旨在图书馆有限的条件下，不依赖于增加预算或员工数量，而是通过直接并积极的小规模创新来更好地满足目标读者群的需求。在执行"小而美"的阅读推广策略时，特别强调与读者的密切互动，注重收集和分析读者的初期建议与反馈，以便及时调整推广策略。推广的形式虽然简洁，但富于变化，且开放于小众内容的展示。

（二）实施的可行性

鉴于阅读推广工作所面临的挑战，"小而美"的推广策略提供了一种有效的解决方案。该策略主要采用小型书展和其他灵活的推广方法。如案例所示，小型书展的组织不需要大量的工作人员参与，流程明确，易于复制。其他推广活动可以轻松融入图书馆资源建设和读者服务的日常工作之中，几乎不增加额外工作量。此外，跨部门的合作也顺应了图书馆阅读推广活动中部门界限逐渐模糊的趋势。通过鼓励师生参与策划活动，可以有效扩展参与的人力资源，这是"小而美"阅读推广策略的一大亮点。

在场地和经费的限制条件下，采取因地制宜、灵活应变的策略是最佳选择。在无法进行大规模场地改造的情况下，可以从简单的布局调整、展台和书架的优化入手。即便是对图书馆现有设施的小幅度调整或装饰，也能带来新的阅读体验。例如，利用阅览桌或报刊架进行创新性的布置和组合，就是一种有效的局部创新。正如后文所介绍的"小而美"的阅读推广案例所示，相关的支出通常仅限于文印费用，证明了这种策略的经济效益。

三、"小而美的阅读推广"案例分析

本节将以上海外国语大学虹口校区图书馆（以下简称上外虹口馆）为例，具体介绍如何进行"小而美"的阅读推广。

上外虹口馆自2015年10月起，布置小型甚至微型书展，至今已有16次。除寒暑假书展周期略长外，基本保持每月有新展。充分考虑到上海外国语大学外语语言文学类学科特色，上外虹口馆策划的阅读推广以人文学者、翻译家为核心，用多种细化的形式推广其作品、译著。表6-1就近两年以来上外虹口馆的实际布展情况，进行梳理分类并分析，也补充书展以外的、"小而美"的阅读推广方式。

表6-1　近两年上海外国语大学虹口校区图书馆书展情况简表

时间	书展主题
2015年10月	致敬大师——草婴译著文献展
2015年11月	青春是美丽的——巴金文献展
2015年12月	沈从文生日，图书馆阅读推广"微"活动
2016年1月	社科新书展
2016年3月	"明河社"版金庸作品小展
2016年3月	宋词之旅
2016年5月	所有的怀念须回归作品——杨绛作品展
2016年7月	品书知日本——日本文化主题书展
2016年9月	"2016诺贝尔文学奖由你选？"
2016年11月	鲁迅的"民国萌"
2017年1月	社科新书展
2017年3月	傅雷作品展
2017年3月	"赏世界诗歌于上外"书展
2017年4月	"读享世界"——上外人互享书展
2017年5月	汪曾祺的戏、文、书、画
2017年6月	品书知日本——日本文化主题书展

（一）"突然纪念"

在这一类中，又可细分为三种：突发事件；快闪来袭；插空衔接。

1. 突发事件

"突发事件"涵盖了诸如作家、译者意外离世以及其他突发社会事件的情况。这类推广活动通常因为事件的突然发生而难以提前做好准备，其挑战在于需要迅速做出文案上的响应。以2015年10月24日译者草婴先生的不幸离世为例，考虑到他在俄罗斯文学翻译领域的杰出成就，以及这与上海外国语大学俄语系的密切关联，图书馆员工立刻利用周末时间筹划纪念活动。一名图书馆员工负责搜集草婴先生的翻译作品，编写了一份简明的传记，并同时进行图书的选择与打印工作。随后的周一，名为"向大师致敬——草婴翻译作品展"的小型书展在图书馆一楼通道旁展出，使用了一张未被占用的小型讲台。这次活动标志着上外虹口图书馆首次尝试举办小型书展。尽管草婴先生的翻译作品在馆藏中数量有限，仅约20本，但展览的举办不仅吸引了师生驻足观看，而且一些旧版翻译作品也首次被借阅出去。另一个案例是2016年5月举办的"缅怀杨绛——杨绛作品展"。此次活动的亮点在于，面对杨绛先生作品纸质版数量有限的问题，图书馆员在宣传中特别强调了电子书的阅读。纸质书被借出后，等待预约的过程可能会影响读者的阅读热情。因此，及时推荐电子书的检索与阅读方法，成为对书展式阅读推广的有效补充。

2. 快闪来袭

"快闪来袭"以其短暂存在——有时仅一天或更少的时间——通过一个"错过即走"的策略激发了读者的阅读热情。举个例子，12月28日标记着沈从文先生的诞辰。尽管那个月已经有其他主题书展的计划，图书馆工作人员还是决定举行当天的特别活动。宣传文案简洁明了："纪念沈从文先生的诞辰，今天借阅沈老的书籍，并在元旦之后归还的读者，将获赠一张明信片。"这次的"闪电书展"设置在图书馆入口的接待台附近。书籍总量不超过20本，营造了一种"手快有手慢无"的紧迫感，同时传达了一种"即刻阅读"的理念。通过适当延长归还时间，旨在为读者提供与书籍共度的时光，减少即借即还的游戏化行为，增加真实阅读的机会。

3.插空衔接

"插空衔接"活动是在正式的学期阅读推广计划之间，安排的一种临时而随意的小型书展，作为两次更有组织、时间敏感的推广活动的衔接。比如，在2016年春季学期，上外虹口图书馆计划了一次以宋词为主题的阅读推广活动。由于需要与学校宣传部门协调，该活动计划于3月下旬举行，那时距开学已经近一个月。为了避免开学期间展台空置，并利用3月10日金庸先生的生日这一机会，图书馆工作人员紧急策划了一个"间隙连接"的书展——"纪念'大侠'金庸先生诞辰的明河社版作品展"。此次活动推广了库存中较少被借阅的金庸作品的繁体竖排版，由香港明河社出版。这个微型书展持续了大约一周，尽管整体借阅量不高，但其中的《飞狐外传上、下》和《倚天屠龙记（一）》实现了首次借阅的突破。

（二）"立体联展"

"立体联展"是指上外虹口图书馆与上海外国语大学松江校区的图文信息中心（以下简称上外松江图书馆）共同组织的展览活动。上外松江图书馆的大厅提供了充足的空间来举办展览，例如在2015年11月与巴金故居等机构合作举行了"巴金图文档案展"；2017年3月，又与上海浦东傅雷文化研究中心等机构共同主办了"傅雷手迹与文稿纪念展"。通过与其他图书馆或文化、出版机构的合作，将实物展品与图书馆的藏书结合，能够创造出一种"立体阅读"的体验，这无疑会让书展更加生动并吸引更多读者。然而，如果实物展览仅能在单一校区或图书馆内进行，其他校区的图书馆可以通过主题检索编制相关书目，举办与实物展览相呼应的小型书展。这种做法不仅实现了跨馆的同步策展，还便利了无法亲临实物展览现场的师生。在上述的"立体联展"中，例如配合上外松江图书馆的"巴金图文档案展"，上外虹口图书馆推出了"青春之美——巴金文献展"。其中，"青春之美"这一主题与同期举办的巴金作品翻译竞赛主题相呼应，增加了活动的互动性和吸引力。

（三）"胸有成竹"

这一类可细分为两种：相对固定的阅读节目；精心准备的文学"大咖"推广。

1.相对固定的阅读节目

围绕世界诗歌日、世界读书日和诺贝尔文学奖公布之日举办的各项图书及作者推广活动展现了一种"周期性"策略，这些活动每年分别在3月、4月和10月进行，赋予了阅读活动持续性和稳定性。在上外虹口图书馆的实践案例中，这些特定日期分别对应了"春日诵读诗歌""阅世界之窗""预测诺贝尔文学奖得主"等主题。2016年3月的"走进宋词世界"活动标志着上外虹口图书馆首次通过微信公众号进行阅读推广。因此，宣传内容更接近年青一代的口吻，采用了流行的表达方式，例如："在传统文化的边缘，文人也在寻找着自己心灵的慰藉。他们的心路历程，不为人知——他们通过词来表达。"此次展览聚焦于宋词的文本、作者、词学及文化研究，同时推荐了叶嘉莹教授关于宋词的讲座，实现了对宋词全面而深入的展示。次年3月，以"世界诗歌鉴赏于上外"为主题的书展与微信公众号的推送紧密结合，推送内容贯穿整个展期，而不是一次性的活动宣传。推送的标题用不同语种的诗歌来代表"世界"，如"世界法语诗歌鉴赏于上外"。在2017年世界读书日前夕，上外虹口图书馆启动了"分享你的书单"活动，通过微信公众号邀请师生分享他们愿意与全校分享的书籍及其理由，吸引了近百人参与评论。最终形成的书单成了"4·23阅享世界"书展的基础。诺贝尔文学奖通常在10月初公布。上外虹口图书馆于2016年9月发起了"你选的2016诺贝尔文学奖是什么？"活动，展出了被认为有可能获奖的作家的作品。奖项公布后，图书馆迅速通过微信公众号介绍获奖者鲍勃·迪伦，弥补了其作品在国内出版较少、馆藏有限的不足。这些周期性的阅读活动特别强调了与师生读者的互动，增加了活动的参与感和互动性。

2. 精心准备的文学"大咖"推广

在每个学期开始之前，图书馆工作人员将草拟一个针对该学期阅读推广的计划概要，通常这包括聚焦于某位备受瞩目的文学巨匠。举例来说，上外虹口图书馆之前已经成功举办了一系列相关推广活动，包括以鲁迅为主题的"民国时期的萌芽"书展和微信推广，以及围绕汪曾祺的多才多艺（包括戏剧、文学、书法、绘画）的展览，以及名为"促进风俗回归本真"的推广活动。这些推广活动的共同特点在于，它们都注重初期的资料搜集工作，旨在创造原创性、趣味性以及富有教育意义的推广内容，以真正激发读者的阅读和借阅热情。为了确保这些策划的质量，尤其是在文案撰写方面，若图书馆工作人员遇到困难，可以考虑提前邀请师生参与稿件的撰写。

（四）有福坐读书

"有福坐读书"涵盖了寒假与暑假期间的阅读活动。对于高校的师生来说，这些假期不仅是工作与学习的一个重要阶段，还是一个能够让他们以更佳状态迎接新学期的机会。因此，高校的阅读推广活动绝不能忽视这一关键时期。经过两年的尝试与实践，上外虹口图书馆已经发展出了一套布展的常规方法，这些书展特别注重视觉装饰的效果，旨在局部地展示阅读推广空间的多元美感和文化气息。

比如，在2016年和2017年的寒假之前，上外虹口图书馆分别举办了以"社会科学新书"为主题的书展。为了营造一个适合假期阅读的环境，图书馆工作人员故意选择了较为广泛的主题。他们主要关注前一年最后一个季度新出版的社会科学类图书，特别是11月和12月的新书，并根据馆藏以及参考各种"优秀书籍榜单"来挑选书目进行展示。展台的布置则着重于营造一个"迎新年阅新书"的节日氛围，通过展出师生和图书馆工作人员提前征集的手写春联来达到这一效果。这样的策划在师生的微信朋友圈中也收获了不少好评。

在接下来的两个暑假期间，适逢全国高校参与的"深入阅读日本文化"征文比赛，图书馆的布展则以日本文化相关的图书为主。特别强调利用纸质装饰品来增强视觉效果，例如利用文字云软件创造出代表日本文化的茶壶形状和代表日本设计的手掌形状的书名展示，这些都是通过A4纸打印出来的。还有通过使用浓重的黑色隶书字体来突出推理主题，或是用鲜艳的多色字体排列日本女性作家的名字，以及用竖排的楷书书写获奖的日本作家名字，如夏目漱石、芥川龙之介等。最后，通过在展区上方悬挂细绳，将这些纸质打印品夹在绳上展出，下方则展示与之相关的书籍。在资金投入方面，仅需支付两张海报的打印费用和一些彩色A4打印纸，布展过程快速且成本低廉，但创造出了既典雅又活泼、深具日本特色的视觉效果。

（五）其他简便易行的推广方式

"小而美"的阅读推广策略同样包括通过图书馆的微信公众号发布新书消息。正如前文所述，微信文章在支持书展等阅读推广活动的宣传中发挥着重要作用。我们还应该认识到，这不仅是一种能够补充实体书展的推广手段，而且能灵活应用于新书发布。微信文章能够与采编部门建立推广的联系，新书到馆后，可以多样化地介绍，不仅限于之前提及的利用假期推广的"社会科学新书"，还可以定期或不定期地介绍一套书、几本书甚至一本新书。因此，借助图书馆的微信公众号，使得负责采编的图书馆工作人员能够直接与读者交流新书信息，这种传播方式更为便捷和高效。定期发布的新书信息，无论是每周还是每月，都会逐渐形成习惯，这同样有利于阅读推广活动的持续性和长效性的发展。

图书馆内的自助借还机旁的还书车同样是一种有效的"精致阅读推广"手段。设计巧妙的书籍展示能够提高图书的流通率。一个常被忽视的现象是，读者归还的书籍在进入下一步管理流程之前，通常会在还书车中暂存几小时到一天的时间。图书馆工作人员可以利用这个机会，将这些书籍短暂但合理地向所有访客展示。同龄人或者学校老师借阅过的书籍，很容易在读者中引起共鸣，从而产生连锁的阅读效应。这种方式相当于实现了师生之间的一种"匿名"互动和推广。仅需将这些书籍以"书脊朝外"的方式展示，就能显著增加其借阅率。即使是短暂的展示，只要坚持，也能取得良好的推广效果。

此外，随着移动通信技术的发展，校园和居住区内的IP、IC电话亭在除了极特殊情况外几乎已无使用场景。如果能够与相关部门协调，对电话亭进行适当的改造，使其成为与图书馆阅读推广活动相配合的图书交换点，这也将是一种"精致阅读推广"的方式。这样的做法可以将阅读推广活动延伸到校园的每一个角落，甚至生活区，增强阅读的覆盖面和参与度。

四、总结

"小而美"的阅读推广注重创意和互动，可以在方方面面汲取灵感，局部创新。包括但不仅限于小型书展。书展的实施和分工可简化如图6-1：

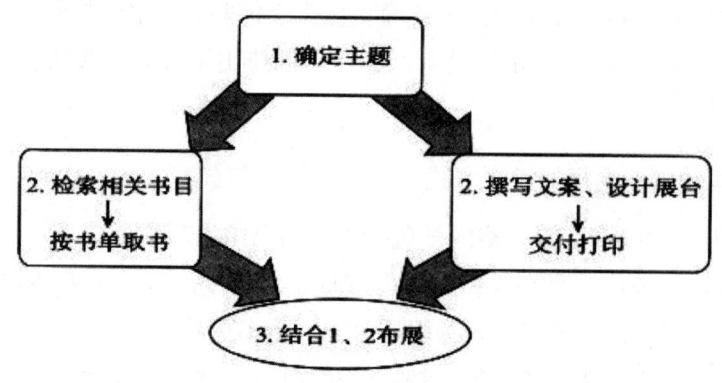

图6-1 "小而美"书展实施与分工

　　"小而美"的阅读推广简便易行。其目的在于：活动先行，见到效果方可进行进一步的改革——包括高校馆今后的活动预算，更包括推进阅读推广工作评估办法的落实；以小见大，美在细节，真正激发目标读者群的阅读兴趣。

第七章
全民阅读视域下高校阅读推广实践

本章主要内容为全民阅读视域下高校阅读推广实践，详细介绍了基于阅读共同体的高校阅读模式构建、实践初探：高校经典阅读工程建设、"五位一体"大学生阅读体系建设。

第一节　基于阅读共同体的高校阅读模式构建

基于阅读共同体的理念，推动高校经典文献的阅读无疑是构建这一共同体的理想领域。在高等教育机构内，图书馆的阅读推广人员、学术专家、大学生群体以及图书馆的资源和空间共同形成了经典阅读共同体的核心构架。构建这一共同体的目标聚焦于三个主要方面：首先，学校致力于提高学生的文化素质；其次，图书馆旨在增加资源的使用效率，最大化经典文献的作用，进而为大学生推荐精选阅读材料；最后，激发大学生对深入学习与知识探索的热情。这三个目标构成了高校经典阅读推广活动的根本目的，也是推动阅读共同体形成的关键动力。因此，高等教育机构的经典阅读推广活动显然是构建阅读共同体的最佳实践领域。

一、高校经典阅读共同体构建方式

构建高校经典阅读共同体有两种方式：一是自上而下，二是自下而上。

(一)自上而下的构建方法

在自上而下的阅读共同体构建方法中，这种策略被视为一种由外部驱动的模式。依托于专家的权威性和深厚的知识库、学校的行政支持以及图书馆的阅读推广计划，这种方法采用领导者导向的方式来形成阅读共同体。学校为了培养学生的文化素质，聚集一支专家团队，通过图书馆的阅读推广人员进行组织和规划，采用邀请加入或报名参加的方式来开展阅读推广活动[88]。学生通过参与可以获得某种认可或奖励，以此来达到阅读的目的。这种模式的优势在于其具有强大的预测性和规划性，可以让读者在加入共同体后，因为知识的吸引、环境的优化构建以及合作的良好氛围而激发阅读兴趣，或者是因为目标和规范的约束而参与阅读训练。对于自律性较弱的学生，这种模式尤为有效。

（二）自下而上的构建方法

自下而上的阅读共同体构建方法则是一种由内部动机激发的模式。基于实现特定目标、解决特定问题或纯粹的兴趣驱动，学生团体或个人通过图书馆的阅读推广平台来表达他们的阅读需求或意向。图书馆的推广人员随后策划经典阅读活动，与专家合作确定经典书目、发布阅读信息，从而促使其他学生加入阅读共同体并参与活动。在阅读活动结束后，图书馆将评估并展示阅读成果。这种方法的优点在于它建立在坚实的阅读基础上，无须过多引导学生阅读经典作品，仅需根据学生的强烈阅读意愿来组织活动，并引导他们进行深入和扩展阅读，从而在认识和研究经典作品的深度和广度上进行增长。自下而上的模式主要适用于建立拥有相同兴趣爱好的学生群体的阅读圈。

二、高校经典阅读共同体构建条件

（一）硬件建设

物理基础设施对于经典阅读共同体的持续发展起到了关键的支撑作用。图书馆的环境布置和空间改造构成了物理基础设施建设的核心。首先，需要创建风格高雅的经典阅读区域，以满足特定的阅读氛围要求，这包括按类别设计具有独特风格的阅读空间。图书馆可以与大学的不同学院和部门合作，创建针对特定学科的经典阅读空间，并配置足够的经典著作复制品，打造一个专门的经典阅读环境。例如，浙江大学在四年的时间里，分步骤在各个学院设立了多个阅读基地，成功地建立了良好的品牌影响力。其次，建立若干个小组讨论室，这些讨论室应配备全套设施，包括所需的工具和设备，以便于阅读共同体进行深入研究和讨论。最后，应建立录音室、表演室和成果展示或报告区，为阅读共同体成员提供一个平台，以便他们能够重新演绎经典作品，并推广经典阅读的成果。

（二）软件建设

1. 人员配置

在构建高校经典阅读共同体方面，软件基础设施涵盖了人员配置、平台建设以及制度构建等关键要素。具体到人员配置，这涉及专家学者的挑选与图书馆阅读推广人员的培训。图书馆能够按照经典作品所涉及的学科领域进行划分，面向全校范围内招募相关学科的专家学者，形成一支导师团队。这个团队既可以是某一学科领域的导师团队，也可以是专门针对特定经典作品的导师团队，通过导师的知识和个人魅力引领学生深入阅读和理解经典。对于阅读推广人员，图书馆需选拔具有丰富经验、良好的阅读习惯和强大的组织协调能力的人员，以确保阅读推广活动的持续性和动力[89]。近年来，从中国图书馆学会开始，已逐级推动阅读推广人员的培养，出版了一系列教材并取得了显著成果。尽管如此，除了活动组织技能外，阅读推广人员在阅读习惯、兴趣和科研能力等方面的核心素质还需进一步提升。

2. 平台搭建

平台建设主要利用现代技术手段，为阅读共同体提供一个交流、互动和信息获取的虚拟空间。这种平台有助于共同体成员随时随地交流，实时解决问题，启动讨论并完成阅读任务，成为连接各方的便捷桥梁，并确保活动的启动、执行、评估和奖励等各阶段能够无缝对接。

3. 制度建设

制度建设是确保阅读共同体可持续发展的基石。制度的设计始终服务于明确的目标和任务，高校经典阅读的最高目标应与学校的人才培养目标相一致。制度建设需要明确如何通过共同体单元来实现学校的培养目标，包括高校经典阅读共同体领导机构的构建、导师制度的建立、图书馆在共同体中的地位和作用、各共同体单元推动者和负责人的职责、成员的选拔和管理、活动流程的规划，以及活动细节的管理等。

总的来说，高校经典阅读是建立阅读共同体的理想领域，无论是自上而下还是自下而上的模式，都依赖于图书馆提供的物理和软件基础设施的支持。图书馆资源、平台、空间和制度构成了共同体的基础，而导师团队、阅读推广人员、组织者和读者则是共同体的核心，不可或缺。通过不断地升级和改进，这些基础和核心元素能够适应共同体发展的需求，成为其持久发展的保障。

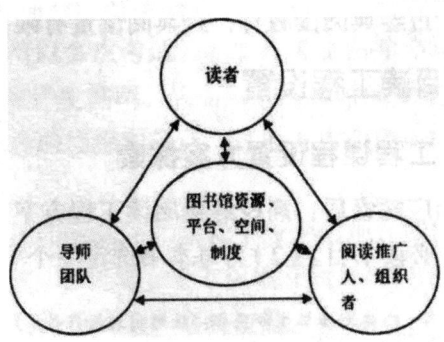

图7-1 高校经典阅读共同体的核心部分

第二节 实践初探：高校经典阅读工程建设

一、高校经典阅读

人类文化和文明的顶峰体现在经典作品中，这些作品不仅代表了文明的发展高度，还是我们理解文化发展历史的关键途径。对大学生而言，学习这些经典作品提供的普适性知识是高等教育不可或缺的一部分。

（一）经典阅读是通识教育的重要组成部分

大学的角色并非仅仅在于传授具体的职业技能或专业知识——这些通常是职业培训机构的研究重点——而是在于提供广泛的、普遍性的知识，帮助学生学会思考和解决问题，从而完成其培养人才的核心使命和任务。在全球化的今天，强调对大学生实施通识教育，特别是将人文教育与科学教育相结合的重要性，目的在于促进学生的全面成长，尤其是其个性的发展。

（二）国内外著名高校的经典阅读实践

北京大学高等人文研究院的院长杜维明教授强调，通识教育的精髓在于细读经典文献，通过逐字逐句的阅读来培养。通识教育旨在培养通达于人类精神世界的全面发展的个体，而不仅仅是技能全面的人才。没有经过这样的经历，个体难以达到普遍性的认识层次。北京大学信息管理系的王余光教授也认同，经典阅读是培养现代人文素质不可或缺的一环，应从阅读传统经典开始。

美国芝加哥大学自20世纪30年代起就开始实行经典阅读计划。该校前校长赫钦斯（Hutchins）引入了经典文献阅读课程，并推动了经典阅读运动。在中国，胡适和梁启超两位学者也曾推荐必读的国学经典书目。目前，众多高校如北京大学元培学院、复旦大学复旦学院、中山大学博雅学院等都在开设经典阅读课程，无论是选修还是必修，旨在引导年轻学生阅读经典。然而，这些课程的覆盖范围相对有限，普及程度不高。一些学生在家庭和中小学教育中缺乏经典阅读的经历，导致他们接触到的经典作品数量有限。

二、高校经典阅读工程设置

（一）经典阅读工程课程设置方案探索

1. 方案的构成

经过多年的阅读推广探索后，高校经典阅读工程方案如下：（1）选定30本经典书目为在校大学生必读书目。（2）为每本书选定一个导师或者一个导师团队。导师为该书录制阅读辅导视频教程，并做好辅导课件。导师进行大学生日常阅读的网络在线指导，组织该书的书评、读后感的评选工作以及本书的阅读交流互动活动。（3）导师结合图书内容，为每本书完成客观题的命题工作，建立阅读考试系统题库。（4）30本书按照难易程度进行递进分为三个等级，分别对应大一、大二、大三，每个年级只需读为本年级设定的10本经典书。读完一本书之后参加该书的经典阅读在线考试，由阅读考试系统在这本书的题库中自动抽取100道题组成试卷考试，学生可以多次参加同一本书的考试，最终成绩为多次考试中的最高分，记入档案。（5）经典阅读设为全校学生必修课，读完30本经典书并考核合格者给予相应的阅读学分，准予毕业。

2. 方案的特点

此阅读推广计划与众不同之处在于：首先，该计划采取了强制措施，通过将经典阅读设为全体学生的必修课程，要求学生每学期必须阅读一定数量的经典作品。这种做法确保了学生在校期间广泛接触各类经典作品并参与相关活动，迫使他们分配部分闲暇时间阅读经典，进而培养良好的阅读习惯。其次，该方案创建了一个完整的阅读生态，包括导师指导、图书馆资源支持、考试系统安排及阅读活动，一系列细致的规划促使经典阅读活动得以顺利进行并蓬勃发展。最后，通过经典阅读考试系统，能够验证学生是否真正阅读了这些经典。面对可以随时参加的公开考试系统，虽有作弊的担忧，但实际上这种担忧是多余的。每部经典作品的1500道题库覆盖了大量内容，每个段落几乎都有相关题目。在这种模式下，考试不仅是测试，更是一种引导学生深入阅读的方式。考试像游戏一样，不仅可以多次尝试，还能激发学生对经典作品的兴趣，促使他们深入思考并形成自己的见解。

这种全面、系统、多维度的经典阅读推广计划，在以往的实践中很少见，即便有也仅限于其中几个方面，未能实现全面推广。通过这样一种方法，我们旨在让高校本科生全面参与经典阅读，从而丰富他们的知识和智慧。

（二）经典阅读工程方案实施保障体系构建探索

为了成功实施经典阅读项目，需构建一个全面的保障机制，主要分为三个层面：管理支持、资源供应和经费保障。

1. 管理支撑

管理支持涉及高层的直接参与和跨部门的协作。学校应设立一个专门的高校经典阅读指导委员会，由学校的高级领导亲自负责并担任委员会主席。学生事务部门、学生联合会、教务处、图书馆、传媒部以及各相关学院的领导应作为委员，共同努力，共同负责和指导经典阅读项目的执行[90]。将经典阅读纳入大学生的培养方案中，制定详细的课程执行规则，并建立相应的奖惩机制及其他相关规定。

2. 资源供应

资源供应主要指图书馆提供充足的经典著作纸质复本和电子版资源，包括提供专门的经典阅读空间和电子资源的访问途径，确保读者能够随时随地访问这些资源进行阅读。

3. 经费保障

经费保障是确保项目可持续发展的关键。学校应设立专项基金，通过初期投入和每年的持续资金支持，为资源采购、阅读环境构建、导师课程开发、相关阅读活动的组织以及阅读考试系统的开发和维护等提供财务支持。经费的稳定投入和每年的资金保障计划对经典阅读项目的成功至关重要。以往很多阅读活动由于资金不连续，导致活动断断续续，进而影响了活动的整体效果。通过上述措施的实施，可以有效避免经典阅读活动的碎片化，确保项目的长期效益和成功。

（三）经典阅读氛围营造

创造经典阅读的氛围主要通过举办多样化的活动，让大学生在探索经典作品的过程中感受到阅读的乐趣和激情，而不是将其视为单调乏味的任务。这些活动旨在使学生在思想和精神层面得到充实，同时也提供一个展示自我和获得认可的平台。因此，开展经典阅读活动的核心目标是培养学生以下三项基本技能：首先是提升阅读和思考的能力；其次是增强写作技能；最后是提高演讲和表达的能力。

活动的组织机构主要包括传媒部、学生事务部、学生联合会、图书馆及教务部。传媒部负责加强经典阅读的宣传力度，学生事务部和学生联合会积极组织相关活动，图书馆确保经典作品的可借阅性，教务部负责开发高质量的经典阅读课程。通过这些部门的协作努力，逐渐引导学生认识到掌握经典知识的重要性，并通过深入阅读来更好地理解世界和自己。

经典阅读活动可以采取多种形式，如对特定作品或作者进行朗读会，就经典作品中的观点举办主题辩论或演讲、经典书评征文比赛、经典作品的舞台剧演出、共读交流会，以及评选"经典阅读之星"等。每项活动都会设定奖励和颁发证书，以激励学生的参与热情和创作动力。

三、经典阅读工程实施中的重点环节

经典阅读工程必须有计划、有组织、有步骤地进行。在实施的过程中，有几个环节要重点建设：确定书目、阅读系统建设、导师团队建设。

（一）确定书目

经典书目是整个经典阅读工程的基础。学生应该读哪些书、怎样进行考核、怎样产生比较好的阅读效果，都涉及经典书目的确定。考虑到经典阅读工程的设置只能有选择地确定30本经典阅读书目，所以也涉及很多经典书目的取舍。在经典书目设置过程中，经典书目审定主要依照以下两个方面来进行。

1. 经典书目应具备的特征

经典性：必须是经过千百年的洗练、经过历史沉淀而流传下来的书，现当代流行书一般不予考虑。

人文性：选择图书注重人文素质的培养。

可考核性：每本书都要出一个大型题库，因此要考虑到书的篇幅，必须能够达到出题的篇幅，一般在20万字到50万字为宜。篇幅过长的大部头经典书目，需要长时间阅读，不在入选之列。

可拓展性：选择的书要有可延伸性。阅读的大量相关书目，能够使读者在读完这本书后还能获得相关书的关联性阅读信息。如读了"四书"，为了更加深入了解，可能需要去读注释版本。

可表演性：书中的内容要有能改编或者进行表演的可能。这主要依据读书活动的开展来认定。如哲学著作可以改编成对话的形式，小说、诗歌等可以改编成舞台剧，或者根据某个主题展开辩论或演讲等。

2. 经典书目选择的原则

经典书目选择的原则，有以下四个：一是普适性原则，书目不但要文科生能认真去读，而且要理工科学生也能认真阅读下去；二是去学科化，没有明显的学科倾向性；三是具有强烈的思想和价值观；四是主要经典包含在文史哲范围中。经典书目的选择特征和选择原则决定了并不是所有的经典都能被选入课程设置中。还有一大部分的经典书，尤其是篇幅短小的经典书，很难进入这个书目中，如《论人类不平等的起源和基础》没有入选，《论语》《孟子》《大学》《中庸》由于篇幅短小而集中用了朱熹的《四书章句集注》。还有一些晦涩难读的经典也被筛掉，如《纯粹理性批判》《国富论》等。另外，有一些不符合主流价值观的经典也被筛掉。经过甄别筛选的经典，总体来说适合大学本科生阅读。很多被筛掉的经典都进入了扩展书目中，将在阅读活动中作为推荐书让大学生阅读。

（二）阅读系统建设

构建经典阅读的技术支持系统涵盖了经典阅读网站和在线考试平台的开发。这一系统为经典阅读活动提供了坚实的技术基础。网站的设计需确保各种设备，如手机和电脑等，均能轻松访问，以便学生可以方便地浏览即将阅读的书籍信息，并从网站获取阅读材料，支持在线及离线阅读模式。导师可以在网站上发布书目的导读材料和视频，学生则能登录网站与导师互动，并与阅读相同书籍的其他学生讨论和分享阅读感悟。此外，网站将定期更新各类阅读活动信息，鼓励学生积极参与和组织这些活动。完成阅读任务后，学生可以直接进入考试系统进行评测。在线考试系统的开发要求高度的技术专业性，包括题库的构建、试卷的自动生成、自动化考试流程、自动评卷及成绩统计等功能。整个系统的开发需遵循用户友好原则，确保用户界面直观易用，让读者能够自然地融入阅读与考试环境中，无缝进行学习和评估。

（三）导师团队建设

导师团队的建立是确保经典阅读项目持续进步的核心动力。对于每一部经典著作，组建一个由资深教授领衔和数名青年教师组成的团队，共同承担该书籍的全面推广任务。这个团队负责构建题库、制作导读资料（包括幻灯片、视频、答疑等）、辅导读书交流活动，并提供扩展阅读的建议。这要求团队成员投入极大的热情，以激发学生的阅读兴趣。因此，团队的构建需以一位对经典作品有深刻理解和研究热情的教授为中心，这位教授应愿意将自己的洞见与大学生分享，并指导团队中的青年教师就书籍涉及的主题进行深入和拓展研究，同时为青年教师开辟新的研究领域。导师团队应作为经典阅读领航者，鼓励学生积极参与经典阅读活动。随着经典阅读热潮的兴起，高等学府作为这一运动的关键阵地，必须采取措施播种阅读的良种，培养学生良好的阅读习惯，并营造积极的校园阅读文化[91]。这样，学生毕业后能将经典阅读的习惯带入家庭、工作场所乃至社会各界，进而提升国民的整体文化素养，促进中华文化及其在全球文化中的传播与发展。

第三节 "五位一体"大学生阅读体系建设

一、以经典书目引领内容建设

经典阅读对于大学生的成长具有不可估量的价值，它不仅能够丰富他们的理论知识，还有助于提高个人修养、继承和弘扬民族文化、促进独立思考能力的培养、加深对文化身份的认知，以及提升人文精神等。鼓励经典阅读能够有效地帮助学生形成健康的阅读习惯。一些学生在选择阅读材料时可能会遇到困惑，这往往是由于他们对阅读材料的辨别能力不足、对材料价值的误判或对流行趋势的追随导致的。因此，高校应当加强对学生的思想政治引导，从他们日常的阅读材料入手，鼓励他们深入阅读经典作品，汲取其中的精髓。经典作品的价值在于其能够激发读者的深度反思。朱光潜先生在《谈读书》中提到，书籍的数量可能会让读者迷失方向，而真正关键的基础著作却寥寥无几。对本科生而言，若能在大学四年中深度阅读、反复咀嚼这些经典，他们的思想和认知水平将得到显著提升。

二、以导师团队促进师资建设

经典作品本身蕴含着深远的启示，它们本身即一种超越所有教育技巧的教学方法。在这种情况下，教师的角色更多是作为传递作者思想的桥梁。尽管经典的影响力可能超过教师，但在解读复杂的经典文本时，读者往往还是需要专家的指导和解析，以便更快地理解经典的核心思想和阅读技巧。因此，学生渴望获得对某部经典作品有深入研究或熟悉程度最高的专家的帮助[92]。为了增强导师的团队凝聚力和积极性，高校应为导师团队设置经典研究项目，涵盖经典解读、题库开发、导读材料出版、导读视频制作等一系列任务。通过为经典阅读做出贡献的同时，导师能够获得教学和科研成果。通过这些措施，可以培养出一支在教学和科研上均有卓越表现的导师队伍，并通过激励机制创建一个良性循环，使导师团队成为在人文素质教育和思想政治教育方面具有强大影响力的团队。

三、以阅读空间打造环境建设

晏子曰："橘生淮南则为橘，生于淮北则为枳。"这说明环境对人的成长起着关键的作用，什么样的环境能造就什么样的人。阅读也是如此。德国哲学家伽达默尔（Gadamer）提出，阅读本质上是一项深度个人化的活动。即便阅读的材料对大众开放，阅读本身仍然保持着一种私密性。基于这种对阅读私密性的理解，高等教育机构可以通过两个主要途径为学生营造优质的经典阅读环境。

（一）建立环境优雅的经典阅读室

图书馆内应设立风格雅致的经典阅读区。这些阅读区应位于图书馆的优选位置，考虑到光照、温度等环境因素，提供全封闭或半封闭的阅读空间供学生沉浸式阅读经典作品。一个引人入胜的环境将鼓励学生主动走进阅读区域探索经典。同时，高校应从图书馆的藏书中挑选大量经典作品，扩展学生的阅读视野，并在显眼位置设立专门的经典书架，如设置专门展示《共产党宣言》等作品的红色经典专区。

（二）二级学院建设经典阅读中心

各二级学院应建立专门的经典阅读中心。这些中心可以结合学校各单位的小家建设和党团活动，配备经典和红色经典作品，并设立小型研讨室。这样，各学院可以定期邀请研究经典作品的专家导师以及中国关心下一代工作委员会（简称"中国关工委"）的宣讲团成员，举办精品经典阅读研讨会。这种做法不仅为学生提供了一个学习和交流的平台，而且促进了学生对经典作品的深入理解和思考。

（三）建设经典阅读网络平台

学校可以建设经典阅读网络平台，整个平台包括经典阅读电子书的阅读和下载、导师导读视频在线浏览和观看、优秀阅读书评展示、师生互动交流等板块，从而形成线上线下一体化的经典阅读环境。在手机软件建设上，学校可以借鉴优秀的阅读和学习类软件的功能，开发更加适合以经典阅读为核心内容的手机软件，提供给广大师生使用。

四、以经典测试评价阅读效果

要确保任何任务的成功，关键在于实施有效的管理和控制流程。一个全面的评估体系是评价成效的核心工具，而测试或考试则是常用的评价手段。在之前的阅读推广活动中，即便工作执行得再细致出色，其成果往往难以量化。高等教育机构在推广阅读时，常规的评价方法是通过提供素质拓展学分，很少对参与者的具体成效进行实质性的测评。

高校可以构建一个综合的经典阅读测试平台，该平台能够验证学生是否真正参与了阅读活动，并评估他们是否完全阅读了指定的材料。该系统的测试不是一次性的，而是允许学生进行多次尝试。当学生在初次阅读后对自己的测试成绩不满意时，他们可以重新阅读经典文本并再次接受测试。这种方法不仅契合经典作品值得多次阅读的特性，还遵循了阅读的自然规律，避免了因一次考试失败而带来的不必要压力。在这种机制下，一些学生可能会逐渐对某部经典作品产生浓厚兴趣，并投入深度阅读中。因此，一个完善的经典阅读测试和评估系统，成为提高高校经典阅读推广效果的关键环节。

五、以阅读共同体推进校园思想政治文化建设

（一）加强校园阅读文化建设

校园文化的发展是加强和提升大学生思想政治教育的关键平台，而校园阅读文化则是其核心组成部分。在新时代背景下，校园文化面临着更新的要求。互联网文化为校园文化的发展带来了便利和新机遇，同时也引入了一系列挑战。因此，高等教育机构可以依托经典作品的权威性和启发性，通过建立经典阅读社区，结合传统阅读习惯与现代网络技术，重塑校园文化，推动思想政治教育的进步。

（二）强化阅读共同体培育

阅读共同体以其强烈的凝聚力和归属感著称，在面对社会挑战和困境时，通过增强成员之间的个人意志，促进群体效益的最大化而形成。与阅读协会或社区等较为松散的阅读群体不同，阅读共同体内的成员分享共同的信念，并在权威的指导下建立积极且紧密的协作关系，从而形成了显著的凝聚力和归属感。

（三）充分发挥阅读导师的引领作用

依靠经典作品的权威性和导师的解读，阅读共同体在权威的基础上形成，进而发挥出强大的凝聚力，成为成员共同追求的目标。共同体的形成途径主要有两种：自上而下和自下而上。在我国，政府引导下的自上而下模式应成为共同体形成的主要途径。通过"五位一体"的综合模式，阅读共同体的构建和实施变得更为有效。一系列措施和制度，如经典阅读综合测试评分体系、经典阅读指导手册、导师制度、大学生经典阅读项目规范、跨代共读活动规范以及在线课程等指导手册，成为阅读共同体构建的重要支撑，确保了其发展的连贯性和系统性。

（四）各个环节之间的衔接与管理

构建阅读共同体的"五位一体"模式是一个互相衔接的过程，每个环节都是构筑校园阅读共同体文化的关键部分。首要任务是通过举办系列活动来培育阅读共同体的文化氛围。活动的起点是精心挑选阅读材料，每次聚焦于一部经典作品。接着是组织阅读共同体的成员，这包括全校对该经典书籍感兴趣的师生或特

定的团体，例如积极的党员、特定班级、年级或社团。导师和管理团队的选拔也至关重要。每本选定的经典作品的导师自然转化为该团体的指导者，中国关工委宣讲团成员也会参与其中，管理团队则根据共同体成员的具体情况来定，例如，如果共同体成员是一个班级，则该班级的班主任会担任管理者，同时，辅导员和图书馆的阅读推广人员也会参与支持。活动的策划是另一个重要环节。围绕每部经典作品，形成一系列活动，这些活动至少持续一个月，目的是让参与者在此期间内完成经典作品的阅读并培养良好的阅读习惯。参与者将利用手机应用每日在线分享阅读进度，摘录精彩段落，撰写心得，加入讨论，以及线下组织经典作品的重现表演等。活动结束后，举办总结交流大会，表彰表现突出的成员，并将优秀作品和故事编纂成册，以激励未来的阅读活动。

（四）借助经典阅读推广促进思想政治教育

借助经典阅读推动高校的思想政治教育具有重要意义。通过建立阅读共同体文化，旨在提升成员的思想层次和能力。经典作品的启发不仅使参与者在思想上得到提升，尤其在理解中华优秀传统文化和吸收世界主流文明方面有所增长，同时明确了作为大学生应承担的责任[93]。在导师的引导下，通过阅读、思考、写作和表演，成员的综合素质显著提高，真正实现了通过经典阅读促进个人成长的目标。

第四节　华东师范大学"在图书馆发现敦煌" 阅读推广特色案例

在近现代，图书馆的出现初期，其背后的一个关键动机是社会上层阶级的愿望，他们期待通过普及阅读来启蒙大众。起初，图书馆被视为一个教育的场所，其中图书馆工作人员被赋予了类似教师的角色，负责向访问者提供阅读指导，以此培养和提升人们的精神层面。这一时期，图书馆界普遍流行着一种"启蒙的神话"。然而，进入20世纪，随着图书馆领域的专家们认识到图书馆员的能力并不总是超越普通大众，图书馆的方向开始转变，越来越多地倾向于支持"读者自由阅读"的理念，采纳了一种非干预、不介入的中性立场，认为阅读本质上是个人的活动，而图书馆的服务职能应超越其启蒙功能。这导致了一种服务模式，其中图书馆在很大程度上不再对公众提供"阅读指导"。

但是，随着信息技术的快速发展和传播途径的变革，图书馆作为知识的门户和公共信息的中心，其地位开始受到挑战。根据第十一次全国国民阅读调查的数据，到2013年，我国成年国民中有超过一半的人已经接触到了数字化阅读方式。这种变化意味着读者不必亲自前往图书馆也能获取所需的信息，这种"读者消失"的现象促使图书馆界重新关注于"阅读推广"，并希望通过主动介入读者的阅读习惯来探索图书馆的未来发展路径。面对外部的挑战以及内部的结构调整需求，图书馆不再仅仅满足于作为书籍和知识的仓库，而是需要转型为"智慧型图书馆"。特别是在高等教育机构中，由于其服务对象具有较高的知识需求，这种转型尤为迫切。为了实现这一转变，图书馆需要积极地开展阅读推广活动。已经有不少图书馆通过早期的实践，探索出了多种推广阅读的模式，例如"阅读节""图书漂流""读书会""移动图书馆""特色主题活动"等。尽管如此，阅读推广服务仍处于发展之中，尚未形成统一的典范。

一、"在图书馆发现敦煌"——"乐道＋尚艺"阅读推广模式的实践

为了加强阅读推广服务，华东师范大学图书馆在2014年4月，针对业务发展的需要，新设了一个推广部门。该部门通过举办各种形式的文化活动，如主题书展、学术讲座、读书会、艺术展览等，来扩展其服务范围。在持续的实践过程中，华东师范大学图书馆逐步形成了一套结合"乐道＋尚艺"的阅读推广模式。本文将以2016年举办的"在图书馆发现敦煌"活动为例，来分析此模式的运作和实践成效。

（一）"乐道＋尚艺"阅读推广模式理念

"道"与"艺"是中国哲学的一对概念，子曰："志于道，据于德，依于仁，游于艺。"先秦儒家认为"艺"是小道，因此有重道轻艺的倾向。然而，在历史发展过程中，艺的地位逐渐凸显，以达到与道平等的高度，苏轼曾言："有道而不艺，则物虽形于心，不形于手。"因此，宋以后逐渐形成了"德艺兼举"的模式。"道"与"艺"的结合，对图书馆阅读推广模式有很强的借鉴意义。

"乐道＋尚艺"阅读推广模式包括乐道和尚艺两大板块。"乐道"的推广内容侧重性学术化的专业知识，倾向性传统的教学模式，如学术讲座、文化论坛、主

题书展、文化展览等活动皆属于乐道范畴；"尚艺"的推广内容更具通识性，侧重于受众的直接参与、现场体验，如传统技艺体验活动、主题影视赏析、知识拼图游戏、美食文化品鉴等。"乐道+尚艺"阅读推广模式在同一主题下融入各类活动之中，将学术化的知识传授与艺术化的现场体验结合起来，以实现"专业与通识"并驾齐驱、知行合一的推广目标。

（二）"乐道+尚艺"阅读推广模式的实践

1. 思路缘起与背景介绍

在2013年的9月和10月，习近平总书记在访问哈萨克斯坦和印度尼西亚的过程中，提出了创建"丝绸之路经济带"和"21世纪海上丝绸之路"的构想。这一提议自提出以来，已经引发了国际和国内广泛的正面响应，并迅速成为我国的一个关键发展项目。古代的丝绸之路不仅是经济往来的通道，同时也是文化交流的纽带。敦煌，作为汉唐时期陆上丝绸之路的一个重要枢纽，保存了大量关于丝绸之路历史的珍贵信息。基于此背景，华东师范大学图书馆于2016年10月启动了以"一带一路"为主题的"在图书馆发现敦煌"大型阅读推广活动，该活动利用图书馆的资源和设施，围绕"乐道"和"尚艺"两大主旨，从多个角度和形式展现了活动的核心主题。

2. 覆盖范围与学术讲座

该项活动持续了三个月的时间，覆盖了包括历史、地理、语言、文学、天文、历法在内的多个学科领域，并扩展至数学、医学等其他学问。项目旨在帮助参与者构建一个基础的敦煌学知识体系。通过"乐道"部分，活动揭示了敦煌与丝绸之路的深厚文化联系，涵盖了丝绸之路与中国传统文化的系列讲座、"在图书馆发现敦煌"的文化展览、20世纪40—50年代敦煌的历史照片展、"敦煌佛教艺术与文化的传承"的论坛、"走近敦煌"的主题书展、"乡愁与相思：贡山故事"的真人图书馆活动，以及"一带一路"背景下两汉魏晋南北朝时期西域史籍的读书会。这一系列活动不仅丰富了参与者对敦煌学的认识，而且加深了对"一带一路"倡议背后文化和历史维度的理解。

为了深化对敦煌文化历史的理解及中华文化的丰富内涵，华东师范大学图书馆精心策划并邀请了众多学术领域内的著名专家和学者，成功举办了13场涵盖艺术、历史、经济、文化以及时代趋势等多个维度的学术讲座。通过这些讲座，专家们深入探讨了丝绸之路沿线的文化融合、景象变迁与宗教音韵等主题。例如，敦煌研究院美术研究所的前副所长谢成水深入讲述了"敦煌艺术"的魅力，而其他学者则围绕"斯里兰卡佛教艺术""敦煌莫高窟的自然景观研究""敦煌与现代艺术的交融"等专题进行了精彩的演讲，极大地丰富了学生们对敦煌艺术的认识。复旦大学的陈尚君教授和仇鹿鸣教授等，从历史学的角度出发，探讨了"石刻艺术与唐代文明"的关系；同时，中国美术学院的何鸿副教授以及华东师范大学的张同标教授、张晶、朱浒等分别就敦煌的壁画、石刻艺术、佛教信仰和钱币等多个方面进行了深入讲解，为学生们搭建了一个全面了解敦煌及其在丝绸之路上地位的平台。

3. 艺术展览

在这些学术讲座的衔接期间，华东师范大学图书馆还精心组织了两场以敦煌为主题的艺术展览，目的是让学生们能够更直观地领略到敦煌的独特魅力。其中一场"在图书馆发现敦煌"的文化展览，由师生共同参与设计，展厅布局模仿了敦煌石窟的风格，墙面装饰以壁画细节，顶部悬挂的敦煌艺术图案如同藻井，营造出一种身临其境的感受。展览内容围绕敦煌的历史、地理、艺术以及敦煌学等核心主题展开，展品包括图书馆收藏的唐代佛经写本、敦煌莫高窟壁画粉本、雕塑、陶瓷等原件或复制品。展出的珍品中，包括张大千的粉本仿制品、谢成水的壁画作品、供养菩萨雕塑以及丝绸之路相关的文物等，部分展品是首次对公众展出。另一场展览专注于展示20世纪40—50年代敦煌考察队拍摄的老照片，这些照片珍贵地记录了敦煌莫高窟在未受破坏前的原始面貌，为参观者提供了一次穿越时空的体验。

4. 主题书展

在华东师范大学图书馆，主题书展不仅是"乐道"模式的核心组成部分，还是一种久经考验的阅读推广方式。图书馆拥有超过200种与敦煌相关的图书。本次展览由华东师范大学艺术研究所的张同标教授负责策划，从众多馆藏中挑选出150多本关于敦煌的书籍进行展出，这些精选的书籍既具有高学术价值，又易于阅读，同时还制定了一份敦煌主题的推荐阅读清单。

5. 读书会

图书馆举办的敦煌主题读书会上，历史学者李磊博士依据余太山先生的《两汉魏晋南北朝正史西域传研究》一书，引领学生深入探索该时期历史文献中记载的西域景象。李磊博士的深刻讲解与学生的互动讨论，共同增强了学生对该时期西域记述的理解。在真人图书馆的环节中，邀请了方金奇老师分享其在贡山的生活经历，与读者进行了深入的交流。在"敦煌佛教艺术与文化传承"的文化论坛中，来自武汉大学、新疆师范大学、上海师范大学及华东师范大学的学者齐聚一堂，共同讨论了丝绸之路上艺术与文化交流的历史进程。

6. 互动式体验

与注重敦煌学科普的"乐道"不同，"尚艺"板块更加聚焦于敦煌文化与技术的传承，旨在全面展现敦煌的物质文化遗产。活动涵盖了从敦煌壁画临摹到探索丝绸之路的多元互动体验，如"品味丝路"美食体验、"丝路帐篷"知识竞答以及"重走丝绸之路"拼图游戏等。此外，还包括"谁是勇敢的西行者"知识竞赛、"丝路影语"电影放映和"敦煌与新丝绸之路"艺术创作征集等项目。特别是，图书馆邀请了华东师范大学美术系的沈春兰教授，作为敦煌壁画临摹活动的主讲导师。沈教授不仅在活动中详细介绍了敦煌壁画的艺术特点，还精选了45窟中的两幅壁画人物头像，作为学生们临摹和上色的参考。这项活动在图书馆大厅进行了两个半小时，参与的学生通过实际操作和临摹，亲身体验了古代的绘画技巧，并从艺术角度深刻感受到了中国传统文化的独特魅力。

7. 知识竞答与拼图游戏

"丝路帐篷"知识竞答与"重走丝绸之路"拼图游戏这两项活动，显著展现了在活动设计方面的创新思维。设计学院的教师和学生共同在图书馆大厅构建了一座模拟帐篷的木架，尺寸大约为长宽5米、高3米。通过在架上绑定麻绳，挂上装饰着知识点、小贴士与各地风光的明信片，成功吸引了学生的注意。明信片展示了丝绸之路沿线各城市的特色与历史韵味，知识卡以帆船和骆驼的形状区分海上与陆上丝绸之路的知识点，引导学生通过互动方式深入了解丝绸之路的文化和历史。参与者答对5~10个问题即有机会获得小礼品。在"重走丝绸之路"的拼图游戏中，图书馆精心制备了标有丝绸之路城市的明信片及一张详尽的丝绸之路海报，参与者需根据路线图将城市按顺序排列，以形象地重现丝绸之路的地理连线，成功排列10个城市的参与者将获得精美的奖品。

8. 美食体验

"品味丝路—食在丝路"活动通过让学生挑选丝绸之路各站点的特色美食，既提供了美食体验，也让参与者对丝绸之路上的多元文化有了更深的认识。"丝路影语"电影主题活动在每周三下午举办，播放如《西域大都护》《生死罗布泊》《千里走单骑》《大唐玄奘》等与丝绸之路历史紧密相关的影片，为学生提供了一个了解丝绸之路历史和文化的视角。"敦煌与新丝绸之路"艺术创作征集活动向全校师生开放，征集关于文学、历史、美术、书法、音乐、影像等多种形式的作品。通过专家评审挑选出的优秀作品，不仅在线上线下进行展示，还为校园文化增添了一抹丝绸之路的色彩。

（三）"乐道＋尚艺"阅读推广模式的要素分析

好的阅读推广服务模式需要充分考虑到多样化的活动形式、因人而异的服务定位、灵活的策划理念以及资源的合理配置。

1. 阅读推广形式的多样化

"在图书馆发现敦煌"的阅读推广项目通过多元化的活动方式吸引了广泛的参与。这一项目划分为"乐道"和"尚艺"两个主要领域，覆盖了从文化展览、专题书展到艺术论坛、现场互动图书馆、专业讲座、读书小组以及技术互动体验等多项活动，从而丰富了传统阅读推广的方法。

2. 精准的服务人群定位

针对其主要服务对象——大学生这一特定群体，华东师范大学图书馆实施了精确的服务策略。鉴于大学生群体普遍具有较高的文化水平和参与活动的积极性，因此在"乐道"板块中，图书馆邀请了谢成水、陈尚君等十多位知名学者进行系列讲座和读书讨论；而"尚艺"板块通过设置互动游戏和现场体验环节，促使学生通过视觉、动手、口头和身体等多种方式深入体验敦煌文化的魅力。

3. 高度灵活的阅读推广模式

"在图书馆发现敦煌"活动的策划和实施遵循了灵活多变的"乐道＋尚艺"模式。首先，通过有效的宣传策略，如举办开幕式邀请校内外嘉宾、利用社交媒体和官方网站发布相关信息以及制作并张贴活动海报等，保证了活动的高度可见性。其次，充分利用图书馆的内部设施与空间，如开放小电影院举办电影展示、精心布置展览空间等，以适应不同活动的需求。最后，鼓励学生参与活动的策划，包括美术、艺术研究和设计专业的学生在策划、文案编写、设计等方面提供创意支持，允许学生自主选择适合的背景音乐，以及组织艺术作品征集活动，这些都极大地提升了学生的参与感和活动的互动性。

4. 专业的项目团队

"在图书馆发现敦煌"的阅读推广计划得益于一支专业团队的精心组织，该团队由两位总顾问、两位总策划以及五位活动策划师构成。总顾问和总策划负责整体的活动规划，而五位活动策划师则专注于具体的展览、书展、讲座、互动体验及宣传设计等多个方面。该项目获得了华东师范大学文化建设委员会、中国美术学院艺术鉴赏实验室等众多校内外机构的强有力支持，并且得到了包括何鸿、谢成水在内的多位专家的协助，他们为项目提供了敦煌丝绸之路的壁画复制品、粉本及雕塑等珍贵展品。

二、活动效果

该阅读推广项目自2016年10月启动，历时约两个月。在此期间，通过活动数据、参与者反馈、社会响应及获奖情况等多个维度对"乐道＋尚艺"模式进行了初步的评价。

（一）图书借阅与绘画作品

从"走进敦煌"书展的数据来看，共策划展出208本与敦煌相关的图书。书展开展前，这些图书的借阅次数总计为121次，而展览结束后一个月内，借阅次数激增至260次。特别是《敦煌壁画山水研究》这本书，展前仅被借阅1次，展后却增加了5次借阅量。尽管敦煌相关图书通常偏向学术性，借阅基数不高，但借阅量的显著增加已经明确显示了书展在促进阅读方面的正面效果。在敦煌艺术与文学征集方面，学生提交了91幅摄影作品、21幅国画和书法作品，以及多篇诗歌和散文，图书馆最终评出了二等奖4名、三等奖5名以及若干个鼓励奖。展览吸引了超过3000人次的参观，学术讲座的到座率达到了80%，影视放映厅座无虚席，读书会的参与人数也达到了历史新高，从而充分证明了此次活动在提升公众对敦煌文化认知和阅读兴趣方面取得了显著成效。

（二）参与者满意度

通过活动参与者的反馈，得知他们对"在图书馆发现敦煌"这一阅读推广活动的满意度相当高。例如，在"丝路帐篷"知识竞赛中，许多参与者表达了对丝绸之路历史的深刻印象和对图书馆活动的赞赏，他们留言说："丝绸之路的历史意义非凡，通过图书馆的活动，我们得以深入了解这段历史。"以及"这些既具知识性又富趣味性的活动，对理工科的学生也非常友好。"在敦煌文化展览中，观众的留言显示了他们对活动的感激之情："非常感谢我们的图书馆，再次让我们体验到敦煌带来的震撼和感动。"以及"敦煌文化跨越古今，融合东西，令人钦佩。"在敦煌壁画临摹活动中，许多先前未曾接触过中国传统绘画技法的学生，在专业指导老师的帮助下创作了优秀的作品。学生们普遍认为，这次临摹经验不仅加深了他们对敦煌艺术的了解，还让他们意识到古代艺术成就的传承与保护的重要性。

（三）媒体关注度

"在图书馆发现敦煌"项目也获得了校内外多家媒体的关注和报道，包括上海教育新闻网、中国高校校报展示平台和网易艺术等。该项目还荣获包括"上海市民文化节百个优秀阅读推广组织"称号、华东师范大学第八届文明岗以及"2016年上海教育系统校园文明文化建设优秀项目"等多项荣誉。

（四）回顾与反思

在"乐道＋尚艺"的阅读推广模式下，不仅提高了读者的参与度和满意度，扩大了活动的规模，还增强了其社会影响力。尽管这种主题阅读推广是一次初步尝试，存在一些不足之处，例如活动的内容和形式尽管多样化，但阅读的碎片化问题仍旧存在；且对于丰富深邃的"丝绸之路"主题，图书馆工作人员在知识整理和推荐方面还有待加强，以便全面展示该主题。此外，阅读推广服务本质上依赖于图书馆员的个人能力和价值取向，这在一定程度上影响了活动的最终效果。例如，在活动策划过程中，可能会偏重于敦煌的艺术方面，而忽视了对敦煌经济、地理等其他方面的探索。

三、结论

在图书馆业界面临新挑战之际，华东师范大学图书馆主动迎接挑战，探索了一种创新的阅读推广策略——"乐道＋尚艺"模式。通过将专业的学术知识与互动性强、体验性高的趣味活动相结合，"在图书馆发现敦煌"这一主题阅读计划为读者带来了既丰富又有趣的双重体验，实现了教育与娱乐的完美结合。这种模式的实践成果展示了其操作的可行性，并通过活动的评估结果展现了其成效。此外，该阅读推广模式展现出了广泛的适用性，适合于各种主题，如历史、艺术、文学和科技等，能够创建一系列既通俗又深入的知识展示平台。这些平台能够提供深刻的体验机会，让读者在沉浸式的环境中感受知识的力量。尽管华东师范大学图书馆组织的"发现敦煌"系列活动忠实于"乐道＋尚艺"的推广理念，并且已经取得了初步成效，但必须认识到该模式还在不断的探索和完善过程中。在具体的活动组织、规划和执行等环节，仍需依靠大量的实际操作和理论研究来进一步推广和实施"乐道＋尚艺"的阅读推广策略，以便这种模式能够获得更广泛的应用和认可。

第八章
全民阅读视域下高校阅读
推广效果评估

本章主要内容为全民阅读视域下高校阅读推广效果评估，将从三个方面展开论述，分别是高校阅读推广评估方法概述、阅读推广用户满意度分析和阅读推广活动评价。

第一节 高校阅读推广评估方法概述

目前，高校图书馆阅读推广评估方法主要有问卷调查法、层次分析法、德尔菲法、因子分析法等。本节将结合具体案例对这些主要的阅读推广评估方法进行阐述。

一、问卷调查法

问卷调查法在图书馆阅读推广评估中是一种基于阅读推广指标体系和问卷设计的，针对高等教育机构图书馆用户群体进行问卷分发和数据分析，以评价图书馆阅读推广活动成效及其影响的策略。为了确保足够的样本量，常见的做法是结合使用纸质问卷和在线问卷进行调研。

（一）基本理念与问卷设计

在设计阅读推广活动评价的读者问卷时，常规包括引导性、偏好性和开放性三种类型的问题模块（表8-1）。为了简化问卷回收流程并提高其实施的便利性，建议每一部分只包含有限数量的问题。引导性问题模块旨在收集关于大学图书馆阅读推广活动的总体印象、大学生在阅读过程中遇到的主要挑战等方面的信息，可以设计为单选或多选形式。偏好性问题模块则聚焦于探索阅读推广活动的举办频率、评估大学图书馆阅读推广活动成效的关键因素以及活动成效本身，采用的是多项选择题形式。开放性问题模块提供了一个自由发表意见的平台，询问参与者对于如何有效地实施阅读推广活动、如何促进大学生阅读兴趣以及对阅读推广活动的其他反馈或建议。

表8-1　阅读推广活动评价读者问卷设计

问题模块	序号	问题内容	题型
引语型	1	您对高校图书馆阅读推广活动的整体评价	单选
	2	您认为高校学生阅读存在的主要困难体现在什么方面？	多选
喜好型	1	您认为一年中阅读推广活动开展多少次为宜？	多选
	2	对高校图书馆阅读推广活动的效果进行评价，您认为下列哪些因素较为重要？	多选
	3	您认为阅读推广活动能起到如下作用吗？	多选
开放式	1	您认为还有哪些更好的阅读推广活动开展方式？	问答
	2	您认为应该如何有效地促进高校学生的阅读？	问答
	3	您对阅读推广活动的其他建议	问答

（二）实践应用案例

1. 问卷设计与数据采集

学者对问卷调查法进行运用，从两方面（理论与实践）对高校图书馆阅读推广活动评价展开研究。举例而言，立足如下三个层次，学者金秋萍为高校图书馆问卷设计了一系列调查问题。其一，引入型问题，重点围绕阅读过程中大学生存在的问题和大学生对阅读的理解、认知。其二，态度型问题，重点围绕大学生对阅读推广活动主要因素的认可程度和大学生对该活动的评价。其三，讨论型问题，重点围绕大学生对阅读推广活动形式、方式提出的建议和意见。

金秋萍对广西师范学院、广西财经学院、广西大学等高校书友会的50名学生会员进行召集，当这些会员在一定程度上了解、认知阅读推广活动之后，将他们组织起来，举办座谈会，并在座谈会结束后向他们发放问卷，请这些学生会员对问卷进行填写。

2. 数据分析与调研结果

在统计问卷并对其进行分析后，研究者发现，校际合作的图书馆数量、馆藏情况、图书馆内合作的部门数量是三个有着较小影响的因素；读者阅读时间长短、读者参与深度、读者满意度以及读者参与广度为四个有着较大影响的因素。调研结果表明，读者未对如下问题过多在意：图书馆是否和其他单位、部门合作开展阅读推广活动，阅读推广活动耗费的财力、物力、人力如何，阅读推广活动的举办形式，等等。究其原因，主要在于上述问题都是图书馆或其所在单位应当思考、解决的事情，与读者本身无关。除此之外，馆藏质量也并未与阅读推广活动关联紧密。

从本质来看，读者最注重的应当是其自身受到的阅读推广活动的影响情况。通过分析上述阅读推广活动问卷调查基本评价模块的第一个问题（"您对高校图书馆阅读推广活动的整体评价"）的统计结果，可以清楚地了解到，受调查者中有78%的人用"一般"来评价当前大学生阅读状况，这一评价或是以"自身阅读状况"为依据，或是以"大学生阅读现状的一般了解"为依据，或是上述两种依据的结合。对于阅读而言尽管，不同大学生的认知也有所区分（如有的大学生认为唯有对经典书籍进行阅读才属于阅读范畴，而对网络信息进行浏览、对考试资料进行研究、对专业知识进行学习都不属于阅读；有的大学生却认为，只要是读，都可以被包含在阅读之中），但是受调查者都表达了渴望改善当前大学生的阅读状况的期望。

通过分析第二个问题（"您认为高校大学生阅读能力提升存在的主要困难体现在什么地方？"）的统计结果，可以清楚地了解到，课余活动花费大量时间、图书选择困难、更愿意阅读电子读物、没有阅读兴趣，分别为排名1—4位的结果。

总的来说，经过此次调查，不难看出，大学生通常会消耗大量时间在课余活动上，所以缺乏阅读精力或时间。对于大学生而言，相较于静下心来阅读，他们更倾向于"刷微博""刷抖音"，利用电子设备对新闻或其他信息进行快速浏览。除此之外，由于当今时代具有"信息大爆炸"的特点，大学生群体常常出现"信息焦虑症"，即便有心阅读，也很难对优秀的、有益的、正确的读物进行选择。

二、德尔菲法

（一）方法简介

1.德尔菲法的由来与实用价值

德尔菲法，得名于古希腊的德尔菲城，是一种专家咨询技术，旨在通过一系列预先设计的操作程序来规范专家调查。在实施德尔菲法时，首先基于特定问题来设计专家问卷，然后通过邮件等方式分别咨询一群选定的专家[94]。这一过程以匿名的方式促进专家成员之间的观点交换。通过多轮的意见反馈和咨询，专家的观点逐渐趋于一致，从而形成具有统计意义的集体智慧。

德尔菲法有效地汇聚了专家的智慧和知识，特别适用于解决那些结构不明确的问题，对于促进评估的民主化和科学化具有重要价值[95]。这种方法在绩效评估、趋势预测等多个领域均显示出良好的适用性。然而，在应用德尔菲法时，需认识到专家群体意见的一致性是其判断的基础。因此，必须通过专家间的多轮互动过程——包括初步意见的提出、统计反馈的整合以及意见的调整，逐步整合最初分散的专家意见，以充分发挥德尔菲法在信息反馈和控制方面的效用。

2.德尔菲法的局限

德尔菲法的不足之处在于：（1）专家可能会将自己的判断向有利于统计结果的方向调整，从而削减专家原有意见的真实性；（2）缺乏群体见解一致性的判断标准以及判断专家合成意见信度的有效量度；（3）专家意见统计过程通常需要经过4~5轮的调查，环节多，周期长，若个别专家坚持己见，可能会使群体意见难以集中，因此，在实际应用当中会降低专家意见的有效性[96]。因此，需要寻找合理有效的专家意见集成机制和方法来弥补德尔菲法的不足。

（二）方法运用——吉首大学图书馆阅读推广活动绩效评估

吉首大学图书馆开展了读书交流会、展览、讲座、竞赛评选、朗诵比赛、竞猜签名活动等多样化的阅读推广活动，得到了校内单位的积极支持，获得了较好的师生参与度。为了深入考察阅读推广的效果，吉首大学图书馆运用德尔菲法等方法确定了阅读推广评估指标，并对2013—2015年阅读推广活动的绩效进行了评估，为活动的改进和提升提供了客观依据与参考。

吉首大学图书馆从参与者评估、图书馆活动组织评估、校园影响评估三个方面，制定了多个维度的高校图书馆阅读推广活动评估指标体系。

其中，对于图书馆活动组织、校园影响评估两个方面的指标体系，吉首大学图书馆运用德尔菲法，邀请了馆内外10位专家进行测评打分，取其平均值作为相关部分的指标，如表8-2、表8-3所示。

表8-2　图书馆阅读推广活动组织绩效评估

三级指标	2013年	2014年	2015年	三级指标	2013年	2014年	2015年
投入馆员人数	10	18	18	活动类型丰富度	20	21	23
馆员学历	15	17	17	活动相关性	20.2	20.6	21.2
专业能力	18	18	18	投入经费	68	70	78
亲和力	12	13	13	学校对活动的支持度	20	22	23.6
创新性	11	12	13	校内其他部门参与度	20	23	24.8
阅读现象了解度	14	14.5	14.5	总分	282.2	315.3	336.9
常规活动数量	17	18	20	评估百分制	75.1	83.9	89.6
特色活动数量	13	15	16	——	——	——	——

表8-3　阅读推广活动校园影响评估

三级指标	2013年	2014年	2015年
参与人数	15.5	17.5	19.5
参与者构成	20	20	22
活动持续性	28	30	32
校园媒体报道数量	14.5	16.5	18.6
媒体报道多途径性	16.6	20.4	22.5
媒体报道深度	16.4	18.2	20.2
服务制度人性化	18.5	20	26
环境的净化与美化	12.5	16.5	18.5
总分	142	159.1	179.3
评估百分制	61.2	68.6	77.3

通过统计分析吉首大学图书馆阅读推广活动绩效评估指标发现，2013—2015年度阅读推广活动年度考核绩效评价的分数分别为724.5分、777.7分、822.9分，

按照百分制换算分别为72.45分、77.7分、82.29分，这表明吉首大学图书馆阅读推广活动绩效在逐年提高。刘喜球等研究者设置了绩效级别集U={优，良，中，差}，分别对应绩效分值的$^{[100,90]}$$^{[89,80]}$$^{[79,6]}$$^{[60,0]}$四个区间，据此可知，吉首大学图书馆2013—2015年进行阅读推广活动的绩效评估分别位于中档、中档、良档，与优秀级别还存在一定的差距。因此，吉首大学图书馆有针对性地提出了重视阅读推广活动实质内容、创办基于读者需求的阅读推广活动等改进对策。

第二节　阅读推广用户满意度分析

随着社会对全民阅读推广活动日益重视，高校阅读推广的工作也在积极、有序地展开。在这样的背景下，探讨和深思如何专业且科学地评估阅读推广活动的成效变得尤为重要。大学生作为高校阅读推广的核心受众和关键参与者，其在阅读活动中的受益、投入和情感参与程度，在很大程度上取决于他们对活动的满意度，而活动的效果和质量也由此受到直接或间接的影响。因此，用户满意度无疑成为评估高校阅读推广成效的一个关键且重要的指标。

一、研究焦点与研究现状

在用户满意度的研究领域，国际上的研究较早且深入，特别关注了两个主要方面。一方面，研究着重于调查用户对阅读活动的满意度，该调查通常包括四个方面：一是阅读推广对用户阅读技能、兴趣、行为和态度的影响；二是阅读推广对于形成用户终身阅读习惯的作用；三是阅读推广在扩大用户社交圈中的作用；四是阅读推广在营造阅读氛围方面的效果。另一方面，研究分析了个体特征等因素对满意度的影响。相比之下，国内关于阅读推广活动中用户满意度的研究起步较晚，进展较缓，目前仅有少数文献涉及此主题。例如，王素芳等人在儿童阅读推广活动评估指标的构建中引入了参与者满意度指标，并对其赋予了一定的权重；黄健则通过问卷调查的方式，探讨了用户参与阅读推广活动的满意度情况。

通过分析国内外的研究成果，我们发现，在揭示用户满意度外在影响因素方面，研究还相对薄弱，未能深入探讨各因素之间的复杂关系。因此，本研究旨在深入探索影响用户满意度的各种因素，如推广内容、方式，工作人员以及学生个

体特征等非阅读推广因素，旨在通过研究这些因素对满意度的具体影响，来丰富和完善该领域的研究成果。

二、问卷的设计与数据的收集

本书对问卷调查法进行选用，对大学生关于阅读推广活动的相关满意度进行调查，针对多类型满意度相关指数、量表（如瑞典顾客满意度晴雨表指数、美国顾客满意度指数、霍伯纳编制的多维学生生活满意度量表等）进行分析，并听取部分用户访谈意见，基于此，对问卷测量变量加以确定，随后开展预调研，继而从预调研反馈情况出发，调整、修订测量的变量。最终，本书确定的调查问卷有着三部分测量维度：

第一部分，对大学生的个人基本信息如生长环境、学历层次、学科范围、性别等进行收集，旨在利用数据统计对满意度与个体因素之间的关系进行揭示。

第二部分，收集大学生对15个测量变量的满意度信息，这些测量变量包括自身行为转变、阅读推广活动、阅读推广人员等，同时对李克特五级量表加以运用，从"非常不满意"到"非常满意"，对每个变量进行5级赋值，为后期统计、分析"满意度受阅读推广因素影响"情况打下基础。

第三部分，对大学生对阅读推广活动的总体评价进行了解，如后期活动参与意向、总体满意度等。第三部分能够验证第一部分、第二部分的数据，并对其进行补充。

本书以参与高校阅读推广活动的大学生为数据样本来源通过"问卷星"网络平台收集数据，从7所高等院校中收集了1831份数据样本，其中有1520份有效样本。

三、研究方法、工具与用户基本特征描述

利用SPSS16.0软件对数据进行相关的多元回归分析、因子分析、信效度检验、描述性统计等。参与调查的学生分布情况如下：(1)在性别方面，女生占71.43%，男生占28.57%；(2)在学科领域方面，文史类学生占47.14%，理工类学生占32.86%，经济管理类学生占14.29%，艺体类学生占5.71%；(3)在年级分布上，大一学生占62.86%，大二学生占32.86%，大三学生占2.86%，硕士研究生占1.42%，无大四学生及博士研究生参与调查；(4)从家庭所在地看，家在大中城市

的学生占22.86%，家在县城的学生占31.43%，家在农村的学生占45.7%；（5）21%的学生在院系或社团担任职务，43%的学生其父母至少一方具有大学学历。

四、数据质量检验

因调查问卷为自行拟定的项目，非标准化测量工具，为此，需要对问卷开展信效度检验，从而保证研究的正确性与稳定性。对数据开展相关分析，测得问卷的总体信度系数Cronbach仅为0.906，这说明问卷可信度较高，研究结果可认定为稳定一致。运用探索因子分析法进行效度分析，KMO=0.717>0.5，且P=0.000<0.005，这就保证了问卷的结构效度。

五、因子分析

研究采用探索性因子分析法，对阅读推广活动中测量大学生满意度的15类测量变量提取公共因子，寻找影响大学生满意度的推广因素。由表8-4可知，通过变量的降维，共提取了3个公因子，3个公因子特征值累积贡献率达到70.17%，表明原变量70.17%的变异能用这3个公因子来解释，证明这3个公因子具有较好的代表意义。

表8-4　因子提取结果

因子序号	初始特征值			未经旋转的因子载荷平方和		
	特征值	方差贡献率	累计贡献贡献率	特征值	方差贡献率	累计方差贡献率
1	3.999	26.662	26.662	3.999	26.662	26.662
2	4.165	27.764	54.426	4.165	27.764	54.426
3	2.362	15.749	70.175	2.632	15.749	70.175
4	1.076	7.170	77.345	——	——	——
5	0.920	6.131	83.476	——	——	——
6	0.652	4.349	87.825	——	——	——
7	0.459	3.062	90.900	——	——	——
8	0.352	2.346	90.887	——	——	——
9	0.278	1.850	95.083	——	——	——
10	0.241	1.604	96.687	——	——	——

（续表）

因子序号	初始特征值			未经旋转的因子载荷平方和		
	特征值	方差贡献率	累计贡献贡献率	特征值	方差贡献率	累计方差贡献率
11	0.192	1.277	97.964	——	——	——
12	0.146	0.975	98.939	——	——	——
13	0.102	0.679	99.618	——	——	——
14	0.037	0.245	99.863	——	——	——
15	0.020	0.135	100	——	——	——

　　为了使因子含义清晰明显，采用方差最大正交旋转，得到旋转后的因子载荷矩阵，如表8-5所示。

表8-5　旋转后的因子载荷矩阵（略去系数小于0.5的值）

项目	阅读设计	推广支持	阅读环境
推广人员的态度	—	—	0.697
推广人员的工作效率	—	—	0.825
推广环境	—	—	0.805
支撑资源	—	—	0.507
交流与互动	—	0.789	—
提供阅读指导	—	0.830	—
开展阅读咨询	—	0.887	—
引导反思性阅读	—	0.787	—
激励机制	—	0.630	—
宣传形式	—	0.763	—
内容的选择	0.843	—	—
推广的策略	0.828	—	—
阅读平台的搭建	0.851	—	—
进度与时间安排	0.804	—	—
反馈的渠道	0.678	—	—

　　由表8-5可知，内容的选择、推广的策略、阅读平台的搭建、进度与时间安排5个变量在第一个公因子上的载荷较大，在其他两个因子上的载荷较小，且差异性明显，因此，根据相关变量的特点，将第一个公因子取名为"阅读设计"，

用以概况此5个变量。交流与互动、提供阅读指导、开展阅读咨询、引导反思性阅读、激励机制、宣传形式6个变量在第二个公因子上的载荷较大，因此，将第二个公因子取名为"推广支持"。同理，将第三个公因子取名为"阅读环境"，以概括推广人员的态度、推广人员的工作效率、推广环境、支撑资源4个变量。此外，第一个公因子（阅读设计）与第二个公因子（推广支持）的特征值的贡献率分别为26.662%和27.764%，这说明"阅读设计""推广支持"两项推广因素与总体满意度关系最大，"阅读环境"次之，其贡献率为16.749%。

六、研究结论

在高校阅读推广活动中，对用户满意度影响较大的公因子有三个，分别为"阅读设计""推广支持""阅读环境"。其中，与总体满意度有着较大关联的为"阅读设计""推广支持"公因子，其属于有着重要影响的因素。基于此，我们深入分析、探索，能够发现，有三个因素共同影响着用户对推广人员的满意度；阅读积极性与能力仅仅受到"推广支持"影响；阅读效果满意度则受"推广支持"与"阅读设计"影响。用户满意度同样受部分非阅读推广因素影响。例如，有三个因素对用户满意度产生直接影响，分别为是否担任过职务、学科领域、家庭所在地；而有些因素则未能显著影响用户满意度，如学生父母受教育水平，学生年级、性别等。

七、策略建议

（一）开展多方参与的深度推广支持服务

鉴于高等教育机构中阅读推广活动的复杂性和重要性，图书馆作为传统的阅读推广主导者，其角色正在向多元参与者共同参与和建设的新模式转变。诸如学生事务部、传媒部、学生会以及学生联合会等与学生紧密相连的校内机构，若能参与到阅读推广的各项任务中，将其融入日常工作，不仅可以促进阅读活动的执行、推广与反馈，还可以拓展阅读支持的渠道[97]。这对于增强推广活动的力度和建立全面的阅读支持环境具有显著的益处。此外，高校需建立一套规范化、标准化的阅读推广支持体系，以避免由于规章不明确、职责不清晰而引发的失职、推诿、混乱等问题。这一体系应包括科学的支持结构、流程、目标及其宗旨等方面，确保来自不同机构的工作人员能在阅读推广活动中发挥各自的作用，履行本职工作。通过采用多样的支持方式和方法，他们能够有序地进行推广服务，使服务变得更加周到、迅速、全面。基于这样的支持体系，大学生在参与阅读推广活动时，将能实实在在地感受到来自多方的支持，从而更加积极地参与阅读活动，坚持长期阅读，并最终实现个人成长与发展。

在推广阅读活动时，负责人需要密切监督和管理学生的阅读活动，并向他们提供深入和即时的支持服务。利用最新技术如物联网、Web3.0等，建立一个阅读管理系统是至关重要的。通过这个系统，负责人可以追踪和了解学生的阅读反馈、行为和进度，定期进行公平和客观的阅读成果评估，并提出针对性的建议。当推广人员在监测过程中注意到学生在思维方式上有所偏差，或者在阅读过程中遇到障碍时，他们应该主动、迅速地帮助学生调整和更新他们的阅读策略和内容[98]。这涉及实施针对性的干预和指导，确保学生可以顺畅地进行阅读，并获得期望的阅读成果。这样的方法不仅能帮助学生克服阅读中的困难，也能促进他们在阅读上的持续进步和成长。

（二）采用差异化、弹性化的阅读设计

鉴于学生的潜能和特点千差万别，对待阅读推广工作必须避免采用一成不变的方法，而应注重个性化和差异化。在设计阅读推广方案时，推广人员应深入分析学生的期望和需求，细致了解他们的阅读偏好和学科背景，从而量身定制涵盖多样阅读主题和知识领域的推广计划。此外，从活动目标出发，精选适宜的阅读评估标准、模式和策略，以确保对学生的阅读行为进行精准而有效的指导。在针对具有相似特质的学生群体开展特定主题的阅读推广时，推广方案也应保持一定的灵活性，不宜固守一套模板。推广人员应探索具有分层和梯度的推广目标，让学生基于个人实际情况参与不同层次的阅读活动，以实现更优的阅读体验。

总而言之，首先，推广人员需以推广的内容为起点，致力于开展深度和扩展性的阅读活动；其次，在明确了推广内容的相关性和意义后，推广人员应深思如何利用技术手段，对内容进行细化、重组，建立分层的阅读框架，并采用可视化、实体化、形象化的方法进行层次化推广；最后，推广人员应构建多元阅读的支持体系，确保实现分层阅读的顺畅进行，引导学生根据个人情况选择适合的阅读材料，实现阅读目标，享受阅读过程中的乐趣，并最终提高阅读满意度。

（三）注重推广人员的专业素养

为了有效地实施阅读推广支持与精心设计阅读活动，推广人员必须具备相应的专业能力。这包括推广的态度、情感、技巧、知识和理念等多个方面，构成了推广人员必备的专业素质。缺乏这些素质，学生难以在阅读活动设计中体会到推广人员的细心和专业，也难以在支持过程中感受到他们的热情和周到，自然会影响到用户的满意度。在实际情况中，许多推广人员是兼职工作，可能缺乏必要的专业技能。此外，由于推广工作的艰巨性和复杂性，推广人员可能会出现易烦躁和易焦虑的情绪，这些都有可能对用户满意度造成不利影响。

因此，管理者需要密切关注推广人员的工作状态，不断寻找和尝试适当的方式和方法，以提高他们的专业素质。例如，对于缺乏相关知识或技能的推广人员，应提供培训和进修的机会来填补这些空白；对于那些未能形成正确思维观念的人员，可以通过宣传和教育帮助他们转变观念；对于在实际工作中态度不正或有不良情绪的人员，提供心理咨询服务，帮助他们解压并树立正面的工作态度。在高等教育机构中推广阅读的过程中，关键在于清晰地识别影响用户满意度的因素，并基于这些认识，探索和实施有效的策略来改善用户满意度。只有这样，才能真正增强阅读推广活动的影响力，提高阅读的质量和效果。

第三节　阅读推广活动评价

一、阅读推广活动评价的必要性

目前，高等教育机构的阅读推广活动面临一些挑战，这些主要体现在两个方面。首先，活动效果不一，尽管有些活动投入了大量的资源，但成效并不理想：有的活动影响力有限，还有的活动未充分考虑学生的自愿性，导致学生产生抵触情绪。其次，活动的常规化和系统化不足。虽然各种阅读推广活动形式多样，但在组织实施过程中，一些图书馆未能重视活动的持续性和系统性，使得活动安排显得较为偶然和随意。

因此，对高校阅读推广活动进行细致的审视，并探讨其特征和相互关系，对图书馆阅读推广活动进行全面评价，显得尤为关键和必要。特别是对于"阅读推广活动的评估"这一环节，它在整个阅读推广过程中扮演着至关重要的角色。这不仅有助于高校图书馆更好地响应大学生的阅读需求，从自身的优势出发，构建阅读推广活动的品牌形象，还促进了阅读推广活动成效的系统性增强。

二、阅读推广活动评价指标

学者们提出，在构建阅读推广活动评价指标体系时，应该着重考虑两个主要的方面：一是基于图书馆阅读推广活动本身的评价指标；二是基于读者参与阅读推广活动的评价指标。同样，有观点认为，目前对阅读推广活动的评估在深度上存在不足，尚未充分探讨读者的具体收益和心理体验，也没有深入分析活动本身的内在规律。要准确评估阅读推广活动的成效，从需要聚焦于读者，特别是读者的满意度和阅读上的实际收获。然而，值得注意的是，读者满意度和阅读收益这两个指标往往难以直接量化，因此需要进一步的研究和方法创新来进行有效的衡量和评估。

图书馆和读者是阅读推广活动的主要参与者。所以，读者认可度、图书馆重视程度、馆藏及其他因素（阅读环境的美化与净化、图书馆整体服务水平、图书馆内外合作程度等）深深影响着阅读推广活动的效果，如表8-6所示，为细分、调整上述四种主要因素的情况。

表8-6　影响阅读推广活动的主要因素

读者认可度	图书馆重视程度	馆藏	其他
读者参与广度：读者参与数量是否增长、读者读书兴趣是否增加、读者到馆时间是否增加	单一活动的重视程度：投入的时间、投入的人力、投入的财力、投入的物力	文献流通率	合作程度：图书馆与本单位其他部门合作的数量、图书馆与外单位合作的数量
读者参与深度：是否需要（或培养了）专项知识或能力、读书的数量是否增长、读书的时间是否增加、是否增长了新的知识	总体重视程度：举办活动的数量	文献数量	服务水平：图书馆的整体服务能力、图书馆的整体服务态度
读者满意度	—	文献质量	—

为实现调查问卷可执行性的提升以及复杂程度的降低，在对问卷进行设计时，针对单一的阅读推广活动，分别对阅读推广活动负责人和大学生的阅读活

动评价指标进行简化。对于大学生方面，主要有三种评价指标，分别为读者满意度、读者参与深度（新的知识增加与否、读书时间增加与否、读书数量增长与否、某项能力或专项知识是否得到培养）、读者参与广度（读者到馆时间增加与否、读书兴趣增加与否、读者参与数量增长与否）；对于图书馆方面，主要有两种评价指标，分别为图书馆对活动总体重视程度（活动的举办次数）和对单一活动的重视程度（投入的物力、财力、人力、时间等）。

三、阅读推广活动评价结果的应用

高校图书馆阅读推广效果评价结果的应用是评价工作的关键环节，其目的在于通过分析评价结果，为图书馆提供决策支持，从而优化和提升阅读推广活动的质量和效果。应用评价结果的过程主要涉及以下几个方面：

（一）活动策略调整

评价结果可以帮助图书馆识别阅读推广活动中存在的问题和不足，如参与度不高、内容单一、形式不吸引人等。基于这些发现，图书馆可以调整和优化活动策略，比如增加活动的多样性、改进活动形式、调整活动时间安排等，以更好地满足学生的需求和兴趣。

（二）资源分配优化

通过分析评价结果，图书馆可以更有效地进行资源分配。例如，将更多资源投入受欢迎和效果显著的活动中，减少或取消效果不佳的活动。同时，根据学生的反馈，图书馆可以优化书籍采购计划，丰富图书馆的藏书种类，提高图书资源的利用率。

（三）服务质量提升

评价结果有助于图书馆提升服务质量。通过了解学生对阅读推广活动的满意度和阅读需求，图书馆可以提供更加个性化、贴心的服务，如定制化阅读推荐、开展主题阅读活动等，从而提高学生的阅读体验和满意度。

（四）绩效评估与激励

高校图书馆可以将阅读推广效果评价结果作为员工绩效评估的重要参考，对于在阅读推广活动中表现突出的工作人员给予表彰和奖励。这种激励机制不仅可以提升工作人员的积极性和创新意识，也有助于推动图书馆阅读推广工作的持续改进和发展。

（五）建设阅读文化

评价结果的应用还包括利用评价数据和反馈支持校园阅读文化的建设。图书馆可以根据评价结果，总结阅读推广活动的成功经验，通过校园媒体、社交网络等渠道进行分享，提高阅读文化的影响力，营造浓厚的校园阅读氛围。

综上所述，高校图书馆阅读推广效果评价结果的应用是一个多维度、多层面的过程。通过科学合理地应用评价结果，不仅可以不断优化阅读推广活动，提升服务质量，还能促进校园阅读文化的建设和发展，为学生的学术成长和个人发展提供坚实的支撑。

第九章
高校阅读推广理论与实践发展新趋势

本章主要内容为高校阅读推广理论与实践发展新趋势，分别介绍了高校图书馆阅读推广活动主体个体化、高校图书馆阅读推广活动品牌化、高校图书馆社会化阅读推广和高校图书馆新媒体阅读推广。

第一节　高校图书馆阅读推广活动主体个体化

一、高校图书馆阅读推广主体个体化的表现形式

（一）通过阅读分享发挥主体作用

20世纪60年代，新西兰教育学家赫达维（Holdway）等人在研究儿童阅读中首次提出"阅读分享"。随着社会的不断变迁，科学技术尤其是计算机网络技术发展日新月异，当前，阅读分享范畴囊括任何人关注、转载的其感兴趣的任何阅读话题。单一个体依托阅读分享推广阅读，包含如下几种主要形式。

1. 读者推荐

基于个人的阅读经历和体验，读者推荐书籍给他人，旨在分享和促进阅读习惯，这种做法被称为"阅读推荐"。对于大学的教师们，尤其是那些知名的学术专家，他们不仅具备推荐读物给学生的能力，而且承担着这方面的责任。中国的高等教育机构中，许多杰出教授一直在积极参与此类活动。例如，钱穆为西南联合大学的学生推荐了一系列文学和历史书籍，顾颉刚向有意研究中国历史的大学生推荐了一批书籍，而胡适则为清华大学的学生提供了一份基础的国学阅读清单。

过去，编制推荐书目通常是学者的职责。然而，现在广大读者也开始积极参与到这一过程中。例如，许多大学图书馆会设立留言板或特定区域，以便读者能够方便地分享自己精选的书目和推荐理由。显然，开展"读者推荐"活动可以采用多种形式，不限于书面留言，还可以包括手工艺品、绘画作品、视频内容、书籍评论等多种创新的推荐方式。苏州独墅湖图书馆就创造性地邀请读者在卡片上记录下他们推荐的书籍及其理由，并将这些卡片挂在图书馆内的一棵名为"推荐圣诞树"的树上。

2. 读书分享会

读书分享会指的是一群人围绕一本书或多本书籍的内容，进行深入交流和讨论的活动。这种活动不限于文字的分享，还包括了解作者背景、作品分析、主题探讨等多维度的内容。读书分享会是一种集体阅读活动，旨在通过分享和讨论促进参与者之间的知识交流和思想碰撞[99]。本质上，它是一种社交和学习的融合，旨在增强阅读体验，扩大阅读视野，并建立起读者社群。读书分享会具有互动性、知识性、社群性、开放性，有如下三种模式：

其一，读书会。这种模式最为常见，高校图书馆积极牵头举办读书会与相关活动，读者主动参与，在读书分享会中彼此交流、沟通，实现阅读分享推广。

其二，读书节。举例而言，华中农业大学图书馆举办的"青椒"读书节，对读书的快乐进行分享，让青年教师将书籍推荐给学生读者，也让大学生对青年教师的风采进行领略，实现阅读视野的拓宽。

其三，撰写文章。以"阅读"为主题，读者和图书馆馆员在图书馆阅读推广活动平台撰写文章，进行报道宣传等。尤其是他们在新媒体（如微信、微博、QQ等）发表的内容，具有碎片化、网络化、大众化等特点，能够与他人随时随地分享阅读体验，实现阅读的推广与促进。

3. 捐书赠书

捐赠书籍，这一行为涉及读者将自己阅读过并认为具有价值的书籍捐给图书馆，以使其他读者也能够接触到这些资源，或者通过图书漂流等方式，无偿地与他人分享这些图书资源。举个例子，大学教师在完成特定的教学或研究任务后，为了最大化这些资料的利用价值，会将这些已使用的资料无偿捐赠给图书馆；在大学毕业季，准备离校的学生也会选择将自己曾经阅读过的书籍无偿捐出；或者是学校内外的个人和团体，出于对大学图书馆事业的支持，购买书籍后无偿捐赠给图书馆。这种做法因其简单易行、效果显著及影响广泛的特点，已成为目前个人参与大学图书馆阅读推广活动的常见方式之一。

（二）通过日常工作发挥主体作用

在大学校园环境中，图书馆扮演着推动阅读文化的核心角色，其中图书馆馆长作为领导者，由馆员担当"领航员"的角色。在日常的生活与职务中，不论是馆长还是馆员，均需肩负起推广阅读的责任，确保这一使命深植于心且体现于行动之中。

1. 馆长负责制阅读推广

所谓的"馆长负责制"强调的是图书馆的主要负责人将"阅读推广"纳入图书馆发展策略的重要组成部分，并通过自己的示范作用，启动和持续实施有影响力的阅读推广服务。这不仅创造了优越的阅读环境和条件，而且使得校园内的阅读文化得以广泛传播和深入人心，形成一种盛行的风尚。

2. 馆员负责制阅读推广

"馆员负责制"意味着图书馆的工作人员在日常工作中积极地将阅读推广融入他们的服务之中。美国有句流行的说法："图书馆服务的效果，75%取决于图书馆工作人员的素质，20%来自提供的信息资源，5%依赖于图书馆的物理环境。"这说明在图书馆的日常服务和管理中，图书馆工作人员发挥着至关重要的作用。在这种制度下，图书馆工作人员就如同一个"阅读推广的播种机"，不断地提供有效的阅读推广服务。例如，沃斯堡公共图书馆鼓励其工作人员独立组织阅读活动，活动甚至可以以工作人员的名字命名，这不仅激发了工作人员的积极性，也有助于树立活动品牌。美国公共图书馆的青少年读书会通常也是由工作人员轮流组织的。

目前，大学图书馆中的"读书节"活动已经成为一项特色且常规的工作，是校园文化建设和文明创建的一个标杆。此外，每年的中国图书馆学会都会评选"中国图书馆榜样人物"，在这些获奖者中，许多都是在日常工作中默默奉献、勤勤恳恳推广阅读文化的图书馆工作人员。

（三）通过读书会发挥主体作用

阅读小组的概念并不是近代才出现的，而是拥有深厚的历史根基。在现代概念中最早的阅读小组源于瑞典的"读书圈"。这样的组织虽然不属于正式的学习机构，却以其灵活自由的特性，成为现代社会中人们休闲和娱乐的一种选择。读书会独具特色，以其多样化的形式、操作简便性及强大的影响力而著称。

针对大学图书馆举办的读书会，我们基于管理角度，可以将其大致分类为两种主流形式："由师生共同主导的读书会"和"由图书馆独立主导的读书会"。前者依托于大学图书馆，具备社团的组织特征。在推广阅读的活动中，通常由一位或多位"负责人"或"师生组织者"担任核心角色，通过利用图书馆的读书节等活动平台，有效地展现和推动阅读文化的传播。

（四）通过活动志愿者身份发挥主体作用

1. 志愿者的范围和作用

所谓"志愿者"，亦称作"志愿工作者"或"无偿服务者"，指的是那些愿意分享个人的精力和时间，致力于社会进步与改善，而不期待任何形式的物质报酬的人们。从宽泛的角度看，图书馆的志愿者囊括了所有为图书馆提供无偿帮助的个体，包括图书馆的支持者、捐赠者和托管者等[100]；而从更为狭窄的视角出发，图书馆志愿者特指那些定期参与图书馆事务并遵循图书馆管理规定的人员。引入高质量的教师和学生志愿者参与大学图书馆的阅读推广活动，不仅可以帮助图书馆减轻财政、人力和资源的压力，还能为阅读推广带来源源不断的创新思维，从而提高活动的社会参与度和知名度。从角色分析的角度来看，参与阅读推广的志愿者可以扮演多种角色，包括支持者、沟通桥梁、宣传者、助手、导师等，他们甚至还可以作为活动的策划者，自行决定活动内容和形式。

2. 志愿者的服务形式

在西方国家，图书馆领域的志愿服务拥有较长的历史和成熟的工作流程及管理体系。相对而言，"大学图书馆志愿者"的引入和发展开始得较晚，但得益于志愿者的高素质，这些服务在规模和质量上往往能够实现快速超越。在阅读推广中，志愿者的作用不应仅仅被视为辅助性质，他们在特定情况下还能提供关键的支持[101]。例如，在美国一些早期成立的大学图书馆中，如哈佛大学图书馆，主要依赖于政府官员、律师、医生、牧师等人的书籍捐赠。在那个时代，书籍捐赠活动非常普遍，这些捐书者可视为图书馆志愿服务的早期形式。对大学图书馆而言，这些捐赠的书籍构成了其开展阅读推广活动的基础和出发点。

3. 高质量的志愿者服务是高水平阅读推广的标志

研究显示，从时间维度上，图书馆志愿服务的成熟阶段与美国高校图书馆的发展高峰和繁荣期相吻合，这反映出志愿者在图书馆运营的各个方面扮演了不可或缺且显著的角色。在我国，相比于公共图书馆，高校图书馆的志愿服务启动较晚。然而，目前这些服务已广泛融入高校图书馆的服务和活动之中，尤其在以活动为主导的阅读推广中，志愿者的参与日益增多，成为图书馆运作中的关键力量和"智力支持者"。

以湘潭大学图书馆为例，其志愿者团队主要由在校学生组成。这些志愿者不仅参与了图书馆组织的"图书馆服务周""世界读书日""新书发布"等推广阅读的活动，还为负责特定课题的教师提供信息推广服务，执行深入的文献检索、读者咨询和指导等任务。广西科技大学图书馆则建立了志愿服务的常态化机制，争取了学校资助中心等部门的支持，旨在提升志愿者团队的整体素质，并完善招募、培训、管理、评估和激励机制，从而不断增强志愿者的能力和服务品质。志愿者不仅在图书馆的日常管理中发挥着辅助作用，而且在阅读推广活动中成为重要的协作伙伴。通过与志愿者团队的合作，图书馆定期举行读书交流，寻书比赛，下乡送教送书，进入社区、宿舍和食堂等活动，这些活动广受读者和公众的欢迎与好评。

二、个体阅读推广的优势与问题

（一）个体阅读推广的优势

1. 成员构成广泛，角色各异

在大学图书馆的环境下，每位读者都有可能变身为阅读推广的活跃分子，而这一转变并不受限于个人的能力水平、职业地位、学科背景、性别年龄，或是是否属于校园内外[102]。区别仅在于个体所扮演的角色及其所肩负的责任的大小。一般读者可能更加注重参与和服务的质量，图书馆的管理层及工作人员可能更专注于阅读活动的组织和创意，教师和学术界的专家则可能将焦点放在指导阅读的方向上，而学校的行政部门则可能更关注于为阅读提供资源的支持。所有参与者都致力于发挥自己的特长，共同促进阅读文化的繁荣发展。

2. 推广路径多样，策略灵活

在日常生活、学习和工作中，个人可以通过各种手段和行为来支持大学图书馆，帮助其更有效地推进阅读推广活动。随着科技的持续进步，尤其是计算机和网络通信技术的快速发展，新媒体平台如雨后春笋般出现，为大学图书馆提供了更多元化和丰富的推广手段和内容。多元的推广路径和丰富的活动形式，结合阅读推广本身的互动性、平等性和开放性，增强了活动的吸引力和参与度。同时，这样的多样化也为读者参与推广活动提供了更广阔的空间和更多样的选择。

3. 热情高涨，创造力突出

虽然单个个体的能力可能相对有限，但通过依托图书馆的阅读推广平台或与图书馆的合作，可以有效地展现出个体的灵活性和创新能力。创新的活动内容与参与者的高度积极性是互相促进的，这两个因素共同构成了活动成功持续的关键动力。一般而言，"自愿贡献"是参与者加入阅读推广的主要动机，因此参与者天然具备一定的积极性。这种来自众多参与者的热情，为活动的持续创新和内容的丰富提供了源源不断的动力。因此，高校图书馆面临的主要挑战是如何维持参与者长期的参与度，以及如何确保活动创意的实用性和科学性。

4. 资源广泛，影响深远

参与者所拥有的资源多样化，包括但不限于财务资源、物资资源和人力资源。对于高校图书馆来说，这些个人资源构成了其阅读推广资源的宝贵补充。在图书馆、学校甚至政府的有效协调下，这些多样化的个人资源能够发挥更加显著的作用。此外，由于个人资源分布广泛且点多面广，它们在阅读推广中具有明确的针对性，能够提供定制化服务，产生直接的示范效应[103]。因此，无论是将阅读推广扩展到宿舍、食堂、教师团体还是企业、社区、乡村，利用个体资源都是一种有效的方法。

（二）个体阅读推广的问题

1. 方向性问题

阅读推广不仅仅是休闲娱乐的一种形式，更是一项具有深刻文化意义和严肃性的工作。因此，无论活动的理念还是目标，都应与文化主流相契合，并遵循科学原则。在参与阅读推广前，需明确两个基本问题：推广的目标是什么，以及具体推广内容是什么。若大学图书馆未能为阅读推广提供适当的指导，或者个人参与的阅读推广缺乏完善的规划及深入的理解，可能会导致活动方向不明确，缺乏科学和合法性基础，进而使活动效果与初衷背离。

2. 持续性问题

阅读推广是一项长期且需要持续努力的事业。活动不仅需要定期举行，还应保持一定的集中度。尽管个人参与的阅读推广活动拥有丰富资源，但这些资源往往分散，难以形成有效合力，导致以下持续性问题频发：

（1）人力资源短缺：个体参与的项目通常缺乏足够的发起人，大多采取直线型的组织结构。项目运行可能过于集中，缺乏去中心化的能力。即便存在管理团队如读书会或学生会，这些团队往往组织松散，成员面临生活学习或工作的压力，长期下去可能导致负责人负担过重，难以保持初期热情。

（2）物力资源不足：个体的能力毕竟有限，难以确保图书资源的持续更新，活动场地和设备也可能不稳定，个体难以独立及时、有效地解决这些问题。

（3）资金短缺：无论是大型还是小型的个体阅读推广项目，都需要投入大量的精力、时间和资金。几乎所有项目都面临资金不足的问题。如果大学图书馆无法为这些项目提供必要的支持和保障，个体阅读推广活动的持续进行将面临困难。

3. 效益问题

阅读推广不是一个单一的活动，而是一个需要系统化管理的复杂项目。因此，参与阅读推广的组织者和个体不仅需要具备坚韧不拔的工作态度、踏实的工作精神和自我奉献的意愿，还应拥有高度的综合能力和专业素养。这包括但不限于风险管理、学术研究、写作技巧、人际交往、组织协调、营销推广以及创新等能力。阅读推广活动的成败很大程度上取决于参与者是否具备这些技能和素质。如果参与者缺乏这些条件，同时没有得到图书馆的足够支持和一个可靠的团队协作，活动可能会表现出参差不齐的质量，缺乏持续性，难以产生长期且深远的影响。

三、高校图书馆构建个体阅读推广保障体制

（一）转变工作理念，提高个体主体地位认识

大学图书馆不仅扮演着校园内文献信息的核心角色，还充当着区域社会知识与文化的中枢。它的职责不局限于支持学术教育和研究，也致力于满足更广泛公众的知识与阅读需求。其服务对象既包含学校的师生，也涵盖社会各界人士。因

此，大学图书馆的阅读推广活动旨在服务于校内外的广大读者，活动的范围从校园扩展至社会各个角落。在大学图书馆的阅读推广中，参与者远不止图书馆工作人员，还应包括学校管理层、各个学院部门、学生与教师，以及校外的相关团体和个体[104]。负责推广的领导团队应主动邀请具有专长、兴趣和能力的读者加入；在策划活动时，应通过调研了解读者的具体需求，确保活动内容和形式能够真正反映读者的期望；在活动执行阶段，有效利用教师联合体、读者社团、青年志愿者组织、企业与行业协会以及社会知名人士等资源，以保障活动能够深入人心并有效执行，进而达成既定的目标和宗旨。

（二）建立健全制度，规范引导个体阅读推广

建立和完善规章制度能有效规范个人参与的阅读推广活动，并促进其健康发展。大学图书馆应加强活动规划，明确个人在阅读推广中的权益和责任，将个体的贡献融入图书馆阅读推广的整体框架。第一，大学图书馆需积极宣传阅读的意义、价值和重要性，寻求与学校其他团体和部门的合作，从校级层面出台阅读推广的策略和规划。将阅读推广纳入学校的"十四五"文化发展规划中，并在校园文化及阅读推广活动中，明确并强调教师和学生作为主体的重要性。第二，在制定大学图书馆阅读推广的工作计划和方案时，应特别强调教师和学生在这一过程中的核心地位。第三，不仅要完善阅读推广的规章制度，还需培养和激励那些致力于图书馆阅读推广的个人，使他们能积极参与到这项工作中。第四，改善相关的工作规则和制度。例如，优化读者协会的管理规定，并通过提供资源、资金和政策支持，帮助协会组织和执行阅读推广活动，同时为成员提供培训机会，以增强他们的阅读推广意识和能力。第五，依托《普通高校图书馆规程》，改善图书馆对社会服务的管理机制，增强社会读者利用图书馆资源的动力，同时积极吸引和引导社会资源，以促进阅读推广活动的有效进行。

（三）搭建平台，凝聚力量

大学图书馆应积极利用新媒体和网络通信技术，基于现有的推广管理平台，建立一个独立且权威的个体阅读推广网络平台，以促进力量的集结和资源的整合。具体操作方式包括：以图书馆推广团队为主导，图书馆作为管理核心，学校作为指导力量。平台应涵盖以下核心板块和功能：

1. 推广项目板块

根据个体通过大学图书馆进行阅读推广的不同形式和模式，设立分类细致的子板块，汇总全国的阅读推广个体、项目和组织，集中展示和宣传个体推广项目，提高项目的知名度，并促进个人的综合发展及阅读推广能力的提升。

2. 资源共享板块

整理并共享各类资源，包括阅读相关的法律规章、图书编目数据、推广培训资料、共享图书资源、经典案例、推荐书目及开放获取资源库等，为个体提供必要的文献支持，以便更有效地进行阅读推广。

3. 信息公告板块

负责发布各类公告和通知，如评选、竞赛、培训、会议和志愿者招募信息，以及新闻报道，为个体在阅读过程中的互动和交流提供方便。

4. 友情、合作单位板块

介绍相关组织信息，例如学生社团、志愿者组织、其他学校部门、数字及有声阅读平台、出版机构、各类图书馆、省级图书信息委员会、中国图书馆学会等，提供这些组织的链接，为个体扩展交流和寻求支持提供便利。

5. 实时互动板块

链接图书馆推广的新媒体平台，如QQ群、微信公众号、微博、贴吧和相关论坛等，支持个体在日常推广活动中的交流和互动。

6. 实践与理论研究板块

专注于总结、研究和评估个体阅读推广活动，探讨未来发展方向，包括编制和发布大学图书馆阅读推广年度报告、介绍个体推广活动、举办年度评比活动，如最佳校园阅读推广人物、志愿者、书香班级、学生社团、读书会等，并创办阅读推广报，在报纸上设专栏报道个体的阅读推广理论和实践。

总之，公众是全民阅读推广的根本动力，全民参与是实现广泛阅读推广的关键。在大学图书馆的推广过程中，个体展现出独特的优势和地位，应获得图书馆的积极支持和引导，共同构建一个长效且持续的推广机制。

第二节　高校图书馆阅读推广活动品牌化

市场营销领域首次提出了"品牌"这一概念，它既代表了一种价值观念和识别标识，也在本质上反映了产品的卓越品质。将品牌理念融入阅读推广活动，建立独特的阅读推广品牌，可以增强读者对该品牌的内心认同，从而提高他们对大学图书馆的满意度[105]。如今，高等教育机构越来越认识到品牌的重要性，尤其是在阅读推广活动中，品牌的力量不仅能确保活动的持续性和长期性，而且对于创建反映大学特色的阅读品牌活动来说，具有极其重要的意义。

一、高校图书馆阅读推广品牌化的内涵

（一）丰富大学生的精神给养

阅读推广的核心目标是培育读者的阅读习惯，激发他们对阅读的兴趣，并提高他们的阅读能力。对于校园文化来说，大学图书馆扮演着关键角色，其阅读推广任务与图书馆的运营紧密相连，形成一个不可分割的整体。具体来说，大学图书馆通过举办各种文化活动，旨在激发读者的阅读热情，全面提高读者的阅读技能和文化素养，同时对大学生施以正面激励和指导，帮助他们建立正确的世界观、人生观和价值观，引导他们自主接受教育。

（二）基于优质阅读服务打造品牌

大学阅读推广品牌是在图书馆主导的各类阅读推广活动中逐渐积累并形成的，它代表了全校师生甚至社会对学校阅读文化活动的认同和评价，拥有不可见的价值[106]。随着阅读推广活动质量的不断提升和社会口碑的增强，这些活动的影响力和参与度也相应提高，从而在不知不觉中构建起阅读推广品牌。因此，大学图书馆不仅需要积极开展丰富的阅读推广活动，还必须注重品牌建设，努力提升图书馆阅读推广品牌的影响力和知名度，吸引更多读者的关注。通过这样的努力，可以提高大学生的整体素质，并为阅读推广工作的长期化和专业化奠定基础。

（三）把握时机抢占学生心智

每逢九月，大学图书馆便迎来一波新生，这意味着阅读推广活动每年都会面

向全新的听众群体。因此，大学图书馆应当更加注重"构建阅读推广品牌"，通过此举打造一个可持续的、长期有效的工作机制。大学图书馆必须认识到，品牌建设对于增强自身的核心竞争力极为重要，不仅有助于其价值和职责的最大化展现，还能确保图书馆在新时代展现出创新和活力。一旦大学图书馆成功塑造了独有的品牌形象，该形象将在读者心中留下难忘的印象，并逐步成为校园文化的重要组成部分。总之，通过品牌化的阅读推广，不仅可以让更多读者了解并参与到推广活动中来，还能强化推广服务的存在感和提升服务质量，进而提高图书馆的整体形象和地位。

二、高校图书馆阅读推广的品牌化建设

（一）清晰的品牌战略

"品牌战略"是一项涉及深度思考和高度创新的活动。针对阅读推广而言，品牌战略的核心在于理解目标读者群的阅读偏好，确立阅读推广服务在他们心中的位置，并通过各种推广活动与读者建立深刻的连接。有效的品牌战略能够作为服务价值认同的催化剂。

（二）个性化的品牌设计

"品牌设计"本质上是建立一个具有个性特征的品牌形象。这意味着通过确定品牌的基本元素（例如标志、名称等），来展示品牌的宣传目标、价值导向和文化内涵。为了确保品牌形象牢固地根植于公众心中，需要具备创新性和独特性的品牌构建策略，其关键在于标识的创意与整体设计方案的制定。

1. 品牌识别要素

触发公众对某品牌的记忆关键，依赖于品牌的命名。在开展阅读推广活动时，首要任务是为推广品牌选择一个名字，该名称需简洁明了、富有吸引力、便于传播，并能准确反映品牌的独特之处。此外，品牌还需拥有一个具有鲜明特点的图标，这有助于加深人们对阅读活动的理解和认识，促使公众在看到品牌标识时，能够自然而然地将其与阅读推广活动联系起来，形成独特的品牌印象，使品牌成为阅读推广活动的象征。

2. 活动规划

品牌策略的实施涵盖了"活动规划"的概念，其中品牌活动通过具体的规划得以实现。在策划品牌相关的活动时，首先需对目标受众的偏好和需求进行深入分析，基于此分析应用合适的技术解决方案和科学方法，以设计出与品牌定位相契合的活动方案，进而明确品牌目标和价值。例如，兰州大学图书馆举办的"风速对话"，该活动特别邀请了各界杰出人士作为分享嘉宾，包括作家、学者、行业专家、领军人才和学科新秀等，展现了多样化的职业背景和杰出成就。这些嘉宾作为"意见领袖"，在拉扎斯菲尔德（Lazarsfeld）的定义中，他们能够对他人的行为和态度产生非正式的影响。

基于此，意见领袖在活动中担任证实者、说服者和传达者的角色，通过推荐书籍、分享阅读体验和人生感悟，不仅激发了读者的阅读兴趣，还促进了读者的思考和心灵成长，深化了读者对阅读魅力的认识和对生活感悟的交流，进而促进了个人修养和价值观的发展。通过深度阅读品牌化的策略，大学图书馆能够营造一个充满活力的阅读氛围，这不仅促进了读者阅读素养和文化修养的提高，还推动了他们的深度思考和阅读兴趣的增强，同时挖掘了读者的深层阅读需求。

（三）多维度的品牌传播

阅读推广的品牌传播着重于向读者展示品牌的核心价值，以品牌识别为基础，通过多样化的传播途径（例如，个人沟通、团体传递、媒体发布等）来提升阅读推广品牌的和谐感、声誉及知名度。

1. 阅读推广品牌应当以"大众传播"为传播方式的首选

大众媒体应成为阅读推广品牌传播的优先选择。通过分析目标群体的偏好，大学图书馆可以在其官方网站上进行全面的品牌宣传，从而提高活动的关注度和认知度。鉴于大学读者群体偏好于分享、互动和交流的信息传播方式，图书馆应充分利用社交媒体平台（如微博、微信、QQ等）进行在线宣传。同时，图书馆也应注重传统的线下宣传手段（如海报、公告板等），通过线上与线下的有机结合，构建一个多维的传播模式，以增强读者对品牌的感知和了解。

2. 抓好组织传播

重视组织传播的效果。大学图书馆应充分利用校内的阅读俱乐部等学生组织的影响力，通过这些团体深入宣传品牌，促使其成员对阅读推广品牌产生兴趣，并通过讨论和交流形成共识，从而在品牌传播方面取得良好的效果。

3. 充分发挥人际传播的力量

发挥人际传播的作用至关重要。阅读推广活动本身就是传播品牌的一个有效途径。大学图书馆通过举办各类阅读活动，不仅能激励读者回归阅读，还能让参与者通过校园活动、宿舍分享会和读者交流等方式，将个人的阅读体验传达给周围的人，从而通过口碑效应在学生群体中传播品牌，进一步提升阅读推广品牌的声誉和认可度。

（四）可持续的品牌维系

一旦大学图书馆成功建立了阅读推广品牌，其接下来的任务便是通过有效的宣传策略提高品牌知名度，深入挖掘和精细化工作以增强品牌影响力和好评度，并持续分析读者需求以保持品牌活力，努力培养读者的忠诚度。这意味着需要使读者在某种程度上对阅读推广品牌产生价值认同，从而建立起特殊的情感联系，保证他们对活动的长期关注和持续参与。菲利普·科特勒，一位在全球营销领域享有盛誉的美国专家，指出品牌具有其自身的生命周期，包括引入期、增长期、成熟期及衰退期。通过一系列的努力，品牌逐渐被公众所知晓并赢得信任和认同，进而进入成熟和维护的阶段。对于拥有强大影响力的阅读推广品牌，大学图书馆需要采取一切必要措施来维护其品牌形象，根据学校宣传目标和国家政策的变化，不断完善品牌形象，增强读者的认同感、信任感和归属感。

1. 确保阅读推广活动的高品质，增强读者的信任感

品牌的核心在于"质量"。读者之所以信赖某个品牌，基于的是对阅读推广活动质量的信任。参与高质量的阅读推广活动能够让读者感受到丰富的情感和知识收获，促使他们愉悦地获取信息，同时激发其学习兴趣，培养其阅读习惯，丰富其个人经验，甚至帮助其明确职业和人生规划。因此，大学图书馆在策划每一次阅读推广活动时，都应致力于追求卓越，无论是在选择嘉宾、活动策划、前期宣传还是后期的分享与总结方面，都需力求完美。通过高品质的活动激发读者的阅读兴趣，为读后的思考和交流提供动力，使读者在参与活动后感到满足和收获。对品牌的维护来说，这是至关重要且不可或缺的一环。

2. 扩展品牌服务，丰富品牌印象，深化品牌意义

品牌印象的形成源于与品牌相关的联想。当读者参与阅读推广活动时，特定

的品牌名称会激发他们心中的各种联想。通过扩展阅读推广的服务范围和丰富活动内容，可以使读者对品牌的联想更为丰富和立体，进而深化品牌的内涵。大学图书馆应推出更多创新和独特的活动，这些活动应深入读者的心灵，与其情感世界高度契合，从而有效地增强读者对品牌的认知，确保品牌在读者心中占据重要地位，使品牌印象更加饱满、多元和丰富。

3 适应需求变化，更新品牌定位

品牌维护的一个关键方面是随着时间的推移，品牌可能会受到多种因素的影响（例如，读者需求的变化、图书馆所在机构的文化环境变化、社会环境的变化等），因而需要相应地调整其定位。具体来说，大学图书馆应定期收集和分析读者的反馈，通过与读者的互动和交流，掌握其需求变化的动态。同时，应及时了解国家政策和学校文化环境的更新，重新评估阅读推广品牌的定位，确保活动策划的准确性和科学性，合理判断是否需要调整品牌定位及如何调整，以确保品牌策略的时效性和适应性。

第三节　高校图书馆社会化阅读推广

一、高校图书馆社会化阅读推广理论依据

世界各地的国家和组织为了加强图书馆的社会文化服务功能，促进全民阅读文化的普及，陆续出台了许多法律和政策宣言。这些政策的核心观点是图书馆应担负起推广阅读的重要使命和责任，向社会公众开放，提供广泛的信息服务。

（一）政策制度基础

1965年，美国通过了《高等教育法》，该法规明确美国大学享有联邦政府补助的权利，并承担为社会大众提供信息服务的责任；20世纪60年代的《图书馆服务和建设法案》则要求图书馆向那些通常无法获得服务的群体，尤其是来自低收入家庭的7岁以下儿童，提供服务。英国在1980年代初通过《社区信息：公共图书馆能做什么？》宣言，强调图书馆应向社区提供信息服务，帮助个人和团体解决日常问题，支持他们参与到民主过程中。丹麦在2000年颁布了《图书馆服务法》，强调国家和大学图书馆应积极参与国内外图书馆间的互借活动，向社会提

供信息服务。日本于1986年通过国立大学图书馆协议会，发布了有关国立大学图书馆开放服务的研究报告，报告指出大学图书馆需要坚持对社会开放以更好地适应社会需求。1994年，韩国通过了《图书馆与读书振兴法》，旨在创造必要的环境并规范图书馆及文库的建立、运营和发展，以促进阅读活动，提高知识信息的社会供应效率，支持文化和终身教育的发展。2008年，中国图书馆学会发布了《图书馆服务宣言》，提倡图书馆应促进全民阅读，为公民的终身学习提供支持，推动学习型社会的建立。2015年，中国教育部发布《普通高等学校图书馆规程》，强调高等学校图书馆在文化传承与创新中的角色，鼓励其积极参与资源共建共享，利用信息资源和专业服务优势为社会提供服务。

（二）专家学者观点

在全球图书馆发展的历程中，众多专家和学者一致关注如何通过提高管理效率使高校图书馆能够满足日益增长的公众阅读需求，并承担起文化传承的责任。长久以来，普遍认为高校图书馆在推广全民阅读方面占据核心地位。随着公众对于非正式学习和阅读的需求不断增加，高校图书馆越发意识到对外开放，向社会提供阅读服务的重要性和迫切性。印度的图书馆学家Ranganathan提出了著名的"图书馆五法"，强调图书馆应对所有人开放，并应积极进行宣传。国际学者Nancy Courtney强调高校图书馆与社会的紧密联系的必要性，推荐的服务项目包括建立在线数字档案、编制书目指南、促进儿童信息素养教育，以及提升公众获取政务和健康信息的能力。另一位学者Robert Wither提到，有效的宣传推广对吸引社区成员、提升图书馆知名度至关重要，同时在大学预科项目中图书馆的角色也非常关键。在担任北京大学图书馆馆长时，李大钊曾提出"兼容互需"的藏书策略，使得北京大学图书馆成为新文化和马克思主义传播的重要中心，发挥了启蒙作用，同时深化了对公众智慧的启发。图书馆学家卢震京明确指出，高校图书馆是一种收集、整理、保存文献资料并向师生及公众提供服务的教育文化机构。随着全民阅读推广事业的深入发展，越来越多的专家学者认为，高校图书馆是推动全民阅读事业向前发展的关键力量。

二、我国高校图书馆社会化阅读推广的问题

（一）顶层设计有待进一步完善

近期，国内的学者和专家对"阅读推广"领域展现出了浓厚的兴趣。然而，必须指出，在理论整合方面，关于"阅读推广"的理论研究相对于实际操作还有所欠缺。例如，当前国内学术界尚未就阅读推广及其相关定义形成共识，诸如大学图书馆是否应涵盖社会化阅读推广服务、社会服务与全民阅读推广的关系、图书馆在阅读推广中的作用等问题仍未有明确的答案。此外，图书馆在自我理论建设和创新方面的缺失导致了在推广全民阅读过程中其核心作用的界定不明[107]。同时，社会化阅读推广的实践仍处于起步阶段，实际操作尚未能有效推动理论的发展，现有的理论框架仍有许多不足之处，急需进一步发展和完善。

（二）内外需求有待进一步加强

1. 图书馆的主动性不足

首先，一些大学图书馆尚未完全放弃"闭门造车"和"重藏轻用"的传统观念。一部分图书馆工作人员乃至大学领导仍旧保守、守旧，缺乏开拓创新和主动提供社会服务的意识，对于积极开展社会化阅读推广活动缺乏足够的动力。其次，无论在藏书结构还是管理方式上，大学图书馆往往仅围绕校内的研究和教学需求，存在根深蒂固的"以校为中心"的思想，同时也面临各种约束（例如知识产权问题）。尽管图书馆资源本质上属于社会资源，但一些图书馆负责人可能无视或忽略这一点，未能建立资源共享和开放的观念。最后，由于担心校外读者可能占用校内读者的权益和资源，担忧增加的工作量可能带来安全和管理上的隐患，部分大学图书馆在面对社会化阅读推广时显得缺乏信心。

2. 社会公众需求意识不足

首先，目前社会上还未形成广泛的终身学习和非正式学习的习惯，公众对社会文化服务部门提供信息服务的需求并不强烈，很少有人主动去寻求这些服务。其次，社会公众未能充分认识到大学图书馆在文化传承、创新及社会服务中的作用，受限于过时的思维和观念，认为自己作为校外人员无权自由进入大学及其图书馆，通常只向政府文化行政部门寻求服务，而未意识到文化事业单位如大学也是可供寻求服务的场所。最后，由于社会公众普遍缺乏阅读技巧和信息素养，难

以正确、有效地利用大学图书馆的资源。尽管大学图书馆拥有丰富的资源,对于普通公众来说却似乎遥不可及,他们不得不寻找其他方法和途径来解决自己的阅读和信息需求。

(三) 主体作用有待进一步提升

1. 活动组织能力不足

首先,缺乏健全的活动主体机构。通过对欧美国家高校图书馆进行分析,不难看出,其大部分都建立了专门机构,对校外读者类型加以细化,将多层次、有针对性的阅读推广服务提供给人民群众。回望我国,仍有部分高校图书馆未对类似部门进行设置,未在主要业务中纳入社会化阅读推广,造成活动组织能力较为薄弱。其次,主体之间缺乏合作。由于区域、行业壁垒以及体制限制,其他全民阅读推广主体和高校图书馆之间彼此学习、一同进步的理想仍未真正实现,也未能完全打开共享资源、联合开展阅读推广活动的局面。除此之外,高校图书馆参与的全国和地区性阅读推广联盟的数量不多、种类不够丰富,联盟能组织的活动具备深刻而长远影响力的较少。最后,主体能力存在明显差异。不同高校图书馆之间,无论是推广服务工作水平还是推广服务内容,都差距较大。例如,相较于欠发达地区高校图书馆、地方高校图书馆,发达地区高校图书馆、部级高校图书馆有着更深远的效益、更广的覆盖面以及更快的工作实践进展。基于此,实现活动主体业务能力全面提升的工作具有艰巨性、长期性。

2. 活动的影响力有限

首先,由大学图书馆自主举办的活动往往影响力不足。一般来说,这些图书馆的社会化阅读推广活动规模较小,目标受众范围有限,缺乏足够的吸引力和影响力。其次,相较于国际上,国内的大学图书馆在参与由其他实体(如非营利性阅读组织、出版社、公共图书馆、政府机构等)发起的全民阅读推广活动中,案例较少,即便有参与,也通常缺乏广泛性、深入性和积极性,不能有效支持这些活动。

3. 活动转型提质进度慢

客观而言,虽然国家政府和专家学者对公共图书馆的作用给予了较高的重视,但对于大学图书馆的角色并没有给出明确的指导和规定。在推动全民阅读事业中,像中国图书馆学会这样具有影响力的机构也未能为大学图书馆在社会化阅读推广领域的能力培养提供明确的途径和机制。这些因素共同导致大学图书馆在组织和能力提升方面的进展缓慢。

长期以来，一些大学图书馆的全民阅读推广活动主要限于为社会读者提供借阅服务，辅以讲座和信息素养培训。这些活动往往未能充分利用先进技术，缺乏创新的工作理念，未能有效组织旨在提升持久阅读技能和兴趣的活动，也未能借鉴国外成功的经验。同时，这些图书馆未能针对不同类型的社会读者进行细分，简化工作程序，因而难以为读者提供精准的阅读推广服务。

三、高校图书馆社会化阅读推广策略

（一）提高认识，建立社会化阅读推广机制

1. 转变思想观念

开展社会化阅读推广活动时，大学图书馆必须首先着手解决的关键问题是"观念的转变"。众所周知，国家和高校建立的图书馆是公共文化资源的一部分，属于全社会共享的财富。因此，大学图书馆应当秉承以读者为中心的理念，坚持资源共享的原则，最大化图书馆资源的利用效率，为知识和信息的共享与流通提供持续动力。具体来说，大学的管理层需要改变传统观念，跳出教育领域的局限，建立广阔的教育视角。在确保校内师生对文献资源的需求得到充分满足的同时，积极实施"走出去"和"开放"政策，主动满足社会公众的文化服务需求。大学图书馆同样需要转变其服务理念，勇于接受新的挑战，承担新的使命和任务[108]。这包括主动丰富服务项目，创新服务模式，满足校外读者对阅读的渴望和提升阅读能力的需求。此外，大学图书馆还应积极学习先进的工作理念，持续总结工作经验，将理论与实践相结合，确保形成一个持续的、可循环的工作机制，从而不断提高工作效率和服务质量。

2. 健全规章制度

在大学图书馆的运营过程中，存在一个突出的矛盾：社会化阅读推广的重要性与其角色的不明确性。因此，国家及相关管理部门应迅速完善大学图书馆相关法律，明确这一矛盾并寻求解决之道。大学图书馆不仅应积极参与法律法规的制定和完善工作，同时也应在法规尚未完善之前，尽自己所能做好预备工作。对于大学管理层来说，基于现有的工作基础，应努力扩展其责任范围，将社会化阅读

推广积极纳入"十四五"规划的实施中。在图书馆的发展规划中，大学图书馆应将社会化阅读推广作为年度重点任务之一，主动探索和创新校外读者服务内容和模式，完善阅读推广部门的职责，建立健全工作体制，如设立阅读推广责任人，弘扬图书馆精神，树立馆员的社会服务理念。

3. 加强宣传引导

要成功推广阅读，图书馆必须加强其宣传能力。大学图书馆应树立市场化的思维，采用营销管理等策略和知识，增强宣传力度。例如，通过实施综合销售策略，根据社会读者遵守图书馆规则的情况和图书借阅量，为他们提供更多的图书馆使用权限，以此鼓励他们更多地利用图书馆资源。同时，向那些协助图书馆进行阅读推广活动的社会读者提供更多优惠政策，激励他们积极参与图书馆的宣传推广工作，引导公众使用图书馆[109]。此外，大学图书馆应强化品牌意识，通过互联网思维和现代网络技术的应用，全方位宣传推广服务和资源，以提高活动的知名度、认可度和参与度。

（二）内外兼顾，完善社会化阅读推广主体体系

1. 加强自身主体建设

对于全民阅读和阅读推广工作而言，构建和强化组织架构是至关重要的。首先，应当建立一个专门的机构，配备全职工作人员，这些人员专责于向社会各界人士推广阅读活动。进一步地，创建独立于学校之外的阅读服务空间，旨在培育和提高非校园读者的阅读兴趣及其信息处理能力。此外，重视并推进学科图书馆的发展，通过构建和优化信息共享空间，加强制造空间、创客空间以及城市的第三空间功能，从而支持创意与文化的发展。此外，扩大校外阅读支援点，通过引入自助借书系统、田间图书馆和流动图书馆等，扩大服务覆盖范围。同时，积极参与阅读推广培训活动，确保阅读推广人员责任制的实施，提升图书馆员在社会化阅读推广实践中的工作能力及相关理论知识水平。在丰富组织成员结构层面，一方面，应当吸引具备特定专业技能（如计算机科学、艺术、营销等）的人才加入；另一方面，应当通过培养和选拔校内阅读推广大使，以及整合校友、退休教师、在职教师和学生资源，增强组织的多样性和活力。这种双向策略不仅有利于扩大阅读推广的影响力，还能够促进阅读文化的传播和发展。

2. 促进阅读推广联盟建设

大学图书馆融入阅读推广网络，不仅加强了自身及其他成员的发展，而且是一个关键的扩大社会化阅读推广活动影响力的途径。

（1）阅读推广网络的分类。基于成员的属性及其层级，这样的网络可以分为两个主要类型和四个子类，如表9-1所展示。这种分法有助于更高效地聚合各方面的资源，并促进大学图书馆与其他网络成员之间的互动与协作。

（2）构建阅读推广网络的主体。考虑到大学图书馆在网络中可能担任的不同角色，我们可将其分为两类：一类是大学图书馆作为参与者，另一类则是大学图书馆担当领导角色。无论是参与型还是领导型，以下几个方面的工作都需得到加强和完善，以确保网络主体的健全发展。首先，支持建立常设的管理机构，并在可能的情况下，明确机构内的各个部门，如联络组、工作组、秘书处、领导机构等。此外，应该整合师生志愿者和专业人员到这些机构中，加强人力资源的建设。其次，鼓励建立人才流动机制，在成员之间促进人员的交流与培训，整合校内的教育资源，以便更有效地支持这一工作。最后，通过加入其他类型的图书馆阅读推广网络，增强网络间的合作与力量集结。例如，美国教育协会与"阅读火箭"活动合作，推出了"读遍美国"活动，这样的成功实践和经典案例提供了许多值得学习的地方。

表9-1　阅读推广联盟类型统计表

大类	小类	典型成员
同质性	1.同质异级性	国家图书馆、省级图书馆、市级图书馆、县级图书馆等
	2.同质同级性	公共图书馆、高校图书馆、专业（科研）图书馆、儿童图书馆等
异质性	3.异质同级性	高校图书馆、艺术文博群文机构、媒体出版发行机构、行业协会、公益组织等
	4.异质异级性	国际组织、国家图书馆学会、高校图书馆、政府、书店、中小学、企业、社区图书室、农家书屋、民间阅读组织、个人等

（三）联合活动，提升社会化阅读推广活动效益

首要任务是明确，本部分所讨论的"其他主体"：包括个人、企业、乡村书屋和社区图书馆等。虽然这些主体在阅读推广方面可能不具备强大的综合能力，但对于大学图书馆在推广社会化阅读方面的工作来说，它们却是至关重要的。通过支持这些主体的发展和与它们合作举办活动，大学图书馆不仅能够补足自身的

短板，还能够充分利用自己的优势，从而有效地执行社会化阅读推广任务。

1. 增强其他主体的活动基础

大学图书馆能够采取多种措施来支持其他主体的发展，包括提供技术咨询、文献共享、图书互借、共同编目和集中采购等服务。这些措施旨在推动文化服务的均衡发展、普及和社区化，为公众提供丰富的阅读资源和便捷的阅读环境，确保社会化阅读推广工作能够覆盖到"最后一公里"。

2. 提升其他主体的工作能力

俗话说，授人以鱼不如授人以渔。大学图书馆应当整合自身的教育资源，从而提高其他主体工作人员在阅读推广方面的能力。这不仅是大学图书馆的能力所在，也是其应尽的责任。例如，大学图书馆可以分享阅读推广培训课程（如"信息检索技术"和"阅读理论"），使其他主体的工作人员能够利用线上资源进行学习。此外，通过组织线下专业培训，如贵州师范大学图书馆所举办的"阅读课堂"，专注于提升幼儿教师的阅读教育能力。这包括为学前教育的大学生和参加"国家培训计划"的教师提供"幼儿书籍阅读"系列课程，目的是有效提高教师的阅读推广技能。

3. 联合其他主体开展活动

大学图书馆应积极寻求与其他实体的合作，以发挥自身的优势，同时借助外部资源来改进自己的不足，共同致力于开展社会化阅读推广项目。在这一合作过程中，图书馆需要精确地定位其服务对象，优先考虑那些急需提高文化素养和获取信息支持的读者群体。举例来说，大学图书馆可与社区图书馆或书店合作，通过社交媒体渠道如微博、微信，提供邮递图书借阅服务给残障人士、失业人员和农民工等特定群体。此外，图书馆还可以与企业合作，为员工提供继续教育、图书馆导览和信息素养教育。例如，南京财经大学与栖霞区仙林新村社区合作建立"玩具图书馆"，为社区儿童服务。随着图书馆能力的增强和合作机制的完善，图书馆将能够开展更专业、资源要求更高的阅读推广活动。例如，图书馆与博物馆或少年宫合作开设早教和家庭课程，或者与个人和民间阅读团体合作，提供阅读资源和空间，协助他们明确活动目标，并解决活动的效益和持续性问题；图书馆还可以与公益组织合作开发阅读推广项目等。

尽管我国在全民阅读推广方面已经取得了显著进展，特别是图书馆服务的升级和改进，但面对日益增长的读者需求和有限的图书馆资源，社会化阅读推广仍面临着挑战。因此，仅依靠公共图书馆单独承担全民阅读推广的责任显然是不现实的。作为图书馆界的一员，大学图书馆不仅有能力，也应承担起向社会提供阅读推广活动的责任，有效利用其资源为公众提供持续、高质量的阅读服务，从而在社会化阅读推广中发挥关键作用。

第四节　高校图书馆新媒体阅读推广

一、新媒体概述

新媒体，作为信息时代的产物，代表了数字技术和互联网环境下信息传播的新形态。它不仅包含了传统媒体数字化的内容，如数字报刊、网络电视等，还涵盖了社交网络平台、博客、微博、即时通信工具、多媒体应用等多种形式。新媒体的核心特征是互动性、定制化、即时性和去中心化，这些特性共同塑造了信息传播的新格局。

首先，新媒体的互动性强化了受众的参与度，用户不再是被动接收信息的对象，而是可以通过评论、分享、点赞等形式，参与到信息的传播和讨论中，这种双向互动显著提升了信息传播的效率和影响力。其次，定制化是新媒体的另一显著特点。用户可以根据个人的兴趣和需求，定制接收信息的内容和形式，这种个性化的信息服务，大大提高了用户的满意度和忠诚度。再次，即时性是新媒体区别于传统媒体的重要标志。信息的产生、发布和传播几乎可以实现实时进行，为用户提供了快速获取信息的渠道，极大地加速了信息的流通速度。最后，去中心化体现了新媒体时代信息传播的平等性。每个用户都可以是信息的生产者和传播者，这种去中心化的特点打破了传统媒体中信息传播的层级结构，促进了信息的自由流动和多元化发展。

综上所述，新媒体以其独特的传播特性，正在重塑信息社会的传播格局，对文化、社会、经济等多个领域产生了深远的影响。面对新媒体时代的挑战与机遇，如何有效利用新媒体进行信息传播和文化推广，是当前社会各界需要共同探讨和解决的问题。

二、高校图书馆新媒体阅读推广实践

在致力于"促进阅读文化，展现大学精神"的过程中，我国在2015年成功举办了首届全国高等院校图书馆阅读推广案例竞赛。该竞赛吸引了全国超过180所大学图书馆提交了456个标志性案例。这些案例不仅来源于著名的"985"工程高校图书馆，而且来源于普通本科院校和职业技术学院图书馆。在这些案例中，绝大部分有效地融合了新媒体技术，赢得了评审专家的广泛赞誉，并在推广活动中取得了显著成果。此外，赢得2012年第10届国际图书馆协会(IFLA)营销奖首奖的清华大学图书馆的"爱上图书馆"短剧系列，在图书馆的官方网站、优酷、酷6网及新浪微博等多个平台上进行推广，受到了广大用户的热烈欢迎。

三、高校图书馆新媒体阅读推广策略

（一）提高馆员认识，搭建活动平台

借鉴实践经验和新媒体的独特性及其优势，合理运用新媒体技术可以丰富阅读推广的内容与形式，显著增强宣传力度及整体活动的效果。当前，由于缺乏创新的思维模式和对新媒体技术的熟练运用，一些大学图书馆在拓展阅读推广活动的范围方面还不够广泛，仍倾向于采用传统的活动模式。同时，有的图书馆在将新媒体技术转化为深化阅读推广活动方面也显得不足，仅通过官方网站、微信、微博等渠道进行基础的信息发布，缺乏对活动的全面和多角度的报道，未能深度整合新媒体技术及其理念到活动的策划与执行中。

面对信息传播技术革命带来的挑战与机遇，大学图书馆需不断进步、开阔思维。首先，加强战略性规划。建立积极采纳新媒体技术和策略的工作哲学，完善新媒体在阅读推广服务中的应用布局，自行开发和维护图书馆专属网站，并逐步实施数字资源推广、移动图书馆服务及电子阅读设备借阅等计划，逐渐将新媒体的技术和思想融入活动之中，以期提高活动的成效。其次，强化内部推广与培训。新媒体时代下，传播方式的快速变化对图书馆工作人员来说，意味着一种全新的工作环境。因此，大学图书馆应组织专项的新媒体理念与应用的内部宣传和培训，确保图书馆工作人员能够熟练掌握新媒体工具，形成一种内外兼修的工作状态。最后，构建活动平台。根据图书馆自身的需求，开发并利用各类新媒体阅读推广平台，加强与学校各部门的协作，打造统一的活动平台体系。借鉴如新浪

微博、腾讯微博、搜狐新闻客户端等在构建新媒体平台时强调的"活动矩阵"理念，通过新媒体平台的无缝信息推送和同步功能，实现大学图书馆与校内各部门在阅读推广活动上的有效联动，从而将单一的"独唱"转变为协同的"合唱"。

（二）全面提升资源，加强读者宣传工作

为了全面提升图书馆资源的建设和读者的宣传效果，数字化馆藏和新媒体资源成为图书馆新媒体阅读推广的关键。大学图书馆应积极推进图书资源的数字化进程，改进资源的使用模式，提高资源的使用效率。例如，为了使读者通过新媒体更便捷地享受经典著作，大英图书馆从2011年起启动了其19世纪经典文献资源的数字化工作，涉及超过60,000册文献，允许读者通过智能设备免费下载阅读。同时，大学图书馆需成立专门的部门，配备专业人员来加强网络资源的集成工作，通过下载或链接的方式整合网络资源，创建个性化的资源服务平台和数据库，以便读者通过新媒体技术轻松访问数字资源。

在数字化时代，随着新媒体技术的广泛应用，图书馆阅读推广活动呈现出更加多样化和丰富的形态。与传统阅读推广相比，新媒体阅读推广活动更易于吸引大学生的注意力并获得他们的接纳。因此，大学图书馆应当积极进行宣传，鼓励读者接触和接纳新型的资源与推广活动。尽管在新媒体阅读环境下，读者可以通过多种渠道获取信息，且信息内容丰富，但网络数字资源同样面临着信息质量参差不齐、信息过剩、数字鸿沟、信息安全和知识产权等挑战。因此，提升读者的新媒体阅读素养变得尤为重要。大学图书馆应通过实施信息检索与利用的教学、新生图书馆教育，以及举办新媒体阅读能力提升的培训活动等，指导师生如何高效利用新媒体进行阅读，从而提高他们的新媒体阅读技能和兴趣。

（三）加强经典阅读推广和新媒体阅读推广的融合

为了提高经典作品的阅读推广效率并充分利用新媒体的优势，同时避免浅层阅读和信息碎片化对大学生阅读质量的影响，大学图书馆必须投入大量精力，将新媒体技术与经典阅读内容的推广紧密结合起来。

1. 保证高质量的阅读内容供给

提高读者的阅读品质必须以提供高质量阅读材料为前提。因此，大学图书馆应开发和利用数字化的经典文献资源，并通过网络和新媒体将这些资源推广给读者。例如，武汉大学图书馆推出的"珞珈风范——武汉大学名师库"，全面整合

了该校历代名师的资料，通过社会记忆、影像故事、档案和个人传记等多个内容板块为读者呈现丰富的文献资料和链接，其中包括全文在线阅读的功能，既展示了馆藏资源，也为读者提供了深入的阅读体验。

2. 选择合理的阅读推广策略和内容

引导读者深入阅读经典作品，需要有力的阅读推广策略和内容作为支撑。大学图书馆应整合不同的媒介技术，实施全方位、多样化的阅读推广活动，以激发读者对经典阅读的兴趣。比如，郝明义在台湾策划的"经典3.0"阅读推广活动，就通过文字、影像、图像和讲座等多种形式，使阅读过程更加生动和立体。此外，应认识到深度阅读与浅层阅读各有其优势和特点，并不是完全对立的关系，它们可以根据不同的阅读需求和场合相互补充。

通过上述措施，大学图书馆不仅能够有效推广经典阅读，还能在新媒体时代背景下促进读者阅读习惯的全面提升。

（四）加强传统阅读推广和新媒体阅读推广的融合

随着新媒体技术的不断进步和阅读推广方式的日益深化，针对大学生群体的高校图书馆阅读推广活动越来越依赖于互联网和新媒体平台。尽管如此，基于传统模式的阅读推广仍具备独特的优点，如丰富的体验性、立即的影响力和便捷的监控性，因此，传统与新媒体阅读推广在未来的发展中将互为补充，共同进步。在组织不同主题或同一主题不同内容的活动时，新媒体与传统方式的结合将更有效地发挥各自优势。

举例来说，南京信息工程大学图书馆为纪念中国人民抗日战争暨世界反法西斯战争胜利70周年，发起了主题为"勿忘国耻，以史为鉴，面向未来，振兴中华"的阅读推广活动。活动中，不仅利用图书馆的LED大屏幕展示了相关的图书和图片，还举办了"勿忘历史，重读经典"的经典书籍展示会，并通过在线答题的形式与读者进行互动，这种互动方式吸引了众多读者的参与，取得了良好的效果。

从高校图书馆阅读推广的发展趋势来看，"图书馆作为主导"的角色将更加凸显，并可能进一步演变。在阅读推广活动中，尤其是针对大学生的活动，将更多强调读者的主动参与和创新性。大学生群体更倾向于使用个性化和互动性强的新媒体进行活动。例如，吉林大学图书馆成功激发了学生的主动性和积极性，创立了"白桦书声"校园朗读分享平台，鼓励学生从参与者转变为活动的组织者和策划者，通过新媒体平台深化了阅读推广活动。

参考文献

[1]徐益波,华东杰.新时代全民阅读高质量发展推进机制研究[J].图书馆研究与工作,2024(02):90-96.

[2]程训敏.全民阅读背景下高校图书馆参与社区阅读生态体系构建的策略[J].图书馆学刊,2024,46(01):18-21.DOI:10.14037/j.cnki.tsgxk.2024.01.020.

[3]冯玲,李东来.图书馆在全民阅读推广服务体系中的新认知与新担当[J].中国图书馆学报,2024,50(01):4-12.DOI:10.13530/j.cnki.jlis.2024001.

[4]Horowitz L R, Martin J. The librarian as practitioner/researcher: a discussion[J]. Evidence Based Library and Information Practice,2013,8(3):79-82.

[5]姚琼,易大东,赵慧颖.全民阅读背景下提升公共图书馆的服务效能[J].文化产业,2024(01):154-156.

[6]吴百超.全民阅读视域下公共图书馆红色文献阅读推广:逻辑审视与模式构建[J].图书馆,2023(11):56-62+74.

[7]李欣,张恩铭.新时期图书馆纸电融合服务研究:以辽宁省图书馆"智慧条码"阅读平台为例[J].图书馆学刊,2024,46(01):83-85+90.DOI:10.14037/j.cnki.tsgxk.2024.01.013.

[8]聂曼曼.全民阅读背景下高校图书馆阅读推广实践探索:以河南科技大学图书馆为例[J].内蒙古科技与经济,2023(20):153-156.

[9]Team E. Call for applicants for EBLIP journal:evidence summaries writers[J]. Evidence Based Library and Information Practice,2023,18(2):127-128.

[10]彭奇志,杨沉."互联网+"环境下全民阅读生态系统结构及其优化对策[J].图书馆,2023(09):60-65+98.

[11]操菊华,王喜乐.全民阅读:推进精神生活共同富裕的重要方式[J].文化软实力

研究,2023,8(04):57-63.DOI:10.19468/j.cnki.2096-1987.2023.04.005.

[12]黄佩芳.从激活藏书到激活阅读:邻里图书馆项目赋能阅读推广的专业思路与实践模式[J].农业图书情报学报,2023,35(10):72-79.DOI:10.13998/j.cnki.issn1002-1248.23-0729.

[13]何敏霞.公共图书馆阅读推广实践问题与策略研究[J/OL].图书馆:1-7[2024-02-27].http://kns.cnki.net/kcms/detail/43.1031.G2.20240208.2126.016.html.

[14]Guyatt G H, Oxman A D, Vist G E, et al. GRADE: an emerging consensus on rating quality of evidence and strength of recommendations[J]. BMJ, 2008, 336(7650): 924-926.

[15]李明兰.全民阅读背景下高校图书馆与新媒体整合[J].中国报业,2023(22):116-117.DOI:10.13854/j.cnki.cni.2023.22.042.

[16]袁晖.新媒体赋能公共图书馆阅读推广[J].文化产业,2024(03):43-45.

[17]陶奎.全民阅读背景下图书馆阅读推广的逻辑建构[J].河南图书馆学刊,2023,43(11):19-21+65.

[18]Wang P, et al. "There is a gorilla holding a key on the book cover": Young children's known picture book search strategies[J/OL]. Journal of the Association for Information Science and Technology, 2022, 73(1): 45-57.

[19]刘宗凯.全民阅读背景下图书馆嵌入社区服务的模式与策略[J].河南图书馆学刊,2023,43(09):77-79+83.

[20]李裴.全民阅读生态的构建与可持续发展[J].图书馆界,2023(03):70-74+79.DOI:10.14072/j.cnki.tsgj.2023.03.011.

[21]王洪海.全民阅读背景下图书市场需求分析[J].中国集体经济,2023(27):126-128.

[22]余芳.巧用高校图书馆资源助力全民阅读[J].文化产业,2023(19):115-117.

[23]彭奇志,王球云,杨沉."互联网+"环境下全民阅读生态系统:内涵特征、组成要素及关系机理[J].山东图书馆学刊,2023(04):18-25.

[24]杨方铭,邹鑫.全民阅读发展水平的测度体系、演进特征与发展障碍[J].出版发行研究,2023(10):63-69.DOI:10.19393/j.cnki.cn11-1537/g2.2023.10.017.

[25]张幸乐.构建书香中国背景下的全民阅读优化之路[J].文化产业,2023(14):97-99.

[26]黄玉寅.以习近平法治思想引领全民阅读立法新发展[J].图书馆学刊,2023,45(05):1-7.DOI:10.14037/j.cnki.tsgxk.2023.05.018.

[27]付东兵,程红艳.参与式学习与混合学习融合:以成人本科学历教育课程为例[J].继续教育研究,2024(03):93-99.

[28]任屹立.学术共同体视角下高校学术期刊学术育人探蠡[J].南昌师范学院学报,2024,45(01):71-76.

[29]朱有伟.基于班级阅读共同体的小学语文课程行动研究[J].基础教育研究,2023(20):43-46.

[30]马志响.乡村教师阅读共同体:内涵建构与组织策略:以"书格子"阅读共同体为例[J].教育视界,2023(42):20-24.

[31]孔凡芳,王强.情感共同体:叙事认同视域下的阅读秩序建构[J].编辑之友,2023(12):41-48.DOI:10.13786/j.cnki.cn14-1066/g2.2023.12.006.

[32]袁光锋."感受的共同体":数字媒介中的情感流通与认同建构[J].新闻与写作,2024(01):5-13.

[33]鲁元鸿.互联网背景下公民身份认同的困境与提升路径探究[J].互联网周刊,2023(22):19-21.

[34]黄晓新,吴若楠.新征程深化全民阅读活动意义与着力点[J].中国出版,2023(10):23-29.

[35]范新美.全民阅读高质量发展下图书馆领读人服务价值、现状、困境与对策[J].农业图书情报学报,2023,35(12):60-70.DOI:10.13998/j.cnki.issn1002-1248.23-0472.

[36]傅少君.全民阅读视角下公共图书馆阅读推广优化策略研究[J].河南图书馆学刊,2024,44(01):21-23.

[37]张羽飞,孙祺,李桂荣,等.产学研深度融合创新联合体:概念衍生、特征类型与推进路径[J/OL].科技进步与对策,1-11[2024-02-27].http://kns.cnki.net/kcms/detail/42.1224.G3.20240226.0928.006.html.

[38]臧艳雨,罗楚钰.区域科技协同创新评价与空间聚类分析:以广东省为例[J].南京理工大学学报(社会科学版),2024,37(01):38-46.DOI:10.19847/j.ISSN1008-2646.2024.01.006.

[39]洪艺瑛.公共图书馆推进全民阅读的方法研究[J].造纸装备及材料,2023,52(07):195-197.

[40]张利洁,王颖.弱关系强连接:社交媒体阅读推广新路径[J].中国出版,2023(24):10-15.

[41]杜艳艳.数字化转型背景下智慧图书馆产品的价值意蕴、实践逻辑和推进路径[J].图书馆,2024(03):70-76.

[42]李菲菲.基于用户兴趣改进模型的智慧图书馆个性化检索服务研究[J].图书馆研究与工作,2024(02):62-69+76.

[43]彭华.智慧教育环境中的高校图书馆个性化信息素养培养策略研究[J].互联网周刊,2024(03):52-54.

[44]王佳贤,李亦凡,栗国静,等.智慧服务视角下高校图书馆公共文化服务创新策略分析[J].才智,2024(04):181-184.

[45]王晓倩,席鹤洋.阅读疗法视域下公共图书馆心理咨询服务研究[J].图书馆工作与研究,2023(12):72-77+99.DOI:10.16384/j.cnki.lwas.2023.12.005.

[46]黄明芳.基于阅读疗法的高校心理育人功能提升探索[J].湖北开放职业学院学报,2023,36(21):26-28.

[47]王洁松.发生学视角下马克思主义中国化的历史起点[J].学校党建与思想教育,2022(24):79-81.DOI:10.19865/j.cnki.xxdj.2022.24.025.

[48]才华加.藏传佛教的心理净化与引导功能:从五戒十善与出离心谈起[J].青海师范大学学报(哲学社会科学版),2014,36(03):31-35.DOI:10.16229/j.cnki.issn1000-5102.2014.03.025.

[49]王深化,刁咏梅,董晓芳,等.心理暗示疗法对双相情感障碍患者的影响分析[J].心理月刊,2023,18(19):168-170.DOI:10.19738/j.cnki.psy.2023.19.051.

[50]朱芸.公共图书馆面向中小学生的阅读疗愈服务实践研究[J].图书馆学刊,2023,45(12):75-79.DOI:10.14037/j.cnki.tsgxk.2023.12.015.

[51]隋林晶,陈立凤.高校图书馆开展阅读疗愈的实践探索:以聊城大学图书馆"解忧树洞"与"解忧书方"为例[J].山东图书馆学刊,2023(05):86-89+115.

[52]郑岚."阅读疗愈"视阈下图书馆阅读推广模式与路径创新[J].新世纪图书馆,2023(08):47-51.DOI:10.16810/j.cnki.1672-514X.2023.08.007.

[53]刘盈,王景文.新媒体视域下高校图书馆阅读疗法推广策略:基于23家高校图书馆微信公众号的调查[J].图书馆工作与研究,2023(06):68-75.DOI:10.16384/j.cnki.lwas.2023.06.002.

[54]曹旻,赵奇钊.场景化契合的阅读疗愈:基于阅读疗法的实证研究[J].高校图书馆工作,2022,42(03):79-83.

[55]刘宇庆,袁曦临,付少雄.隐匿性抑郁症大学生群体阅读疗愈参与意愿影

响因素研究[J].国家图书馆学刊,2022,31(02):60-71.DOI:10.13666/j.cnki.
jnlc.2022.0207.

[56]刘丽娜.阅读疗愈对图书馆服务的拓展[J].四川图书馆学报,2020,(05):35-38.

[57]杨飞.构建专业化的阅读推广人队伍:上海市图书馆学会阅读推广人培育
工作实践[J].新世纪图书馆,2015(07):38-42.DOI:10.16810/j.cnki.1672-
514x.2015.07.009.

[58]曹娟.从阅读推广人到阅读推广人才:论图书馆界主导阅读推广专业教育[J].
图书馆论坛,2018,38(01):78-85.

[59]郑勇,胡冰倩,惠涓澈.图书馆阅读推广人的基本要求及培养方式[J].图书馆论
坛,2019,39(01):138-144.

[60]李景成.多元视角下高校阅读推广人队伍建设研究[J].图书馆工作与研究,
2019(09):101-105.DOI:10.16384/j.cnki.lwas.2019.09.016.

[61]王天泥.图书馆建立阅读推广人制度研究[J].河北科技图苑,2015,28(06):61-
64.DOI:10.13897/j.cnki.hbkjty.2015.0161.

[62]郭金丽.新时代背景下的家庭阅读推广研究:基于社会学习理论和实证分析[J].
图书馆工作与研究,2018,(12):111-114.DOI:10.16384/j.cnki.lwas.2018.12.019.

[63]刘琳琳.数字阅读背景下高校图书馆阅读推广人专业素养构成与培养[J].图书
馆学刊,2017,39(04):25-28.DOI:10.14037/j.cnki.tsgxk.2017.04.007.

[64]杨晓菲.全民阅读背景下图书馆阅读推广人的培育方式及策略[J].图书馆学
刊,2017,39(02):27-30.DOI:10.14037/j.cnki.tsgxk.2017.02.007.

[65]吕素娟.阅读转型背景下高校图书馆阅读推广人制度建设[J].图书馆学刊,
2017,39(04):21-24.DOI:10.14037/j.cnki.tsgxk.2017.04.006.

[66]李俊岭.高校图书馆阅读推广人培育策略探究[J].河南图书馆学刊,2019,39
(07):44-46.

[67]倪连红.我国阅读推广人培育研究述评与未来研究趋向[J].图书馆理论与实
践,2020(05):97-100+104.DOI:10.14064/j.cnki.issn1005-8214.2020.05.018.

[68]屈明颖.新时代全民阅读推广人发展历程及培养定位研究[J].科技与出版,
2020(07):34-38.DOI:10.16510/j.cnki.kjycb.20200703.003.

[69]杨佳鸣.浅析高校图书馆培育大学生志愿者阅读推广人的策略[J].科技资讯,
2018,16(34):208-209.DOI:10.16661/j.cnki.1672-3791.2018.34.208.

[70]徐清华.关于高校阅读推广人队伍建设的思考[J].内蒙古科技与经济,2019

（10）：148-150.

[71]袁滨烨.美国全民阅读推广政策变迁的轨迹、机制和启示[J].图书馆学研究，2023（09）：84-90.DOI：10.15941/j.cnki.issn1001-0424.2023.09.001.

[72]年伟.新媒体时代高校图书馆全民阅读推广研究[J].传媒论坛，2023,6（10）：106-108.

[73]徐洁.大数据背景下高校图书馆阅读推广创新路径研究[J].文化创新比较研究，2023,7（36）：106-110.

[74]樊晶.探索公共图书馆阅读推广质量提升的策略[J].文化学刊，2023（12）：123-126.

[75]陈超,王惠君,陈军,等.专业化建设：图书馆高质量发展的基石[J].图书馆杂志，2023,42（12）：4-16.DOI：10.13663/j.cnki.lj.2023.12.001.

[76]韩春暖.高校图书馆期刊阅读推广研究[J].内蒙古科技与经济，2023（23）：143-145+149.

[77]李雅,杨雨涵.基于用户需求的大学图书馆地域文化阅读推广服务研究[J].晋图学刊，2023（06）：16-27.

[78]刘红菊.馆员视角下天津高校图书馆经典阅读推广现状与对策研究[J].河南图书馆学刊，2023,43（12）：72-73.

[79]吴俏艺.图书馆开展科普阅读推广的实践研究：以广东省科技图书馆为例[J].图书馆界，2023（06）：53-57.DOI：10.14072/j.cnki.tsgj.2023.06.010.

[80]尹晶.高校图书馆在大数据时代下阅读推广的新面貌[J].黑龙江教师发展学院学报，2023,42（12）：154-156.

[81]林学明.以大学生阅读行为为导向高职图书馆阅读推广模式优化策略[J].佳木斯职业学院学报，2023,39（11）：112-114.

[82]尧迟月.人工智能时代图书馆智慧阅读推广服务实践分析和启示[J].图书馆研究，2023,53（06）：11-18.

[83]马敏,周云峰.论资源共享视域下高校图书漂流的考量与统筹[J].传播与版权，2023（10）：78-80+84.DOI：10.16852/j.cnki.45-1390/g2.2023.10.020.

[84]闫宏伟.校园图书漂流活动综述及启示：全民阅读推广实战案例解析[J].河南图书馆学刊，2021,41（09）：115-116.

[85]张茜.公共图书馆"换书"活动实践与思考[J].山东图书馆学刊，2021（02）：63-67+76.

[86]王佳萍,张瑞娥.石河子大学图书馆图书漂流发展策略研究[J].江苏科技信息，

2021,38(07):4-6.

[87]宫启生,谢静静.区块链技术与图书馆图书漂流服务[J].信息记录材料,2021,22(02):154-155.DOI:10.16009/j.cnki.cn13-1295/tq.2021.02.099.

[88]李鹏云.全民阅读背景下以阅读竞赛促进学生核心素养的实践研究[J].大众文艺,2023(12):139-141.DOI:10.20112/j.cnki.ISSN1007-5828.2023.12.047.

[89]蒲利,喻正红.高校图书馆阅读推广中的智慧服务[J].文化产业,2023(29):73-75.

[90]张冠群.高校图书馆阅读推广服务新模式研究[J].江苏科技信息,2023,40(29):60-62.

[91]黄兢.地方高校图书馆阅读推广的困境与对策[J].黄冈师范学院学报,2023,43(06):131-134.

[92]郎林芳,黄世晴,王珏,等.元宇宙图书馆阅读推广服务创新发展研究[J].图书馆杂志,2023,42(10):55-63.DOI:10.13663/j.cnki.lj.2023.10.007.

[93]杨方铭,邹鑫.全民阅读发展水平的测度体系、演进特征与发展障碍[J].出版发行研究,2023(10):63-69.DOI:10.19393/j.cnki.cn11-1537/g2.2023.10.017.

[94]Jordan, M.W. Developing Leadership Competencies in Librarians [J]. IFLA Journal International Federation of Library Associations,2012,38(1):37-46.

[95]Ammons-Stephens, S, H. J. Cole, K. Jenkins-Gibbs, et al. Developing Core Leadership Competencies for the Library Profession [J]. Library Leadership and Management,2009(2):63-74.

[96]潘月娟,黄晶.学前教育评估人员专业素养指标体系的构建:基于德尔菲法的调查分析[J].学前教育研究,2024(02):31-41.DOI:10.13861/j.cnki.sece.2024.02.005.

[97]张爱萍,宋晋秀.基于人工智能的高校图书馆数字阅读推广优化策略研究[J].江苏科技信息,2023,40(33):34-36.

[98]张幸格.元宇宙视域下公共图书馆阅读推广工作探析[J].江苏科技信息,2023,40(29):52-54+67.

[99]于文洁."读书分享会"锤炼青年党性[J].中国电力企业管理,2022(20):76.

[100]刘爱月.品评经典书籍,纵享社会实践:读书与田野报告分享会综述[J].青藏高原论坛,2022,10(02):2+129.

[101]Helmick, C., Swigger, K. Core competencies of library practitioners [J].Public

Libraries,2006(45):54-69.

[102]王兴兰,肖廷超.高校图书馆网络直播阅读推广现状与发展策略:以"双一流"高校图书馆为例[J].图书馆工作与研究,2023(10):105-112.DOI:10.16384/j.cnki.lwas.2023.10.012.

[103]郑岚.阅读推广影响图书馆资源利用率的量化评估[J].中共南京市委党校学报,2023(05):91-96.

[104]高静.公共图书馆全民阅读品牌建设的实践与思考[J].传播与版权,2023(10):72-74.DOI:10.16852/j.cnki.45-1390/g2.2023.10.019.

[105]刘颖.图书馆阅读推广品牌化运作研究:以国家图书馆"文津图书奖"为例[J].兰台内外,2020(11):53-54.

[106]郑珊霞.樊登图书会阅读推广品牌构建策略研究[J].河南图书馆学刊,2019,39(11):118-119.

[107]廖健羽,谢春林.新时代背景下高校图书馆阅读推广的路径研究[J].大众科技,2021,23(08):168-170.

[108]黄百川.广州、深圳、东莞和佛山阅读政策法规比较[J].图书馆论坛,2021,41(07):133-140.

[109]徐子冰.面向弱势群体的公共图书馆阅读推广关怀政策研究[J].河南图书馆学刊,2019,39(02):24-26.